Adolf Martin Ritter
gewidmet

Lebenszeichen

Predigten und Meditationen
von
Gerd Theißen

Chr. Kaiser
Gütersloher
Verlagshaus

Die Deutsche Bibliothek – CIP-Einheitsaufnahme

Theißen, Gerd:
Lebenszeichen: Predigten und Meditationen / von Gerd Theißen. –
Gütersloh : Kaiser, Gütersloher Verl.-Haus 1998
ISBN 3-579-03079-5

Umwelthinweis:
Dieses Buch wurde auf chlorfrei gebleichtem und alterungsbeständigem Papier
gedruckt. Die vor Verschmutzung schützende Einschrumpffolie ist aus
umweltschonender und recyclingfähiger PE-Folie.

ISBN 3-579-03079-5
© Chr. Kaiser/Gütersloher Verlagshaus, Gütersloh 1998

Umschlaggestaltung: Scanlight, Marienfeld,
unter Verwendung von Edward Hopper »Stairway« 1949
Printed in Germany
Satz: Weserdruckerei Rolf Oesselmann GmbH, Stolzenau
Druck und Bindung: Westermann Druck Zwickau GmbH, Zwickau

Inhaltsverzeichnis

Vorwort

Lebenszeichen erhält man von jemandem, von dem man lange nichts gehört und zu dem man den Kontakt verloren hat. Man ist sich nicht ganz sicher, ob er überhaupt noch lebt. Moderne Predigten sind Lebenszeichen in diesem Sinne: Botschaften von jemandem, den viele schon für tot glauben und der sich durch die Absperrungen unserer Alltagsmentalität hindurch immer wieder meldet. Predigten sind Lebenszeichen von Gott. Was sie als »Zeichen« übermitteln, ist rätselhaft. Schon die Herkunft dieser »Zeichen« ist offen: Sind sie doch nicht nur Zeichen von Gott, sondern Zeichen des Lebens in uns, das trotz aller gegenteiligen Behauptungen noch nicht »ausgestorben« ist! Sie sind Zeichen des Lebens um uns herum – Botschaften aus der ganzen Schöpfung, die weit mehr ist als das, was wir von ihr verwerten können! Vor allem aber sind sie Lebenszeichen anderer Menschen, denen wir uns entziehen, weil uns ihre Lebenszeichen oft stören und beunruhigen.

Rätselhaft sind diese Lebenszeichen, weil sie oft im Anstößigen, Amoralischen und Absurden zu finden sind. Sucht man in der Bibel nach ihnen, so finden wir sie im Zorn über die Bosheit der Welt, in der unmoralischen Bereitschaft des Vaters, seinen Sohn zu opfern – und in den Intrigen eines Sohnes gegen Vater und Bruder. Sucht man nach ihnen in der Gegenwart, so stößt man auf die Relikte noch immer lebendiger Liebe in alltäglichen Zerwürfnissen. Oder auf den Diskurs von Juden über die Nacht des Holocaust. Es sind Lebenszeichen zwischen Dornbusch und Dornenkrone – spröde, fremd und befremdend. Sie haben oft nichts Erbauliches im traditionellen Sinne, sondern wollen das absurde Theater dieser Welt sichtbar machen, um zum Widerstand gegen das Absurde Kraft zu geben.

Rätselhaft bleiben sie aber auch, wenn sie ihre Botschaft ausgerichtet haben. Ihre Botschaft will Kontakt mit Gott ermöglichen – also mit einer geheimnisvollen und rätselhaften Realität. In der Bibel wird sie mit dem Bilderverbot belegt. Aber gerade weil materielle Bilder aus Stein und Holz ausgeschlossen sind, blühen in ihr um so mehr die sprachlichen Bilder: Gott ist in der Bibel nicht nur Vater und Mutter, nicht nur Freund, Geliebter, Ehemann, sondern auch Räuber, Feind und Unterdrücker, auch Feuer und Sturm. Einmal aber verläßt dieser Gott auch all diese sprachlichen Bilder durch sein bilderloses: »Ich bin, der ich bin«. Dieses zentrale Lebenszeichen von Gott verschränkt sich mit den Lebenszeichen von Menschen überall da, wo auch Menschen dazu befähigt werden zu sagen: »Ich bin, der ich bin« – souverän gegenüber sozialer Kontrolle und solidarisch mit allen, die ebenfalls »Ich bin« sprechen können.

Predigten sind keine Dialoge zwischen Einzelnen. Sie wenden sich an eine Gemeinde. Sie leben von ihrer Erwartung, daß lebendig ausgelegte Bibeltexte eine Chance zur Dialogaufnahme mit Gott sind. Die heutige Gemeinde ist zwar von der neutestamentlichen durch viele Jahrhunderte getrennt, aber sie nähert sich ihr in mancher Hinsicht – nicht nur, was ihre Größe, ihren Minoritätsstatus und ihr pluralistisches Umfeld angeht. All das ist nicht das Entscheidende. Paulus hat einmal die neutestamentliche Gemeinde als einen Raum bezeichnet, in dem die Trennung von Juden und Heiden, Freien und Sklaven, von Mann und Frau überwunden wird (Gal 3,28). Und eben damit beschreibt er die drei Spannungen, die auch in der gegenwärtigen Gemeinde »Lebenszeichen« für ein lebendiges Christentum sind.

Das Verhältnis von Juden und Christen wurde in den vergangenen Jahrzehnten einer tiefgreifenden Revision unterzogen. Das Judentum wird nicht nur als geschichtliche Mutterreligion des Christentums neu gewürdigt, sondern als gegenwärtiger Dialogpartner gesucht. Es wird von einer zunehmenden Zahl von Christen als ein »Lebenszeichen« von Gott erlebt. Seine Traditionen, Erfahrungen und Reflexionen sind gleichberechtigter Teil im Gespräch von Christen über Gott und die Welt.

In unseren Gemeinden stehen sich zwar nicht Freie und Sklaven gegenüber. Aber Unterschiede von Rang und Status, Besitz und Macht sind überall vorhanden. Eine Reihe von Predigten reflektieren den sozialen Klimawechsel in den europäischen Gesellschaften, der spätestens seit dem wirtschaftlichen Konjunktureinbruch 1992 für alle sichtbar wurde. Für die Widersprüche einer Gesellschaft, die in der Wirtschaft immer schärfer profitorientiert kalkulieren und zur Bewältigung der sozialen Folgen immer mehr auf nicht-profitorientierte Solidarität setzen muß, werden keine Lösungen vorgeschlagen. Aber die Überzeugung wird vertreten, daß das Gebot des Lebensdienlichen für alle Bereiche des Lebens gilt und daß sich soziales Gewissen nicht aus Politik und Wirtschaft zurückziehen kann.

Schließlich reflektieren diese Predigten das Verhältnis von Mann und Frau. Manche möchten dies Thema angesichts wachsender ökonomischer Schwierigkeiten und zunehmender Arbeitslosigkeit gerne wieder zurückdrängen. Bisher haben die Kirchen der Versuchung widerstanden, dabei mitzumachen und die einst von ihnen vertretenen konservativen Leitbilder zu restaurieren. Unübersehbar ist ja, daß lebendige Gemeinden überall von Frauen gestaltet und getragen werden, auch wenn sie in Kirchenleitungen nicht einmal ansatzweise angemessen vertreten sind. Die Unruhe, die von feministischen Perspektiven ausgeht, ist eines der kräftigsten Lebenszeichen des Glaubens in der Gegenwart.

Wer an der Zukunfts- und Lebensfähigkeit eines sanft verwalteten Christentums zweifelt, findet dort, wo heute der Dialog mit dem Judentum wieder aufgenommen wird, wo soziale Spannungen das Gewissen herausfordern und Frauen und Männer ihr Verhältnis neu bestimmen, solche »Lebenszeichen«: Wie im Urchristentum entzündet sich an diesen Stellen lebendiger Geist. Aber man wird zugeben: Für viele sind diese Lebenszeichen nach wie vor »rätselhaft«. Diese rätselhaften Lebenszeichen zu entziffern, sie als Zeichen zu deuten, die Mut zum Leben und zum Glauben machen, möchten diese Predigten dienen.

Ich danke allen, die durch ihr kritisches Echo auf meine Predigten sie indirekt mitgestaltet haben, allen voran meiner Frau. Ich danke Petra von Gemünden und Annette Merz für eine kritische Lektüre der schriftlichen Fassungen dieser Predigten, Annette Weißenrieder für die redaktionelle Arbeit an ihnen und für das Lesen der Korrekturen, Heike Goebel und vor allem Helga Wolf für die Niederschrift immer wieder neuer Versionen bis zur Endfassung dieser Predigten. Die Bibeltexte werden, wenn nicht anders vermerkt, nach der revidierten Lutherübersetzung wiedergegeben.

Ich widme dieses Buch Adolf Martin Ritter als Dank für seine Tätigkeit als Universitätsprediger 1986-1996. Es gehörte zu seinen Pflichten, mich zu einem großen Teil der hier gesammelten Predigten aufzufordern und einzuteilen. Es gehörte nicht zu seinen Pflichten, sich die meisten von ihnen auch anzuhören. Für beides sei ihm herzlich gedankt sowie für seine Freundschaft.

Heidelberg, Mai 1998 *Gerd Theißen*

Zorn als Lebenszeichen
oder Abrahams Fürbitte für Sodom und Gomorrha

(1 Mose 18,16-33)

Und schon schauten sie hinab auf Sodom, während Abraham noch mit ihnen ging, um ihnen das Geleit zu geben. Der Herr aber dachte: Soll ich vor Abraham geheimhalten, was ich tun will? Abraham soll doch ein großes und starkes Volk werden, und alle Völker der Erde werden sich mit seinem Namen Segen wünschen. Denn ich habe ihn erkoren, daß er seinen Söhnen und seinem Hause nach ihm befehle, den Weg des Herrn zu beobachten und Gerechtigkeit und Recht zu üben, damit der Herr über Abraham kommen lasse, was er ihm verheißen hat. Und der Herr sprach: Das Geschrei über Sodom und Gomorrha, das ist groß, und ihre Sünde, die ist gar schwer. Darum will ich hinab und sehen, ob sie wirklich ganz so gehandelt haben, wie das Geschrei über sie verlautet, das zu mir gedrungen ist, oder nicht; das will ich erfahren! Und die Männer wandten sich von dannen und gingen Sodom zu; Abraham aber blieb noch vor dem Herrn stehen. Und Abraham trat herzu und sprach: Willst du mit dem Gottlosen auch den Gerechten wegraffen? Vielleicht sind fünfzig Gerechte in der Stadt; willst du die auch wegraffen und nicht lieber dem Ort vergeben wegen der fünfzig Gerechten darin? Ferne sei es von dir, solches zu tun, den Gerechten mit dem Gottlosen zu töten, daß es dem Gerechten erginge wie dem Gottlosen! Das sei ferne von dir! Der aller Welt Richter ist, sollte der nicht Recht üben? Der Herr sprach: Finde ich zu Sodom fünfzig Gerechte in der Stadt, so will ich um ihretwillen dem ganzen Ort verge-ben. Abraham aber hob von neuem an und sprach: Ach, ich habe mich unterfangen, mit meinem Herrn zu reden, wiewohl ich Staub und Asche bin. Vielleicht sind es fünf weniger als fünfzig Gerechte; willst du dann die ganze Stadt verderben um der fünfe willen? Er sprach: Finde ich fünfundvierzig darin, so will ich sie nicht verderben: Und abermals redete er mit ihm und sprach: Vielleicht sind nur vierzig darin zu finden. Er sprach: Ich will es nicht tun, um der vierzig willen. Er sprach: Mein Herr zürne nicht, wenn ich nochmals rede. Vielleicht sind nur dreißig darin zu finden. Er sprach: Finde ich dreißig darin, so will ich es nicht tun. Er sprach: Ach, ich habe mich unterfangen, mit meinem Herrn zu reden; vielleicht sind nur zwanzig darin zu finden. Er sprach: Ich will sie nicht verderben, um der zwanzig willen. Er sprach: Mein Herr zürne nicht, wenn ich noch diesmal rede. Vielleicht sind nur zehn darin zu finden. Er sprach: Ich will sie nicht verderben, um der zehne willen. Dann ging der Herr hinweg, als er mit Abraham zu Ende geredet hatte. Abraham aber kehrte zurück an seinen Ort. (Zürcher Übersetzung)

Diese Geschichte versteht man, wenn man hin und wieder Zorn auf die ganze Welt hat – einen Zorn, der so weit geht, daß man denkt: Sie verdient ihren Untergang, ja, sie verdient ihn! Natürlich wird man über solch einen aggressiven Gedanken erschrecken. Wie kann man so primitiv auf die Bosheit der Welt reagieren! So unchristlich! So pauschal! So voller ungehemmter moralischer Aggression!

Und doch gestehe ich, manchmal habe ich einen solchen unchristlichen Zorn in mir. Und ich habe einen Verbündeten für meinen Zorn in der Bibel – in der Geschichte von Abrahams Fürbitte für Sodom. Denn diese Geschichte sagt: Gott selbst ist zornig auf diese Welt. Schon vorher hören wir von seinem großen Zorn: »Als aber der Herr sah, daß des Menschen Bosheit groß war auf Erden, und daß alles Dichten und Trachten ihres Herzens die ganze Zeit nur böse war, da reute es den Herrn, daß er den Menschen geschaffen hatte auf Erden, und es bekümmerte ihn tief. Und der Herr sprach: Ich will die Menschen, die ich geschaffen habe, vom Erdboden vertilgen ... .«

Warum empfinde ich diese düsteren Worte manchmal als Trost? Sie trösten mich, weil ich denke: Wenn Gott solchen Zorn auf menschliche Bosheit hat, so darf ich mir eingestehen, daß ich – als sein Ebenbild – auch solchen Zorn habe. Zwar kann ich mich dabei nicht besonders gut ausstehen. Denn ich bin ja ein Teil jener Menschen, gegen die sich mein Zorn wendet. Ich müßte auch auf mich zornig sein. Aber Zorn ist nicht logisch. Zorn ist einfach da. Er überkommt uns in zwei Formen.

Er überkommt uns als Zorn über die große Unmenschlichkeit von Krieg und politischen Katastrophen: Zorn auf Soldaten und Generäle in Bosnien, die Krankenhäuser beschießen, Frauen vergewaltigen, Waffenstillstandsverhandlungen führen und Friedensparolen austeilen, nur um Zeit für weitere Geländegewinne herauszuhandeln. Zorn auf die sudanesischen Machthaber, die ihr eigenes Volk, die sudanesischen Christen im Süden, morden. Zorn auf *die* Deutschen in der Generation vor uns, die fabrikmäßig das große Morden in einer bis dahin unvorstellbaren Weise betrieben.

Und dann gibt es eine andere Variante dieses Zorns – Zorn über die kleine Unmenschlichkeit im Alltag. Was in Krieg und Völkermord als menschliche Bosheit organisiert in Erscheinung tritt, verpufft in den Kleinkriegen des Alltags ohne solch verheerende Konsequenzen. Aber es ist dieselbe Bosheit. Mich packt der Zorn, wenn ein Mensch durch Tratsch um seinen guten Ruf gebracht wird, wenn guter Wille demonstrativ verweigert oder Hilfsbereitschaft schamlos ausgenutzt wird. Mich packt Zorn, wenn man Menschen systematisch auflaufen läßt und demütigt. Wie gesagt, es ist derselbe Mensch, der die großen Kriege macht – und der sich in den Kleinkriegen des Alltags hervortut. Ob man die Sau rausläßt und öffentlich durchs Dorf treibt oder sie zu Hause in den

Stall sperrt, es bleibt dieselbe Sau. Es bleibt derselbe innere Schweine-
hund – im Großen wie im Kleinen.

Liebe Gemeinde, gesteht euch ein, daß auch ihr manchmal so zornig
seid! Dann seid ihr so lebendig wie der Gott der Bibel – ein Gott mit Zorn
über die Bosheit der Menschen. Zorn kann so zu einem Lebenszeichen
werden. Wer zürnt, ist noch nicht ganz tot. Wer zürnt, hat noch nicht resigniert. Wer zürnt, hat noch Kraft zum Widerstand.

Wenn wir uns unseren Zorn so eingestanden haben, können wir Abraham
zuhören. Abraham verhandelt mit Gott, aber er verhandelt gleichzeitig
mit uns. Abraham geht geschickt vor. Er kritisiert nicht, wie primitiv dieser Zorn ist. Dieser Zorn Gottes differenziert so wenig wie unser Zorn. Er
behandelt Gute und Böse gleich. Er ist pauschal und ungerecht. Dennoch
sagt Abraham nicht: Herr, laß deinen Zorn nur über die Bösen ergehen
und belohne die Guten. Das wäre differenziert! Das wäre kultiviert! Das
wäre gerecht! Nein, Abraham sagt: Wenn dein Zorn dazu führt, daß für
einige Schurken viele Gerechte mitleiden – warum soll das nicht auch
umgekehrt gelten? Warum soll nicht auch deine Freude über wenige Gerechte den vielen Schurken zugute kommen? Abraham möchte die urtümliche Gewalt, mit der Gott um einiger Schurken willen alle vernichten
will, dafür aktivieren, daß Gott um weniger Gerechten willen alle erhält.
Er will gerade diese urtümliche Gewalt zum Guten wenden, das Primitive, das Urtümliche, das, was zur Globalisierung führt – dort zur Universalität des Zorns, hier zur Universalität der Gnade.

Und jetzt sind wir dran, wir, die Ebenbilder Gottes: Können auch wir
unseren pauschalisierenden Zorn umwandeln in solch eine Güte? Abraham sagt uns: 50 Gerechte reichen dazu aus. Abraham verhandelt mit uns:
45 sollen es auch tun, vielleicht auch 40 oder 30 oder 20 – am Ende bleiben
10 Gerechte. 10 Gerechte sollen genug sein, um ihretwillen den großen
Zorn auf die Welt zu überwinden, um die Welt trotz allem zu akzeptieren.

Natürlich erfolgt jetzt unsere Gegenrede: Abraham, du hast ein gutes
Herz. Du setzt 10 Gerechte voraus. Aber die gibt es nicht. Man hört es
zwar nicht gern in unseren humanen Tagen, aber es stimmt dennoch: Des
Menschen Bosheit ist groß auf Erden. Alles Dichten und Trachten unse-
res Herzens ist böse. Das zeigen die Kriege im Großen, das zeigen die
Kleinkriege im Alltag.

Ja, in jedem menschlichen Herzen sind Abgründe, die sind böse. Und
auch der große Zorn auf die Bosheit der Welt bestätigt das noch. Denn er tut
vielen unrecht. Er bringt alles auf einen dunklen Nenner. Er differenziert
nicht. Er läßt einen Abgrund an Aggression im menschlichen Herzen ahnen.

Aber wenn mich dieser große Zorn packt – ein Zorn auf die Welt, der immer auch Zorn auf Gott ist, weil er diese Welt geschaffen hat –, wenn ich zu Gott verzweifelt rufe: Warum hast du mich denn überhaupt geschaffen und in diesen Sumpf hineingeworfen?, dann fällt mir letztlich nur einer ein, um dessentwillen ich diesen Zorn aufgeben soll und aufgeben kann: Nur ein Gerechter, den viele für einen Ungerechten hielten, nur ein Mensch: nur Jesus von Nazareth. Wenn dieser eine Mensch in unserer Welt gelebt hat, dann darf ich die Welt nicht mehr verwerfen, in inneren Phantasien vernichten, sie zerstören und ihr zu all der Gewalt, die ihr widerfährt, auch noch die Gewalt meiner ungehemmten, maßlosen, moralischen Aggression antun. Wenn Gott um dieses einen Menschen seinen Zorn in Liebe verwandelt, sollte ich nicht wenigstens von meinem Zorn ablassen können?

Als ich jünger war, habe ich noch intensiver diesen Zorn empfunden als jetzt. Damals schrieb ich ein kleines Gedicht über Jesus. Anstatt in abstrakten Gedanken auszudrücken, warum mich Jesus dazu bringt, den Zorn auf die Welt aufzugeben, gebe ich dies Gedicht zum Abschluß wieder, nicht weil ich meine, es sei ästhetisch wertvoll, sondern als Zeugnis für den einen Menschen Jesus von Nazareth.

Zwischen so vielen Gestalten
begegnest auch Du.
Mythen und Legenden
decken dich zu.

Gestalt am Kreuz, gescheitert
und wenig imposant,
von Staatsraison geopfert
und Priesterverstand.

Vor Deine schmerzende Nähe
plötzlich gestellt
zerfällt wie fremde Betäubung
unsere Welt:

die betörende Faszination
durch unser Leid,
durch Zorn und Ekel und die
Vergeblichkeit.

Wer schrie denn, wenn du schwiegest,
noch deinen Protest,
wenn Du das letzte Kreuz
der Welt verläßt?

Du bist ihre schmerzende Mitte,
oft kaum zu erkennen.
Chiffren sind alle Versuche,
Dich zu benennen.

Diese Predigt wurde am 18.05.1994 im Mittwochmorgengottesdienst der Peterskirche in Heidelberg gehalten. Der Bosnienkrieg war voll im Gange. Die Unfähigkeit, ihn zu beenden oder wenigstens seine exzessiven Menschenrechtsverletzungen und Kriegsverbrechen zu verhindern, war (und ist) ein Trauma für alle, die an die Friedensfähigkeit von Menschen (zumindest unter den privilegierten europäischen Rahmenbedingungen) glaubten. Das am Ende zitierte Gedicht schrieb ich gegen Ende meines Theologiestudiums in den 60er Jahren – nicht zuletzt unter dem Eindruck des Vietnamkrieges, auf den wir damals ebenso zornig reagierten wie auf den Bosnienkrieg heute, freilich oft mit einem Optimismus, daß sich solche Kriege grundsätzlich vermeiden ließen – ein Optimismus, der uns heute abhanden gekommen ist.

Ein schreckliches Experiment Gottes –
Abraham auf dem Berge Morija

(1 Mose 22,1-18)

Nach diesen Ereignissen stellte Gott Abraham auf die Probe. Er sprach zu ihm: Abraham! Er antwortete: Hier bin ich. Gott sprach: Nimm deinen Sohn, deinen einzigen, den du liebst, Isaak, geh in das Land Morija, und bring ihn dort auf einem der Berge, den ich dir nenne, als Brandopfer dar. Frühmorgens stand Abraham auf, sattelte seinen Esel, holte seine beiden Jungknechte und seinen Sohn Isaak, spaltete Holz zum Opfer und machte sich auf den Weg zu dem Ort, den ihm Gott genannt hatte. Als Abraham am dritten Tag aufblickte, sah er den Ort von weitem. Da sagte Abraham zu seinen Jungknechten: Bleibt mit dem Esel hier! Ich will mit dem Knaben hingehen und anbeten; dann kommen wir zu euch zurück. Abraham nahm das Holz für das Brandopfer und lud es seinem Sohn Isaak auf. Er selbst nahm das Feuer und das Messer in die Hand. So gingen beide miteinander. Nach einer Weile sagte Isaak zu seinem Vater Abraham: Vater! Er antwortete: Ja, mein Sohn! Dann sagte Isaak: Hier ist Feuer und Holz. Wo aber ist das Lamm für das Brandopfer? Abraham entgegnete: Gott wird sich das Opferlamm aussuchen, mein Sohn. Und beide gingen miteinander weiter. Als sie an den Ort kamen, den ihm Gott genannt hatte, baute Abraham den Altar, schichtete das Holz auf, fesselte seinen Sohn Isaak und legte ihn auf den Altar, oben auf das Holz. Schon streckte Abraham seine Hand aus und nahm das Messer, um seinen Sohn zu schlachten. Da rief ihm der Engel des Herrn vom Himmel her zu: Abraham, Abraham! Er antwortete: Hier bin ich. Jener sprach: Streck deine Hand nicht gegen den Knaben aus, und tu ihm nichts zuleide! Denn jetzt weiß ich, daß du Gott fürchtest; du hast mir deinen einzigen Sohn nicht vorenthalten. Als Abraham aufschaute, sah er: Ein Widder hatte sich hinter ihm mit seinen Hörnern im Gestrüpp verfangen. Abraham ging hin, nahm den Widder und brachte ihn statt seines Sohnes als Brandopfer dar. Abraham nannte jenen Ort Jahwe-Jire (Der Herr sieht), wie man noch heute sagt: Auf dem Berg läßt sich der Herr sehen. Der Engel des Herrn rief Abraham zum zweitenmal vom Himmel her zu und sprach: Ich habe bei mir geschworen – Spruch des Herrn: Weil du das getan hast und deinen einzigen Sohn mir nicht vorenthalten hast, will ich dir Segen schenken in Fülle und deine Nachkommen zahlreich machen wie die Sterne am Himmel und den Sand am Meeresstrand. Deine Nachkommen sollen das Tor ihrer Feinde einnehmen. Segnen sollen sich mit deinen Nachkommen alle Völker der Erde, weil du auf meine Stimme gehört hast. (Ökumenische Einheitsübersetzung)

Wer die Geschichte von Isaaks Opferung hört, ohne empört zu sein, ist moralisch blind. Wer sie als ein Relikt inhumaner Zeiten verachtet, ist noch schlimmer dran: Er ist blind und behauptet, sehend zu sein.

Gott macht ein makabres Experiment mit dem Menschen. Es ähnelt einem anderen Experiment, das im Namen der Wissenschaft gemacht wurde. Versuchspersonen waren junge Studierende, Menschen, die in der Regel moralisch noch nicht allzu sehr verbraucht sind. Ihnen wurde gesagt: Das Experiment diene dazu, menschliches Schmerzverhalten zu erforschen. Die Versuchsperson wurde in einen Raum geführt, wo sie eine Klaviatur von Tasten bedienen sollte. Die Tasten lösten Stromstöße aus, denen ein anderer, unsichtbarer Mensch im Nachbarraum ausgesetzt war. Begonnen wurde mit leichten Stromstößen, die nach und nach gesteigert wurden. Immer lauter werdende Schreie im Nebenraum waren die Folge. Der Versuchsleiter versicherte, man brauche sie nicht zu beachten. Alles diene einem guten Zweck. Er forderte auf, immer höhere Spannungen durch Knopfdruck zu entladen – mit immer unerträglicher werdenden Schreien im Nachbarraum. Nur wenige brachen das Experiment ab. Die meisten schreckten auch vor tödlichen Ladungen nicht zurück. Was die Versuchspersonen nicht wußten, war: Die Schreie im Nachbarraum waren simuliert. Was sie nicht ahnten: Nicht menschliches Schmerzverhalten wurde getestet, sondern ihre Bereitschaft, um angeblich höherer Ziele willen moralische Hemmungen aufzugeben – bis hin zu Tötungshemmungen. Getestet wurden nicht die anderen, getestet wurden sie selbst.

Und jetzt frage ich: Wo liegt der moralische Unterschied zwischen der Prüfung Abrahams durch Gott und diesem Experiment? Ist der alttestamentliche Gott Abrahams nicht barmherziger als der moderne Versuchsleiter? Greift er nicht rechtzeitig ein, ehe Abraham tötet? Dennoch handelt es sich hier wie dort um ein makabres Experiment. Und der Erkenntnisgewinn ist hier wie dort: Menschen sind zum Töten verführbar – besonders, wenn sie sich auf höhere Werte berufen: auf Religion und Wissenschaft.

Ich verstehe daher gut, warum die Geschichte von Isaaks Opferung aus den Lehrplänen unseres Religionsunterrichts verschwunden ist. Aber sollen wir sie deshalb aus dem Kanon unserer Kirche (und unserer Kultur) streichen? Sollen wir sie streichen aus der Liste von Predigttexten, die für diesen Sonntag vorgeschlagen sind? Oder sollen wir sie umformulieren? Stellen wir uns vor, es würde eine Kommission eingesetzt, die diese Frage beantworten soll. Vier Experten werden geladen. Am Ende wird die Kommission ihr eigenes Urteil über die Opferung Isaaks formulieren.

Der erste Experte ist ein Religionswissenschaftler. Er sagt: »Die Geschichte ist humaner, als es zunächst scheint. Sie soll die Abschaffung der Kinderopfer für alle Zeiten sichern. Die Versuchung dazu ging von den Nachbarvölkern Israels aus. In Moab und in Phönizien gab es Kinderopfer – besonders in Krisen- und Notzeiten. Die Israeliten mußten sich fragen: Verehren wir unseren Gott weniger als unsere Nachbarvölker, weil wir nicht bereit sind, das Liebste und Teuerste herzugeben? Zu ihrer Rechtfertigung erzählten sie die Geschichte von Abraham. Sie sagten mit ihr: Auch wir Israeliten sind bereit, alles hinzugeben. Aber zum Glück ist unser Gott mit der inneren Bereitschaft dazu zufrieden. Er verlangt nicht den grausigen Vollzug von Menschenopfern. Im Gegenteil, er durchkreuzt ihn. Er verbietet ihn. Unser Gott ist humaner!« Die Kommission findet das bedenkenswert. Das erhellt den historischen Hintergrund der Geschichte. Aber man ist sich einig: In der Geschichte selbst geht die Anfechtung nicht von den Nachbarn aus! In der Geschichte wird *Gott* selbst zur Anfechtung.

Als nächster Experte tritt ein Philologe auf. Er trägt eine Lösung vor, die er bei einem Rabbi gefunden hat. Gott habe zu Abraham nicht gesagt: Opfere deinen Sohn! Er habe vielmehr gesagt: Lasse ihn aufsteigen (nämlich auf den Berg). Abraham habe das mißverstanden. Er habe *olah* verstanden – Brandopfer. Aber gemeint war eine Form von *alah*, d.h. aufsteigen! Das Ganze sei ein Irrtum Abrahams. Die Kommission meint, dieser Vorschlag spreche für den Rabbi Acha, der ihn gemacht hat. Aber in der Geschichte sei es nicht menschliche Dummheit, die zur Anfechtung wird, sondern *Gott* selbst.

Der dritte Experte ist ein Philosoph aus der Stadt Königsberg. Für ihn ist klar: Wenn der Mensch eine Stimme hört, die dem moralischen Gesetz zuwider ist, dann kann es sich nicht um die Stimme Gottes handeln. Wörtlich sagt er: »Abraham hätte auf diese vermeintliche göttliche Stimme sagen müssen: Daß ich meinen guten Sohn nicht töten solle, ist ganz gewiß; aber daß du, der du mir erscheinst, Gott seist, davon bin ich nicht gewiß und kann es auch nicht werden, wenn die Stimme auch vom sichtbaren Himmel herabschallete.« Die Kommission findet das in sich überzeugend. Aber sie fragt wieder: Wird in der Geschichte nur ein falsches Gottesbild zur Anfechtung? Ist nicht *Gott* selbst die Anfechtung?

Als letzter Experte wird eine Theologin gehört. Sie sagt zunächst genau das, was man von ihr erwartet: »Diese Geschichte von Isaaks Opferung ist eine typische Männergeschichte. Sarah wird mit keinem Wort erwähnt. Abraham ist allein mit seinen Knechten und mit Isaak. Sarahs Abwesenheit ist das Problem. Schon einige Rabbinen haben das gespürt. Nach der Opferung Isaaks wird Sarah unmittelbar danach ein letztes Mal im 1. Buch Mose erwähnt. Sie stirbt. Warum? haben die Rabbinen gefragt. Ihre Erklärung: Als Sarah nach der Rückkehr Abrahams hörte, was auf dem Berg Morija geschehen war, fiel sie in Ohnmacht und starb. Verständlicherweise! Welche Frau möchte mit einem Mann weiter zusammenleben, der bereit war, das gemeinsame Kind zu schlachten!«

Einige in der Kommission wollen diese Pflichtübung in feministischer Theologie schnell abhaken. Aber unsere Expertin hat noch eine andere Idee. Sie sagt:»In der Geschichte ist mehrfach von der Stimme Gottes die Rede. Beim ersten Mal fordert sie Abraham auf: ›Opfere deinen Sohn!‹ Beim zweiten Mal erscheint sie als Stimme eines Engels vom Himmel. Sie sagt: ›Strecke deine Hand nicht nach dem Knaben aus und tue ihm nichts an!‹ Hier begegnet die Wendung: die Hand nach jemandem ausstrecken, die anderswo (z.B. in Ps 125) vervollständigt wird zu: Die Hand ausstrecken zum Frevel. Was ist nun der entscheidende Unterschied zwischen der Stimme Gottes am Anfang und der Stimme des Engels in der Mitte der Geschichte? Gott selbst sagt am Anfang: Geh hin und opfere! Das ist die sakrale Sprache des Kults. Der Engel aber nennt dies sakrale Opfer einen frevelhaften Akt. Er sagt: Tu dem Knaben nichts Frevelhaftes an! Das ist die Sprache der Ethik! Fast wünschte man, es wäre umgekehrt: Der Engel würde am Anfang den Befehl zur Opferung Isaaks geben. Danach aber schritte Gott ein, um den inhumanen Befehl einer untergeordneten Instanz zurückzunehmen. Dann könnte man sagen: Hier werde ein falsches Gottesbild durch den wahren Gott korrigiert. Aber so ist es nicht. Es ist genau umgekehrt: Gottes eigene Stimme wird durch den Engel korrigiert! Wer aber ist dieser Engel? Was schiebt sich da zwischen Gott und Mensch? Dieser Engel spricht von Gott in der dritten Person: Tue dem Knaben nichts an, denn nun weiß ich, daß du *Gott* fürchtest! Dieser Engel ist von Gott unterschieden. Er widerspricht Gott. Er ist nicht einfach Gottes Bote. Aber wer ist er dann? Könnte man die Geschichte heute in einer Frauenbibel neu erzählen, so würde sie etwa so lauten: Sarah hatte die finsteren Absichten Abrahams geahnt. Sie war ihm vorausgeeilt. Sie hatte einen Widder im Gebüsch angebunden und sich in ihm versteckt. Sie war es, die im entscheidenden Augenblick gerufen hat: Lege deine Hand nicht an den Knaben und tue ihm nichts an! Die Stimme des Engels war die Stimme Sarahs. Aber zugegeben: Das steht nicht in unserer Geschichte. Das ist in sie hineingelesen. Doch sie läßt auch in ihrer jetzigen Form eine Leerstelle. Wo ist Sarah in ihr? Hat nicht der Engel der abwesenden Mutter stellvertretend eine Stimme gegeben? War die Stimme des Engels, die im Innern Abrahams laut wurde, nicht tatsächlich die Stimme Sarahs in ihm, die Stimme der aus der Geschichte verdrängten Frau und Mutter? Stieg nicht diese Stimme aus Abrahams Unbewußtem auf? Und kam sie für ihn deswegen wie vom Himmel?« In der Kommission wollen sich einige diese Lösung zu eigen machen. Aber ausgerechnet die weiblichen Mitglieder haben Bedenken. Diese Lösung sei ihnen zu einfach. Sollten das Problem nur die Männer sein (und die Entgleisungen theologischer Männerphantasien) – so würden sie damit heute leicht fertig. Aber in der Geschichte geht die Anfechtung nicht von den Männern aus, sondern von *Gott*.

Man berät lange. Endlich kommt die Kommission zu einem Ergebnis. Der Schlüssel zur Geschichte sei am Anfang und Ende zu suchen. Am Anfang wird gesagt: Es handelt sich um eine Probe, um eine Versuchung Abrahams. Das ist ein Signal an den Hörer: Achtung – es geht um eine Versuchung! Du meinst beim ersten Hören vielleicht, daß Abraham versucht wurde. In Wirklichkeit aber wirst du versucht. In Wirklichkeit werden Hörer und Leser auf die Probe gestellt! Aber worin besteht ihre Versuchung? Was wird getestet?

Das geht aus dem Schluß der Geschichte hervor. Dort erneuert der Engel die Segensverheißung an Abraham. Gott wird ihm viele Nachkommen geben:»Segnen sollen sich mit deinen Nachkommen alle Völker der Erde, weil du auf meine Stimme gehört hast.« Hier werden wir, die Hörer und Leser dieser Geschichte, eingeführt. Denn auch wir gehören zu den Völkern, die sich im Namen Abrahams Segen wünschen sollen. Welchem Test werden wir dabei unterzogen? Worin besteht unsere Versuchung? Worin werden wir auf die Probe gestellt?

Nun, wir haben zwei Möglichkeiten, den Schluß zu verstehen. Es heißt dort: Abraham wird gesegnet, weil er auf die Stimme gehört hat. Offen bleibt, welche Stimme gemeint ist? Das bleibt bewußt doppeldeutig wie so vieles in dieser Geschichte. So mehrdeutig wie Abrahams Ankündigung, Gott werde sich ein Opferlamm aussuchen. Wir werden nun daraufhin getestet, welche Möglichkeit wir wählen.

Die erste Möglichkeit ist: Gemeint ist die Stimme Gottes am Anfang, die Sprache des Kults, die sagt: Opfere deinen Sohn! Abrahams Bewährung bestünde darin, daß er dazu bereit war. Wenn Abraham zu seinem Sohn sagt: Gott wird sich ein Opferlamm aussuchen, dann weiß er, Gott wird Isaak aussuchen. Abraham denkt: Gott ist vielleicht unmenschlich, aber wie er das Leben gibt, so hat er auch das Recht, Leben zu nehmen! Deswegen ist Abraham bereit, seinen Sohn zur höheren Ehre Gottes umzubringen.

Die andere Möglichkeit ist: Gemeint ist die Stimme des Engels, die Stimme der Ethik, die sagt: Vollstrecke diesen Frevel nicht! Abraham ist gesegnet, weil er dieser zweiten Stimme folgte! Abraham ist gesegnet, weil er nicht blind der ersten Stimme bis zum grausamen Ende gehorchte, sondern jener Stimme, die wie eine Mutter interveniert, um das Kind vor dem Tode zu retten! Und schon vorher, auf dem Weg zum Berg Morija, hat er auf diese Stimme gehofft. Als er zu seinem Sohn sagt: Gott wird sich ein Opferlamm aussuchen, vertraut er darauf, Gott wird einen anderen als Isaak wählen – und sei es im allerletzten Augenblick. Denn Gott hatte ihm Nachkommen durch Isaak verheißen. Diese Verheißung galt, auch wenn alles dagegen sprach. Abraham vertraute also von vornherein auf die Menschlichkeit Gottes. Er vertraute darauf: Gott will Leben und nicht Tod.

Wer unter euch die zweite Version gewählt hat, hat den Test bestanden! Aber in der langen Geschichte des Nachdenkens über Isaaks Opferung wählten die meisten die erste Version. Freilich mit Änderungen, so daß man nicht sagen kann, sie alle hätten den Test nicht bestanden. Meist sagte man: Isaak gab sich freiwillig hin. Juden sahen in Isaak ihre Bereitschaft zum Martyrium abgebildet – einem Martyrium, das Gott immer wieder von ihnen verlangte. Gleichzeitig sagten Christen und Juden: Abraham opferte Isaak im Glauben an die Auferstehung. Er vertraute Gott, daß er ihn aus dem Tod ins Leben zurückholen kann.

Ich kenne nur einen, der schon in früher Zeit die zweite Version gewählt hat. Das ist Paulus. Im Römerbrief beruft er sich auf Abraham als das große Beispiel für den Glauben, den Gott zur Gerechtigkeit anrechnet. Er nimmt zwei Änderungen an der üblichen Auslegung vor.

Die erste Änderung: Abraham wird für ihn ein Gottloser. Abraham glaubte an den, der den Gottlosen rechtfertigt; an den, der Sünden vergibt. Immer wieder frage ich mich: An welche Sünde denkt Paulus? Ist Abraham für ihn vielleicht ein Gottloser, weil er bereit war, seinen Sohn zu schlachten? Aber das nur als Frage!

Die zweite Änderung ist dagegen eindeutig: Die Gerechtigkeit Abrahams besteht nicht in der Opferung Isaaks, sondern im Glauben an die Verheißung seiner Geburt. Gerecht ist Abraham, weil er der Verheißung glaubt, er und Sarah würden einen Sohn bekommen, obwohl ihre Zeugungs- und Gebärfähigkeit durch Alter tot und verbraucht war. Glauben, der rechtfertigt, besteht hier in einem Glauben an den Gott, der Leben gibt – nicht an einen Gott, der Tötung verlangt.

Für mich ist kein Zweifel: Paulus schreckt davor zurück, Abrahams vorbildlichen Glauben in seiner Tötungsbereitschaft zu sehen. Er widerspricht damit dem Abrahambild seiner Zeit – unter Christen und Juden. Was ist da geschehen? Wie kam es dazu? Auch bei Paulus intervenierte eine Stimme vom Himmel! Auch er war schon dabei, einige Juden, die an Jesus glaubten, gefangen zu nehmen (und man sagte ihm nach: er sei bereit gewesen, sie zu töten). Auch er wurde durch eine Stimme vom Himmel daran gehindert. Aber er hörte nicht einen Engel. Er hörte Jesus selbst – vor Damaskus. Warum verfolgst du mich? Warum willst du das Messer an die Kehle von Kindern Abrahams setzen? Auch hier intervenierte eine Mittlergestalt zwischen Gott und Mensch – kein Engel, sondern der Gekreuzigte und Auferstandene, durch den Gott mit allen Menschen einen Bund zum Leben schließen will: einen Bund, in dem das Leben endgültig Vorrang hat vor dem Tod.

Liebe Gemeinde, nicht nur Abraham muß eine Prüfung bestehen. Wir alle müssen sie bestehen. Das Leben ist ein großer Test, dem wir unterworfen sind. Wir alle bekommen gut begründet scheinende Anweisungen, Tasten zu bedienen, die anderen Schmerzen zufügen. Wir alle unterliegen der Versuchung, unsere Kinder zu opfern. Die Altäre, auf denen wir opfern, sind nicht aus Stein, sondern aus Beton. Der Berg Morija ist nicht von Wolken umhüllt, sondern ragt in ein Ozonloch hinein. Das Messer, das wir schwingen, ist der technische Fortschritt. Und auch wir sind bereit, die Zukunft unserer Kinder im Namen höherer Werte zu opfern. Aber wenn wir aufmerksam sind, hören wir die Rufe und Schreie derer, die neben uns – in Kammern, die durch Filter abgeschottet sind – leiden und gequält werden.

Wir alle werden getestet: Wann sagen wir, ich weigere mich, weiter mitzumachen. Wann sagen wir nein? Und doch: Wie schwer ist das! Wir haben wie Abraham beides in uns: die Bereitschaft zum Töten und die Bereitschaft, dem Tod zu widersprechen. Das Verwirrende ist: Wir können zwischen beidem nicht so klar unterscheiden, wie wir gerne möchten. Die Stimme des Todes und des Lebens liegen zum Verwechseln nahe beieinander. Ja, es ist dieselbe Stimme, die einmal als tötender Buchstabe und dann als lebenschaffender Geist begegnet. Die heiligsten Werte können in den Händen der Menschen zur tötenden Norm werden, die besten Philosophien zur Rechtfertigung von Unmoral. Die humanste Religion kann pervertieren, die Religion der Liebe zur Brutstätte von Haß und Fanatismus werden. Und das liegt nicht nur an den Nachbarn, die die falsche Praxis haben. Das liegt nicht nur an menschlicher Dummheit, die die heiligen Traditionen falsch versteht. Das liegt nicht nur an überholten Gottesbildern, die man in Königsberg philosophisch entsorgen lassen könnte. Das liegt nicht nur am patriarchalischen Gift, das überall vorhanden ist. Lernen wir an Abraham: Tod und Leben liegen so dicht nebeneinander, daß beides kaum zu unterscheiden ist. Lernen wir an Paulus: Der Gott, der ihn erst zum Verfolger werden ließ, war für ihn zeitlebens derselbe, der ihn von diesem Wahnsinn abbrachte.

Der Mensch ist wie Abraham und Paulus beides: simul iustus et peccator, Sünder und Gerechter zugleich. Ein Wesen voll von Tötungslust und voll von Liebe zum Leben. Eben deswegen ist die Geschichte von der Opferung Isaaks so notwendig. Sie zeigt uns: Beides steckt in uns, der Wille zum Leben und der Wille zum Tod. Aber das Leben kann über den Tod siegen! Abraham folgte der Stimme des Lebens und war deshalb ein Gerechter, obwohl in ihm das ganze Potential eines Kindermörders steckte. Paulus folgte dem Ruf Christi und war deshalb ein Gerechter, obwohl er ein fanatischer Fundamentalist gewesen war. Wenn auch wir dieser Stimme folgen – derselben Stimme, die Abraham im Alten Testament hörte und Paulus im Neuen Testament – , dann gilt auch uns die Verheißung. Und das, obwohl in uns ein gewaltiges Mordpotential steckt. Denn nicht nur Soldaten, sondern alle Menschen sind (potentielle) Mörder. Aber allen Menschen (und allen Soldaten) gilt die Verheißung: Daß wir Nachkommen haben auf dieser Erde – daß ein Segen über der mißhandelten Erde liegt und Frieden und Gerechtigkeit sie erfüllen werden.

Und der Friede Gottes, welcher höher ist als alle unsere Vernunft, bewahre unsere Herzen und Sinne in Christo Jesu. Amen.

Predigt in der Peterskirche.am 24.03.1996. Das am Anfang der Predigt geschilderte Experiment ist das inzwischen klassische Milgram-Experiment des Harvard-Psychologen Stanley Milgram (geb. 1933), das er zur Untersuchung extremen Autoritätsgehorsams durchführte. Vgl. S. Milgram: Einige Bedingungen des Autoritätsgehorsams und seiner Verweigerung, Frankfurt 1967; ders.: Obedience to authority, New York 1974. Der Philosoph aus Königsberg ist natürlich Immanuel Kant. Seine in der Predigt zitierte Stellungnahme zu 1. Mose 22,1-18 findet sich bei I. Kant: Der Streit der Fakultäten (1798), in: ders.: Werkausgabe Bd. X: Schriften zur Anthropologie, Geschichtsphilosophie, Politik und Pädagogik I, hrsg. v. W. Weischedel, Frankfurt a.M.: Suhrkamp, [10]1993, 261-393, 333. Zur Auslegungsgeschichte von 1. Mose 22,1-18 vgl. M. Krupp: Den Sohn opfern? Die Isaak-Überlieferung bei Juden, Christen und Muslimen, Gütersloh 1995. – Nachdem das Bundesverfassungsgericht das Zitat von K. Tucholsky »Soldaten sind Mörder« als zulässige Meinungsäußerung erklärt hatte, planten damals einige Regierungskreise ein Gesetz, das auch solche Äußerungen unter Strafe stellen sollte. Darauf spielt der Schluß der Predigt an.

Die Sehnsucht des Vaters nach den Söhnen:
Isaaks Segen für Hirten und Jäger

(1 Mose 25,19-34; 27,1-45)

Dies ist das Geschlecht Isaaks, des Sohnes Abrahams: Abraham zeugte Isaak. Isaak aber war vierzig Jahre alt, als er Rebekka zur Frau nahm, die Tochter Betuels, des Aramäers aus Mesopotamien, die Schwester des Aramäers Laban. Isaak aber bat den Herrn für seine Frau, denn sie war unfruchtbar. Und der Herr ließ sich erbitten, und Rebekka, seine Frau, ward schwanger. Und die Kinder stießen sich miteinander in ihrem Leib. Da sprach sie: Wenn mir's so gehen soll, warum bin ich schwanger geworden? Und sie ging hin, den Herrn zu befragen. Und der Herr sprach zu ihr: Zwei Völker sind in deinem Leibe, und zweierlei Volk wird sich scheiden aus deinem Leibe; und ein Volk wird dem andern überlegen sein, und der Ältere wird dem Jüngeren dienen. Als nun die Zeit kam, daß sie gebären sollte, siehe, da waren Zwillinge in ihrem Leibe. Der erste, der herauskam, war rötlich, ganz rauh wie ein Fell, und sie nannten ihn Esau. Danach kam sein Bruder, der hielt mit seiner Hand die Ferse des Esau, und sie nannten ihn Jakob. Sechzig Jahre alt war Isaak, als sie geboren wurden. Und als nun die Knaben groß wurden, wurde Esau ein Jäger und streifte auf dem Felde umher, Jakob aber ein gesitteter Mann und blieb bei den Zelten. Und Isaak hatte Esau lieb und aß gern von seinem Wildbret; Rebekka aber hatte Jakob lieb. Und Jakob kochte ein Gericht. Da kam Esau vom Feld und war müde und sprach zu Jakob: Laß mich essen das rote Gericht; denn ich bin müde. Daher heißt er Edom. Aber Jakob sprach: Verkaufe mir heute deine Erstgeburt. Esau antwortete: Siehe, ich muß doch sterben; was soll mir die Erstgeburt? Jakob sprach: So schwöre mir zuvor. Und er schwor ihm und verkaufte so Jakob seine Erstgeburt. Da gab ihm Jakob Brot und das Linsengericht, und er aß und trank und stand auf und ging davon. So verachtete Esau seine Erstgeburt.

Und es begab sich, als Isaak alt geworden war und seine Augen zu schwach zum Sehen wurden, rief er Esau, seinen älteren Sohn, und sprach zu ihm: Mein Sohn! Er aber antwortete ihm: Hier bin ich. Und er sprach: Siehe, ich bin alt geworden und weiß nicht, wann ich sterben werde. So nimm nun dein Gerät, Köcher und Bogen, und geh aufs Feld und jage mir ein Wildbret und mach mir ein Essen, wie ich's gern habe, und bring mir's hinein, daß ich esse, auf daß dich meine Seele segne, ehe ich sterbe. Rebekka aber hörte diese Worte, die Isaak zu seinem Sohn Esau sagte. Und Esau ging hin aufs Feld, daß er ein Wildbret jagte und heimbrächte. Da sprach Rebekka zu Jakob, ihrem Sohn: Siehe, ich habe deinen Vater mit Esau, deinem Bruder, reden hören: Bringe mir ein Wildbret und mach mir ein Essen, daß ich esse und dich segne vor dem Herrn, ehe ich sterbe. So höre nun, mein Sohn, auf mich und tu, was ich dich heiße. Geh hin zu der Herde und hole mir zwei gute Böcklein, daß ich deinem Vater ein Essen davon mache, wie er's gerne hat. Das sollst du deinem Vater hineintragen, daß er esse, auf daß er dich segne vor seinem Tod. Jakob aber sprach zu seiner Mutter Rebekka: Siehe, mein Bruder Esau ist rauh, doch ich bin glatt; so könnte

*vielleicht mein Vater mich betasten, und ich würde vor ihm dastehen, als ob ich ihn betrü-
gen wollte, und brächte über mich einen Fluch und nicht einen Segen. Da sprach seine
Mutter zu ihm: Der Fluch sei auf mir, mein Sohn; gehorche nur meinen Worten, geh und
hole mir. Da ging er hin und holte und brachte es seiner Mutter. Da machte seine Mutter
ein Essen, wie es sein Vater gerne hatte, und nahm Esaus, ihres älteren Sohnes, Feierklei-
der, die sie bei sich im Hause hatte, und zog sie Jakob an, ihrem jüngeren Sohn. Aber die
Felle von den Böcklein tat sie ihm um seine Hände und wo er glatt war am Halse. Und so
gab sie das Essen mit dem Brot, wie sie es gemacht hatte, in die Hand ihres Sohnes Jakob.
Und er ging hinein zu seinem Vater und sprach: Mein Vater! Er antwortete: Hier bin ich.
Wer bist du, mein Sohn? Jakob sprach zu seinem Vater: Ich bin Esau, dein erstgeborener
Sohn; ich habe getan, wie du mir gesagt hast. Komm nun, setze dich und iß von meinem
Wildbret, auf daß mich deine Seele segne. Isaak aber sprach zu seinem Sohn: Wie hast du
so bald gefunden, mein Sohn? Er antwortete: Der Herr, dein Gott, bescherte mir's. Da
sprach Isaak zu Jakob: Tritt herzu, mein Sohn, daß ich dich betaste, ob du mein Sohn Esau
bist oder nicht. So trat Jakob zu seinem Vater Isaak. Und als er ihn betastet hatte, sprach
er: Die Stimme ist Jakobs Stimme, aber die Hände sind Esaus Hände. Und er erkannte ihn
nicht; denn seine Hände waren rauh wie Esaus, seines Bruders, Hände. Und er segnete ihn
und sprach: Bist du mein Sohn Esau? Er antwortete: Ja, ich bin's. Da sprach er: So bringe
mir her, mein Sohn, zu essen von deinem Wildbret, daß dich meine Seele segne. Da brachte
er's ihm, und er aß; und er trug ihm auch Wein hinein, und er trank. Und Isaak, sein Vater,
sprach zu ihm: Komm her und küsse mich, mein Sohn! Er trat hinzu und küßte ihn. Da roch
er den Geruch seiner Kleider und segnete ihn und sprach: Siehe, der Geruch meines Sohnes ist wie der Geruch des Feldes, das der Herr gesegnet hat. Gott gebe dir vom Tau des
Himmels und von der Fettigkeit der Erde und Korn und Wein die Fülle. Völker sollen dir
dienen, und Stämme sollen dir zu Füßen fallen. Sei ein Herr über deine Brüder, und deiner
Mutter Söhne sollen dir zu Füßen fallen. Verflucht sei, wer dir flucht; gesegnet sei, wer
dich segnet! Als nun Isaak den Segen über Jakob vollendet hatte und Jakob kaum hinausge-
gangen war von seinem Vater Isaak, da kam Esau, sein Bruder, von seiner Jagd und machte
auch ein Essen und trug's hinein zu seinem Vater und sprach zu ihm: Richte dich auf, mein
Vater, und iß von dem Wildbret deines Sohnes, daß mich deine Seele segne. Da antwortete
ihm Isaak, sein Vater: Wer bist du? Er sprach: Ich bin Esau, dein erstgeborener Sohn. Da
entsetzte sich Isaak über die Maßen sehr und sprach: Wer? Wo ist denn der Jäger, der mir
gebracht hat, und ich habe von allem gegessen, ehe du kamst, und hab ihn gesegnet? Er
wird auch gesegnet bleiben. Als Esau diese Worte seines Vaters hörte, schrie er laut und
wurde über die Maßen sehr betrübt und sprach zu seinem Vater: Segne mich auch, mein
Vater! Er aber sprach: Dein Bruder ist gekommen mit List und hat deinen Segen wegge-
nommen. Da sprach er: Er heißt mir Recht Jakob, denn er hat mich nun zweimal überlistet.
Meine Erstgeburt hat er genommen, und siehe, nun nimmt er auch meinen Segen. Und er
sprach: Hast du mir denn keinen Segen vorbehalten? Isaak antwortete und sprach zu ihm:
Ich habe ihn zum Herrn über dich gesetzt, und alle seine Brüder hab ich ihm zu Knechten
gemacht, mit Korn und Wein habe ich ihn versehen; was soll ich nun dir noch tun, mein
Sohn? Esau sprach zu seinem Vater: Hast du denn nur einen Segen, mein Vater? Segne
mich auch, mein Vater! Und er erhob seine Stimme und weinte. Da antwortete Isaak, sein
Vater, und sprach zu ihm: Siehe, du wirst wohnen ohne Fettigkeit der Erde und ohne Tau
des Himmels von oben her. Von deinem Schwerte wirst du dich nähren, und deinem Bruder
sollst du dienen. Aber es wird geschehen, daß du einmal sein Joch von deinem Halse reißen
wirst. Und Esau war Jakob gram um des Segens willen, mit dem ihn sein Vater gesegnet
hatte, und sprach in seinem Herzen: Es wird die Zeit bald kommen, daß man um meinen*

Vater Leid tragen muß; dann will ich meinen Bruder Jakob umbringen. Da wurden Rebekka angesagt diese Worte ihres älteren Sohnes Esau. Und sie schickte hin und ließ Jakob, ihren jüngeren Sohn, rufen und sprach zu ihm: Siehe, dein Bruder Esau droht dir, daß er dich umbringen will. Und nun höre auf mich, mein Sohn: Mach dich auf und flieh zu meinem Bruder Laban nach Haran und bleib eine Weile bei ihm, bis sich der Grimm deines Bruders legt und bis sein Zorn wider dich sich von dir wendet und er vergißt, was du ihm getan hast; dann will ich schicken und dich von dort holen lassen. Warum sollte ich euer beider beraubt werden auf einen Tag?

Heute klagen viele über den Zerfall der Familie. Liest man die Jakob-Esau-Geschichten, so wird man getröstet: Familie war schon immer ein fast unmögliches Unternehmen. Da nutzt ein Bruder den Hunger des andern schamlos aus. Eine Frau konspiriert gegen ihren blinden Mann. Um Mord und Totschlag zu vermeiden, muß einer fliehen. Eine unmögliche Familie! Und doch ist alles realistisch: Die Konflikte dieser Familie sollen Konflikte von Völkern darstellen. Wenn Jakob und Esau im Mutterleib streiten, so heißt es: Zwei Völker streiten in Rebekkas Leib. Konflikte zwischen Völkern sind in der Tat oft so irrational wie ein Streit zweier Embryos im selben Mutterleib. Wenn schon die Familie im wörtlichen Sinne ein fast unmögliches Unternehmen ist, um wie viel mehr gilt das für die Völkerfamilie! Überall melden sich heute ethnische Gruppen zu Wort und machen sich das Leben schwer – selbst wenn sie dieselbe Mutter haben. Überall klagen sie Rechte gegeneinander ein, nutzen jeden Vorteil gegeneinander aus, vertreiben einander. Das Drama von Jakob und Esau geschieht überall.

Aber über diesem Familiendrama steht in der Bibel eine große Verheißung: die Verheißung an Abraham, die ihm Land und Nachkommenschaft verspricht – nicht auf Kosten anderer Völker, sondern zu ihrem Segen. Die Verheißung sagt: »Durch dich sollen alle Völker der Erde Segen erlangen« (1 Mose 12,3). Anders übersetzt: Mit dir oder mit deinem Namen sollen sich einmal alle Völker gegenseitig Segen wünschen. Wenn heute ethnische Gruppen ihren Verheißungen von Land und Nachkommenschaft folgen, so bedeutet das in der Regel Fluch für andere, bedeutet für andere Leiden, Vertreibung, Unmenschlichkeit. Ist es da nicht eine weltfremde Utopie, wenn am Anfang der Geschichte Israels bei Abraham, d.h. am Anfang der Geschichte von Juden, Christen und Moslems, die Verheißung steht: Durch dies eine Volk sollen alle Völker gesegnet sein?

Liest man die Vätergeschichten, so hat man den Eindruck: Den Beteiligten ist der über ihnen schwebende Segen gar nicht bewußt, wenn sie ihre Konflikte ausagieren und ihre Intrigen knüpfen. Aber stellen wir uns einmal vor, sie würden ihr Handeln im Lichte dieser Segensverheißung rechtfertigen – was würden sie sagen?

Beginnen wir mit Rebekka. Hören wir ihre Rechtfertigung: »Ich weiß«, sagt sie, »ihr haltet mich für ein intrigantes altes Weib. Durch irrationale Liebe zu ihrem Jüngsten läßt es sich hinreißen, ihren blinden Mann zu betrügen. Ja, ich bin alt geworden: alt geworden unter diesen Männern, bei denen das Leben erstens aus Jagen und Fressen und zweitens aus Fressen und Saufen besteht. Und das wäre so geblieben, hätte ich nicht die Initiative ergriffen. Ich hatte sie genau beobachtet. Der Esau war einer von der üblichen Sorte Mann: behaart, impulsiv, primitiv. Der verstand sich als Jäger nur aufs Töten. Der Jakob war feiner. Nicht nur wegen seiner glatten Haut. Er war Hirt, einer, der das Leben hegt und pflegt. Wenn ein Jäger lange Zeit keine Beute macht, dann fällt er ausgehungert über alles Eßbare her. Jagderfolg ist nicht planbar. Beute ist Glück. Da lohnt es sich nicht, Bedürfnisse aufzuschieben. Da heißt es: Her mit der Beute! Anders mein Jakob. Der wußte als Hirte, daß er jederzeit Nahrung hatte. Er hatte seine Herde um sich. Er konnte planen, konnte seine Bedürfnisse aufschieben. Wie aber sollte sich so ein feiner Typ gegen den robusten Esau durchsetzen? Sollte der Zufall, daß Esau vor ihm geboren war, diesem auf ewig den Vorrang sichern? Was für eine primitive Ansicht! Da kommt einer zuerst ins Leben gekrochen – und schon meint er, alle andern müßten ihm gehorchen, alle andern hinter ihm zurücktreten. Wenn ich nicht eingegriffen hätte, so liefe das Leben noch heute nach diesen primitiven Regeln ab. Nennt es meinetwegen irrationale Mutterliebe. Ist es nicht besser, solche Liebe mischt sich in die Verteilung von Lebenschancen ein, als daß sich automatisch der Stärkere durchsetzt? Und wie sollte ich mich in dieser Männerwelt, in der nur der Stärkere gilt, anders durchsetzen als durch List? Ja, ich habe dem Schwächeren, dem Nachgeborenen, dem Jakob mit List geholfen. Und eben darin besteht Kultur: dem Schwächeren helfen – auch gegen den Starken. Und wenn's nicht anders geht, auch durch List.« So weit Rebekka.

Esau hält die Gegenrede: »Liebe Mutter«, sagt er. Er sagt tatsächlich: »Liebe Mutter«, denn er hängt noch immer an ihr. Er sagt: »Du bist so wahnsinnig klug, daß ich als dein Kind auch etwas von deiner Klugheit abbekommen haben muß. Und diese Klugheit sagt mir: Ihr klugen Leute macht dieselben Schweinereien wie wir. Nur mit einem Unterschied. Ihr findet oft so schöne Worte, um eure Schweinereien als Kulturförderung auszugeben. Das tu ich nicht. Wenn ich besoffen bin, dann sage ich: Ich bin besoffen. Wenn Jakob einen Rausch hat, dann faselt er von transzendentaler Bewußtseinserweiterung. Zu so etwas bin ich zu dumm. Das ist mein Pech. Aber ich sage dir, liebe Mutter, wenn erst einmal die ganze

Welt von euch Oberklugen beherrscht wird – dann sind *wir* die Schwächeren, wir, die Primitiven, Ungehobelten, Behaarten. Und dann bin ich nicht sicher, ob ihr eure Moral, man müsse den Schwachen helfen, auch auf uns anwenden werdet. Nein, das werdet ihr nicht tun! Ihr werdet uns mit eurer verdammten Klugheit übers Ohr hauen. Und wir werden so gutmütig sein, das alles zu ertragen. Ja, meine Mutter haut mich übers Ohr, und ich liebe sie trotzdem. Mein Bruder betrügt mich, und ich bin trotzdem bereit, mich mit ihm zu versöhnen. Wer hat denn hier die höhere Kultur – ihr klugen Leute mit eurem transzendentalen Bewußtsein oder wir primitiven, gutmütigen Kerle. Wen habe ich betrogen? Wen habe ich getäuscht? Wen habe ich übervorteilt? Ist mein einziger Fehler nicht der, daß ich anders bin: etwas haarig, etwas primitiv, etwas tollpatschig?« So weit Esau.

Nun ist Jakob an der Reihe: »Ich gebe zu, sagt er, ich habe betrogen. Da will ich mich nicht rausreden. Ich habe dafür gezahlt. Vierzehn Jahre Knechtschaft im Ausland. 20 Jahre Trennung von der Familie. Ich habe erlebt, wie auch ich mit falschen Versprechen betrogen wurde. Das alles ändert nichts daran: Ich habe dich, Esau, betrogen. Aber uns beiden fiele die Versöhnung leichter, wenn auch du eingestehst: Auch du hast eine Mitschuld an allem. Beim ersten Mal, als du die Erstgeburt gegen ein Linsengericht eintauschtest, habe ich dich nicht betrogen. Da stürztest du herein und wolltest etwas zu essen haben, was immer es war. Da hast du deinen Vater mißachtet, als du die Erstgeburt weggeworfen hast. Was zu essen kriegen, wenn man Hunger hat – und das sofort, das steht bei dir höher als alles andere, höher als die Erstgeburt. Erst beim zweiten Mal habe ich dich betrogen. Aber auch das ist entschuldbar. Denn ich habe nur angewandt, was du mir beim ersten Mal vorgelebt hast – den Grundsatz: Entscheidend ist, möglichst schnell für Essen zu sorgen. Das ist *deine* Lebensmaxime. Und die hab ich auf unseren alten Vater angewandt. Der wollte essen. Ich, der Hirte, konnte ihm schneller zu essen verschaffen als du. Ich hatte Tiere auf Vorrat. Du als Jäger hattest kein Tier auf Vorrat. Ich war nach deinen Grundsätzen der Bessere. Wenn ich als Hirte zuverlässiger, schneller und effektiver Essen herbeischaffen kann – dann liegt nach deinen Maßstäben der Segen bei mir. Du hast ihn mir schon immer zugesprochen. Ja, auf längere Sicht liegt bei uns Hirten wirklich der größere Segen. Wir erst machen es möglich, daß sich mehr Menschen trotz des knapper werdenden Landes auf Erden ernähren können – durch eine effektivere Wirtschaft. Auf uns liegt der Segen, der allen Völkern gilt. Daß er durch Betrug weitergegeben wurde, ist ein dunkler Schatten. Aber etwas von diesem Schatten liegt auch auf dir! Klage mich nicht an, weil ich nach Maximen gelebt habe, die du mir vorgelebt hast.«

Was aber sagt Isaak zu all dem? Isaak hat lange darunter gelitten, daß er nicht beide hat segnen können. Warum ist jeder Segen begrenzt? Warum bedeutet der Segen für den einen, daß er dem andern vorenthalten wird? Diese Frage hat ihn schon immer bewegt – schon damals, als er den falschen Esau segnete. Heute fragt er sich: »Warum habe ich diesen vermeintlichen Esau mit Worten gesegnet, die weder auf Esau noch auf Jakob zutreffen? Ich habe dem leidenschaftlichen Jäger Esau keine Jagdbeute gewünscht. Ich habe vielmehr gesagt:

Gott gebe dir vom Tau des Himmels
und von der Fettigkeit der Erde und Korn und Wein die Fülle.

Das war kein Segen für einen Jäger. Aber das war auch kein Segen für einen Hirten. Das war ein Segen für Bauern, für Leute, die weder Jäger noch Hirte sind. Und jetzt weiß ich, warum ich es tat. Ich ahnte: Erst in einer neuen Lebensform – erst jenseits des Konflikts von Jäger und Hirte – kann der Gegensatz zwischen Jakob und Esau aufgehoben werden, erst wenn die Produktivität des Bodens durch Landwirtschaft gesteigert wird. Erst wenn genug für alle da ist, so daß keiner mehr Angst hat, zu kurz zu kommen. Darum träumte ich von einem Leben, das jenseits des Gegensatzes von Jägertum und Hirtentum liegt. Trotzdem bleibt das Rätsel: Warum habe ich mich so leicht täuschen lassen? Hatte ich nicht fast die Gewißheit: Da stand nicht Esau vor mir. Da stand Jakob. Das war seine Stimme. Und dann tastete ich ihn ab. Da spürte ich: Das war nicht Jakob. Das war Esaus Haut. Dann roch ich sein Kleid. Das roch nach Esau. Trotzdem sagte eine Stimme mir: Da stimmt was nicht. Wie konnte Esau, der Jäger, mir so schnell einen Wildbraten beschaffen? Warum bin ich nie auf den Gedanken gekommen, daß hier eine Intrige gespielt wird? Ich wußte doch, daß Rebekka den Jakob vorzog, so daß ich schon oft zum Ausgleich den Esau hatte unterstützen müssen! Ich wußte, beide Söhne waren verschieden. Ich wußte von ihrer Feindseligkeit. Beide stritten sich oft. Aber ich habe beide geliebt: den Rauhen und den Sanften, den Ungehobelten und den Kultivierten, den Jäger und den Hirten. Beide waren meine Söhne. Ja, meine heimliche Sehnsucht war, daß die guten Eigenschaften beider in einer Person vereinigt würden. Und das erlebte ich damals, als der verschlagene Jakob die Gestalt des Esau annahm. Das waren zwei Personen in einer Person: Jakobs Stimme und Esaus Haare, Jakobs Klugheit und Esaus Direktheit. Jakobs Kultur und Esaus Natur. Das geheime Wunschbild meiner Träume trat mir entgegen. Niemand hat mich betrogen, Rebekka nicht und Jakob nicht. Ich habe mich durch meine eigene Sehnsucht verführen lassen, durch meine Sehnsucht nach einem Sohn, der beides zugleich ist: Esau und Jakob. Ich ließ mich letztlich verführen durch die Verheißung an Abraham: In dir sollen gesegnet sein *alle* Völker! Jakob *und* Esau, Israel *und* Edom, Juden *und* alle anderen!«

Wir haben nun alle gehört: Stimmen aus einer zerrütteten Familie. Aber solche zerrütteten Familien können ein Ort sein, wo die großen Träume wachsen. Der Traum Isaaks wurde weitergeträumt. Jahrhundert später verkündigt einer seiner Nachfahren: Jetzt ist er in Erfüllung gegangen. Paulus schreibt an die Galater. Jetzt gilt der Segen Abrahams allen Völkern. Für alle in Christus gilt:

Da ist nicht Jude noch Grieche,
da ist nicht Sklave noch Freier,
da ist nicht Mann und Frau.

Anders gesagt:

Da ist nicht Jakob und Esau:
Keiner herrscht über den andern.
Da ist nicht Isaak und Rebekka:
Keiner betrügt den andern.
Da ist nicht Jäger noch Hirte:
Keiner übervorteilt den andern.
Ihr alle seid einer in Christus Jesus.
Ihr alle seid Abrahams Kinder.
Ihr alle seid Erben der Verheißung.

Die Tragödie Jakobs und Esaus war: In ihrer Welt konnte nur *einer* Erbe der Verheißung sein. Paulus verkündigt dagegen: Jetzt können *alle* Erbe von Verheißung und Segen sein. Wie ist das möglich? Warum ist der Segen auf einmal nicht mehr begrenzt? Er ist unbegrenzt, weil dieser Segen in der Botschaft besteht: Ihr alle seid von Gott anerkannt ohne Bedingung, unabhängig von euren Taten, unabhängig von eurer Herkunft, unabhängig von eurem Geschlecht, unabhängig von eurer Bildung. Diese Botschaft ist Segen für alle. Sie selbst ist der Segen.

Kann man also sagen: Im Alten Testament wird eine große Verheißung formuliert – und im Neuen Testament wird sie erfüllt? Das ist zu einfach.

Denken wir an Isaak, der sich durch seine Sehnsucht nach Harmonie unter seinen Söhnen verführen ließ, und sich selbst täuschte, weil er seine Sehnsucht erfüllt glaubte. Stehen wir Christen nicht in ähnlicher Gefahr, uns selbst zu täuschen: Ist die Verheißung eines Segens für alle Völker nicht noch immer unerfüllt? Ist sie nicht in Wirklichkeit beides: erfüllt und unerfüllt?

Wir brauchen ein Korrektiv, damit wir uns nicht selbst betrügen, als sei sie schon erfüllt. Solch ein Korrektiv sind die jüdischen Rabbinen. Für sie ist Esau gleich Edom, und Edom gleich Rom. Von Rom gilt: Von seinem Schwert muß es leben. Rom war die ungehobelte Macht, die auf ihre militärische Kraft vertraut. Die Rabbinen sagen: Der Konflikt zwischen Jakob und Esau ist noch nicht gelöst. Er ist noch nicht gelöst, solange ein Volk über das andere herrscht. Aber auch Herrscher und Beherrschte, auch die imperialistischen Völker und die von ihnen unterworfenen Völker bleiben Brüder. Sie stammen aus demselben Mutterleib. Und über beiden steht die noch immer unerfüllte Verheißung: Einmal sollen alle gesegnet sein.

Beides stimmt: Die Verheißung ist unerfüllt, und sie ging in Christus in Erfüllung. Durch ihn tritt ein unbedingter Wille in unser Leben, alle Menschen anzuerkennen – auch, wenn sie mit Gott, mit sich selbst und mit anderen verfeindet sind. Dieser immaterielle Segen kann unendlich geteilt werden. Aber es stimmt ebenso: Die Verheißung ging in der Welt nicht in Erfüllung. Jakob und Esau streiten noch immer um den materiellen Segen dieser Welt. Dieser Segen kann nicht unendlich geteilt werden.

Und doch ist seit Christus etwas anders geworden: Nicht nur Juden, auch Menschen aus anderen Völkern warten nun auf die Erfüllung der Verheißung an Abraham. Und darin ist schon ein Stück dieser Verheißung in Erfüllung gegangen!

Und auch heute, an diesem Tage, kann sie wieder in Erfüllung gehen: Dann, wenn du glaubst, daß Gott auch dich zum Segen für andere machen will. Wenn du wie Abraham daran glaubst, obwohl so viel dagegen spricht.

Du wirst einwenden: Warum soll gerade ich ein Segen für andere sein. Dazu bin ich viel zu schwach oder zu grob, zu jung oder zu alt, noch zu unfertig oder schon zu verbraucht, allzu milieu- oder allzu berufsgeschädigt! Sind wir nicht alle froh, wenn wir mit Anstand im Leben durchkommen?

Doch schau auf Isaak: War er nicht alt und blind? Und doch ging ein Segen von ihm aus!

Schau auf Rebekka: War sie etwa vollkommen? Und trotzdem gab sie Segen weiter!

Schau auf Jakob und Esau: Waren sie vorbildliche Brüder? Und trotzdem wirkte der Segen in ihrem Leben.

Schau auf diese ganze zerrüttete Familie: Da waren alle milieugeschädigt. Und trotzdem waren sie gesegnet!

Wenn Gott solche Menschen zu Trägern seines Segens macht, dann kann er das auch mit dir machen. Und alles beginnt damit, daß du ihm nur eins glaubst: Daß er alle Menschen anerkennen will, ohne Vorbedingung, die Schwachen und Robusten, die Jungen und Alten, die Unfertigen und Verbrauchten, die Milieu- und Berufsgeschädigten. Gott will alle anerkennen, und er will alle zu Trägern seines Segens machen, unabhängig von ihren Qualitäten, ihrer Leistungsfähigkeit, ihrem Status und ihrer Bildung. Er will, daß sein Segen vermehrt werde: sein immaterieller und sein materieller Segen. Und dazu braucht er normale Menschen, Menschen wie Isaak und Rebekka, wie Jakob und Esau, Menschen wie dich und mich.

Und der Friede Gottes, welcher höher ist als alle unsere Vernunft, bewahre eure Herzen und Sinne in Christo Jesu. Amen.

Diese Predigt wurde am 25.06.1995 in der Peterskirche in Heidelberg gehalten. Als ein Beleg für die verbreitete Gleichsetzung von Edom und Rom sei yTaan 4,8, fol. 68d zitiert, eine Stelle, die sich auf den Fall der Festung Betar, der letzten Bastion der jüdischen Aufständischen im Bar-Kochba-Aufstand, bezieht: »Die Stimme ist die Stimme Jakobs und die Hände sind die Hände Esaus (Gen 27,22). Die Stimme Jakobs schreit wegen der Untaten, die ihm die Hände Esaus in Bethar angetan haben! ... R. Jochanan sagte: Die Stimme des Kaisers Hadrian tötet in Bethar 80.000 Myriaden.«

»Ich bin, der ich bin«
Lebenszeichen von Gott zwischen Dornbusch und Dogma

(2 Mose 3,1-15)

Mose aber hütete die Schafe seines Schwiegervaters Jethro, des Priesters der Midianiter. Einst trieb er die Schafe über die Steppe hinaus und kam an den Gottesberg, den Horeb. Und der Engel des Herrn erschien ihm in einer Feuerflamme, die aus dem Dornbusch hervorschlug. Und als er hinsah, siehe, da brannte der Busch im Feuer, aber der Busch ward nicht verzehrt. Da dachte Mose: Ich will doch hinübergehen und diese wunderbare Erscheinung ansehen, warum der Dornbusch nicht verbrennt. Und der Herr sah, daß er herüberkam, um nachzusehen. Und Gott rief ihm aus dem Dornbusch zu: Mose! Mose! Er antwortete: Hier bin ich. Da sprach er: Tritt nicht heran! Ziehe die Schuhe von den Füßen; denn die Stätte, darauf du stehst, ist heiliges Land. Dann sprach er: Ich bin der Gott deines Vaters, der Gott Abrahams, der Gott Isaaks und der Gott Jakobs. Da verhüllte Mose sein Antlitz; denn er fürchtete sich, Gott anzuschauen. Und der Herr sprach: Ich habe das Elend meines Volkes in Ägypten wohl gesehen, und ihr Schreien über ihre Treiber habe ich gehört; ja ich kenne ihre Leiden. Darum bin ich herniedergestiegen, sie aus der Gewalt der Ägypter zu erretten und sie aus jenem Lande hinauszuführen in ein schönes, weites Land, in ein Land, wo Milch und Honig fließt, in das Gebiet der Kanaaniter, Hethiter, Amoriter, Pheresiter, Hewiter und Jebusiter. Nun ist das Schreien der Israeliten zu mir gedrungen, ich habe auch gesehen, wie hart die Ägypter sie bedrücken. Wohlan, so will ich dich denn zum Pharao senden, daß du mein Volk, die Israeliten, aus Ägypten führest. Mose aber sprach zu Gott: Wer bin ich, daß ich zum Pharao gehen und die Israeliten aus Ägypten führen sollte? Er sprach: Ich werde mit dir sein; und dies sei dir das Zeichen, daß ich es bin, der dich gesandt hat: wenn du das Volk aus Ägypten führst, werdet ihr an diesem Berge Gott verehren. Da sprach Mose zu Gott: Siehe, wenn ich nun zu den Israeliten komme und ihnen sage: »Der Gott eurer Väter hat mich zu euch gesandt«, *und wenn sie mich fragen:* »Welches ist sein Name?« *– was soll ich ihnen dann antworten? Gott sprach zu Mose:* »Ich bin, der ich bin.« *Und er fuhr fort: So sollst du zu den Israeliten sagen: Der* »Ich bin« *hat mich zu euch gesandt. Und Gott sprach weiter zu Mose: So sollst du zu den Israeliten sagen:* »Jahwe, der Gott eurer Väter, der Gott Abrahams, der Gott Isaaks und der Gott Jakobs, hat mich zu euch gesandt.« *Das ist mein Name ewiglich, und so will ich angerufen sein von Geschlecht zu Geschlecht. (Zürcher Übersetzung)*

Der heutige Sonntag heißt Trinitatis: das Fest des dreieinigen Gottes. Aber wer weiß schon, was es mit dem Glauben an den Vater, den Sohn und den Heiligen Geist auf sich hat? Wer versteht noch die existenziellen Fragen, die zu diesem Glauben geführt haben? Und meinen nicht viele auch unter uns, daß es sich um eine abstruse Lehre handelt? Zwei Szenen aus verschiedenen Jahrhunderten, beide aus Heidelberg, können das Problem umreißen:

Die erste Szene. Wir befinden uns auf dem Markplatz in Heidelberg im Jahr 1572, ein Tag vor Heilig Abend. Dort wird der reformierte Prediger Johann Sylvan vor seinen beiden Söhnen hingerichtet, weil er den trinitarischen Glauben leugnete. Er hatte Zweifel an der Gottheit Jesu. Seine Hinrichtung geschah u.a. auf Veranlassung des streng reformierten Kurfürsten Friedrich, der auch der »Fromme« genannt wurde. Andere Prediger, die Schwierigkeiten mit dem Glauben an die Gottheit Christi und des Heiligen Geistes hatten, waren geflohen. Einer von ihnen, Adam Neuser, der auch einmal Pfarrer an unserer Peterskirche war, entkam nach Konstantinopel, wo er zum Islam übertrat. Ein anderer nach Siebenbürgen. Es war einmal eine Frage von Sein oder Nicht-Sein, wenn es um den trinitarischen Glauben ging.

Die zweite Szene ist friedlicher. 400 Jahre später. Auch sie in Heidelberg, bei mir zu Hause. Mein Sohn soll im Abitur in Religion geprüft werden. Das Thema Gottesfrage ist eines der sogenannten Sternchenthemen, auf die sich alle vorbereiten müssen. Er hat noch einmal etwas dazu durchgelesen. Beim Frühstück fragt er mich: »Da stand auch was von Trinität darin, ziemlich dunkel alles. Kannst Du mir das mal schnell erklären?« Ich fragte: »Wie viel Zeit habe ich?« Er: »In fünf Minuten muß ich weg.« Fünf Minuten Kurzunterricht in Trinitätslehre – eigentlich ist das unmöglich. Aber meine damalige Antwort darf ich heute noch einmal anbieten. Ich sagte: Mach dir klar: Beim Nachdenken über Gott sind im frühen Christentum drei Entscheidungen gefallen – und drei Alternativen wurden ausgeschlossen.

Die erste Entscheidung: Gott selbst hat die Welt geschaffen – nicht irgendein untergeordneter Dämon, dem man die ganze Unfertigkeit der Welt anlasten könnte. Die Versuchung dazu, die Welt nicht auf den guten Willen eines Vaters aller Dinge zurückzuführen, sondern auf einen Stümper oder einen verblendeten Nebengott oder auf einen metaphysischen Unfall war groß. Aber dagegen hat man sich bewußt entschieden. Gott will diese ganze Welt. Sie ist kein Teufelswerk. Daher bedeutet Trinität zuerst: Glaube an Gott den Vater, den Schöpfer aller Dinge. Anders gesagt: Glaube daran, daß die Welt im Prinzip gut ist. Sie ist nicht das Produkt des Teufels.

Die zweite Entscheidung: Gott hält nicht vornehme Distanz zum Körper mit seinen Bedürfnissen und seinen Grenzen. Gott will vielmehr den ganzen Menschen – mit Körper, Tod und Endlichkeit. Daher wurde er wirklich Mensch, so daß alles im Menschen erlöst wird: Nichts soll ausgeklammert werden. Die Menschen verspürten damals eine große Versuchung, Gott auf etwas Inneres, Spirituelles und Höheres im Menschen zu begrenzen. Dagegen hat man sich bewußt entschieden: Gott wurde ganz Mensch. Der ganze Mensch wurde von Gott angenommen. Gott selbst wurde Fleisch. Gott will den ganzen Menschen. Daher bedeutet Trinität an zweiter Stelle: Glaube an Gott, den menschgewordenen Sohn. Anders gesagt: Der Mensch ist es wert, ganz von Gott erfüllt zu werden. Nichts ist ausgeklammert. Auch der Körper nicht. Auch nicht der Tod.

Die dritte Entscheidung: Religion und Kirche können als autoritäre Mächte Glauben an ihre Lehre verlangen, gleichgültig, ob sie den Menschen einleuchten oder nicht. Das war und ist eine zeitlose Versuchung. Dagegen aber entschied man sich bewußt, indem man sagte: Gott ist in jedem Glaubenden durch seinen Geist präsent. Die Zustimmung zu Gott und zu seinem Willen ist nichts von außen her Aufgenötigtes. Sie erfolgt mit innerer Zustimmung. Gleiches erkennt Gleiches. Gottes Geist in uns macht Gott jenseits von uns erkennbar. Glaube ist nur da Glaube, wo er ohne jeden äußeren Zwang auf einer inneren Evidenz basiert. Gott will nicht nur den ganzen Menschen mit Leib und Endlichkeit – er will die freie Zustimmung des inneren Menschen durch seinen Geist. Er bewirkt sie selbst im menschlichen Geist. Daher bedeutet Trinität drittens: Glaube an Gott den Heiligen Geist. Anders gesagt: Gott will die freie Zustimmung des Menschen ohne jeden Zwang. Er will keine autoritäre Religion.

Meine fünf Minuten waren vorbei. Eigentlich hätte ich meinem Sohn noch beibringen müssen, was es mit der ›immanenten‹ Trinitätslehre auf sich hat. Denn es ging bei der Entstehung der Trinitätslehre nicht nur um den gleichberechtigten Zugang zu Gott durch Welt, Mensch und Geist, sondern um mehr: um Gottes Wesen in sich auch jenseits seiner Erscheinung für uns. Die ›immanente‹ Trinitätslehre sagt: Gott existiere auch in sich (und nicht nur für uns) in dreifacher Weise. Aber wer wird heute schon wagen, einen Abiturienten nach der immanenten Trinitätslehre zu fragen? Bevor mein Sohn loszog, erzählte ich ihm daher nur noch schnell die Geschichte von einem Ketzer in Venedig. Der wurde wegen häretischer Ansichten zur Trinität angeklagt. Vor dem »Rat der Zehn« gab er zu, daß er zwar Gottvater und Gottsohn begreife, aber den Heiligen Geist nicht verstehen könne. Er wurde nicht verurteilt. »Er versteht doch wenigstens zwei«, sagten die Richter. »Wir verstehen keinen einzigen.« Nachdenklich macht: Die Katholiken in Venedig waren toleranter als die Reformierten in Heidelberg, die Juristen lebensweiser als die Theologen.

Ich ließ also meinen Sohn ziehen, ohne ihn in die innersten Geheimnisse des Trinitätsglaubens eingeführt zu haben.

Am Abend fragte ich ihn: »Wie wars in Religion?« Er war tatsächlich über das Gottesverständnis geprüft worden. Aber nicht über die Trinität von Vater, Sohn und Geist – sondern über eine sehr viel irdischere Trinität: über Feuerbach, Marx und Freud. Über den modernen Projektionsverdacht, daß Gott ein Entwurf des Menschen sei – entweder eine undurchschaute Selbstverständigung des Menschen über sein eigenes Wesen oder eine illusionäre Bearbeitung von Spannungen in der Gesellschaft oder von Konflikten in den unbewußten Tiefen der menschlichen Seele.

Fragen wir heute nach dem trinitarischen Gott, so stehen wir in der Tat zwischen zwei Anfragen: Da sind die Anfragen von außen: die bohrenden Fragen der Religionskritik. Da sind die Anfragen von innen, die Anfragen eines Johann Sylvanus, die Anfragen von Moslems und Juden.

Diesen Anfragen von innen begegnen wir auch in unserem Predigttext. Juden verstehen ihn mit Recht als Zeugnis für einen strengen Monotheismus: Der Gott Abrahams, Isaaks und Jakobs ist nur einer. Er ist der eine und einzige Gott, dessen Sozialpartner nicht andere Götter sind, sondern der Mensch – und nur der Mensch. Er läßt sich ohne Bilder verehren. Zwar gibt es in der Bibel viele sprachliche Bilder. Er ist Vater und Mutter, Ehemann und Liebhaber, Freund und Verführer, aber auch Feind und Räuber, Raubtier und Fallensteller, Feuer und Sturm. Aber all diese sprachlichen Bilder läßt er weit hinter sich, wenn er sich dem Mose im Dornbusch als »ICH BIN, DER ICH BIN« offenbart oder als »ICH WERDE SEIN, DER ICH SEIN WERDE«. Das klingt abstrakt. Aber es ist die großartigste Selbstdefinition Gottes, die je gehört wurde. Gott definiert sich uns gegenüber als ICH. Er ist kein ES. Er ist ein ICH. Ein ICH, das die Macht hat, sich selbst zu bestimmen und zu definieren. Und dies ICH sagt zunächst nur eins von sich: Ich existiere, lebe, heute und morgen. ICH BIN, DER ICH BIN.

Wäre es nicht besser, wir würden uns auf diese Aussagen beschränken – und alles andere (auch die trinitarischen Gedanken) als Poesie des Heiligen verstehen: als Bilder, die sich unvollkommen an das Unbegreifliche herantasten? Wäre nicht erst dann definitiv ausgeschlossen, daß Menschen wie Johann Sylvanus hingerichtet werden, weil sie Schwierigkeiten mit der Gottheit Jesu und mit dem Heiligen Geist haben? Er war ja nicht der einzige Märtyrer. Ich denke an Michel Servet in Genf. Ich denke an viele andere. Ich denke insbesondere an unzählige Juden.

Am Mittwoch, den 25. Juni 1298 wurden in Rothenburg ob der Tauber 450 Juden, Männer, Frauen und Kinder, verbrannt. Dazu vier zufällig in

Rothenburg anwesende Gäste. Ein Überlebender fertigte darüber eine Inschrift an. Er meißelte ein:

Mit bitterer Seele eine bittere Klage ... um zu gedenken der Märtyrer Rothenburgs, die getötet und verbrannt wurden wegen der Einzigkeit Gottes ...

und er schließt mit dem Bekenntnis:

und am dritten Tag wird er (Gott) uns in Freiheit entlassen. Dann wird kommen mein Erlöser und mein Heiliger. Amen. Amen. Amen.

Mit dieser Inschrift sind wir ganz nah an unserem Predigttext: Gott wird Israel in Freiheit entlassen. Er wird die befreien, die in der Gegenwart wegen der Einzigkeit Gottes leiden. Das ist die Situation der Juden von Rothenburg. Das ist die Situation des Mose, der von dem einen und einzigen Gott gesandt war, um Israel aus Ägypten in die Freiheit herauszuführen.

Die Glaubwürdigkeit jedes trinitarischen Glaubens hängt daran, ob wir ihn angesichts des Leidens jüdischer und christlicher Märtyrer für den einzigen Gott vertreten können. Ob wir den Gott, der sich im Dornbusch als »ICH BIN, DER ICH BIN« definierte, als denselben Gott erkennen, den wir als trinitarischen Gott verehren.

Wie leicht hatten es da unsere Vorfahren! Sie sahen im Dornbusch die Vorabbildung der Dornenkrone, die Jesus trug. Und sie sahen im Feuer, das den Dornbusch umgab, das Feuer des Heiligen Geistes. Der, der da sprach: ICH BIN, DER ICH BIN, war für sie der dreieinige Gott, war Vater, Sohn und Heiliger Geist.

Die Frage ist, ob auch wir in überzeugender Weise eine Verbindung von Dornbusch und Dornenkrone herstellen können. Dieser Gott, der sich definiert als »ICH BIN, DER ICH BIN«, sagt ja darüber hinaus noch mehr: Er definiert sich als ein Gott, der in die Freiheit führt: Und er führt nicht nur in eine innere Freiheit. Er führt versklavte, mit ihren Körpern schuftende, in ihrer physischen, religiösen und kulturellen Existenz bedrohte Menschen in die Freiheit. Gott erweist sich hier als unbedingter Wille, den ganzen Menschen zu befreien. Und eben diesen unbedingten Willen meint das Bekenntnis zu Gott als dem menschgewordenen Sohn: Gott will den ganzen Menschen. Auch dort, wo er versklavt ist. Wo er fremden Mächten ausgesetzt ist. Gleichgültig, ob das in der Sklaverei in Ägypten geschah oder in der Folterung und Hinrichtung Jesu von Nazareth oder in der Versklavung und Folterung anderer Menschen auf dieser Erde. Dieser unbedingte Wille zum Heil für den ganzen Menschen verbindet den Gott im Dornbusch und unter der Dornenkrone: Beide sind eins.

Können wir auch eine Verbindung zwischen dem Feuer des Dornbuschs und dem Feuer des Heiligen Geistes finden? Wenn wir den Satz »ICH BIN, DER ICH BIN« aus seinem Kontext loslösen, so würden wir ihn wahrscheinlich nicht in der Bibel suchen, sondern in einer modernen Schrift – am ehesten in einer Philosophie der Subjektivität des Menschen, wo jemand Tiefsinniges über den Menschen schreibt und seine Fähigkeit, »ICH BIN, DER ICH BIN« zu sagen. Und wir würden ihn vor die postmoderne Phase des Denkens einordnen – denn heute wird überall das Ende des Subjekts proklamiert. Das, was in uns sagt: ICH BIN, DER ICH BIN, sei eine Selbsttäuschung – ein Produkt von Antrieben, physiologischen Prozessen, linguistischen Strukturen. So daß man eigentlich nur sagen kann: ES GESCHIEHT ETWAS. UND DIES ETWAS SAGT: »ICH BIN, DER ICH BIN«. Aber dieses ETWAS irrt sich. Wie kommt es, daß uns heute so leicht die Gewißheit abhanden kommt, daß wir als unverwechselbare Personen existieren? Woher diese intellektuelle Lust an der Abschaffung des Subjekts? Eine Erklärung ist: Wenn Gott nicht sein »ICH BIN, DER ICH BIN« vorspricht, dann verlernt auch der Mensch, sein Ebenbild, dies ICH nachzusprechen. Anders gesagt: Wenn hinter allen Prozessen der Welt – den physikalischen, biologischen und kulturellen Abläufen, wenn hinter der ganzen Evolution der Materie von den Elementarteilchen bis hin zum Großhirn kein einheitliches Zentrum steht – dann wird es unplausibel zu sagen: hinter all den physiologischen, chemischen und kulturellen Prozessen unseres Lebens stünde ein einheitliches Zentrum. Daher meine ich: Der, der im Dornbusch sagt: ICH BIN, DER ICH BIN, hat sein Ebenbild gelehrt zu sagen: ICH BIN, DER ICH BIN. Er ruft ihm zu: Du bist zur Freiheit bestimmt. Zu mehr als nur dazu, in Abhängigkeiten zu funktionieren. Zu mehr, als ein Produkt von Genen und Sozialisation zu sein. Du bist bestimmt zu einem verantwortlichen Leben. Gottes Ruf will Dich aus jeder Gefangenschaft herausführen – oft auf einem schmerzlichen Weg durch die Wüste, um dich mit sich zu konfrontieren, mit seinen Forderungen am Sinai und seinem Zuspruch im Exil. Er will Dir für alle Zeit zurufen: »Fürchte dich nicht, denn ich habe dich befreit, ich habe dich bei deinem Namen gerufen. Du bist mein.« Und nur Du kannst antworten auf seinen Ruf, frei und ohne Zwang. Und diese Freiheit der Antwort: das ist der Geist. Dieser unbedingte Wille zur Freiheit verbindet das Feuer im Dornbusch mit dem Feuer des Heiligen Geistes. Beides ist eins.

Wenn trinitarischer Glaube dies meint: Den dreifachen Willen Gottes zur Welt als seiner Schöpfung, zum Menschen in Jesus von Nazareth und zum Geist in seiner Freiheit – dann können wir mit gutem Gewissen Juden, Moslems und den vielen Sympathisanten des Johannes Sylvanus unter uns gegenübertreten: Dieser Glaube ist kein Abfall vom Monotheismus.

Aber noch haben wir ja nur die erste Stufe trinitarischen Glaubens erreicht. Noch nicht jene zweite Stufe, die ich vor einigen Jahren in der Eile eines Morgenfrühstücks meinem Sohn nicht mehr erklären konnte. Danach existiert Gott nicht nur in seiner Entscheidung für Welt, Mensch und Geist in dreifacher Weise – sondern auch in sich, von Anfang an, bevor er mit Welt, Mensch und unserem Geist in Beziehung tritt. Sollten wir diese immanente Trinität nicht besser auf sich beruhen lassen? Ist nicht alles, was wir darüber sagen, Spekulation – ein Eindringen in die Schlafzimmergeheimnisse Gottes, eine Sache für religiöse Voyeure, nicht für Menschen mit Respekt vor den Geheimnissen Gottes? Was hätte ich wohl darüber meinem Sohn gesagt, wenn ich damals noch ein paar Minuten mehr zur Verfügung gehabt hätte? Und was kann ich heute dazu sagen, wenn ihr mir heute noch ein paar Minuten zuhört?

Ich denke, die Kirchenväter, denen wir den trinitarischen Glauben verdanken, wollten sagen: Gottes Wille zur Welt, zum Menschen und zum Geist steht gleichberechtigt nebeneinander und ist gleichen Ranges. Was uns in diesen drei Erscheinungsformen begegnet, ist gleichen Wesens, ist homoousios. Gott ist ein Wesen in drei unterscheidbaren, aber gleich wertvollen Rollen. Und diese Vielfalt in dem einen und einzigen Gott war ihnen deshalb so wichtig, weil sie Gott in sich als Liebe dachten – als Gemeinschaft, genauer: als Gemeinschaft von Gleichrangigen. Wie nahe hätte es gelegen, auch in Gott etwas Unterordnung zu postulieren. Der Sohn ist dem Vater doch unterlegen. Und der Geist kommt als Drittes und Letztes dazu, so wie der Geist auf Erden immer an letzter Stelle kommt. Aber wirkliche Liebe verträgt keine Unterordnung. Sie erträgt wohl Verschiedenheit. Die These der Kirchenväter war: Es gibt Verschiedenheit in Gott. Aber es gibt keine Herrschaft in Gott. Gott ist herrschaftsfrei, ist An-archist im wörtlichen Sinne. Er ist ein Liebesanarchist. Dieselbe Kirche, der man oft vorwirft, sie habe sich dem Kaiser in vielem allzu schnell untergeordnet, hat sich ihm in diesem Punkt widersetzt. Auch die Kaiser wollten ein bißchen Unterordnung in Gott selbst, wollten in Gott selbst Überordnung und Unterordnung. Dagegen setzten die Kirchenväter ihre Überzeugung von der Liebesgemeinschaft Gottes durch. Dagegen setzen sie ihre Vision einer herrschaftsfreien Liebe im Herzen alles Seins. Wie sehr hat uns um 1968, gegen Ende meines Theologiestudium, diese Erkenntnis bewegt: Die einzige funktionierende Liebeskommune, so spotteten wir mit Blick auf andere Kommunen, ist die Trinität.

Ich gebe zu, die Trinität übersteigt unsere Erkenntnismöglichkeiten. Und ich bin an diesem Punkte bereit, von Feuerbach, Marx und Freud zu lernen. Aussagen über Gott sind immer auch Aussagen über Mensch und Welt. Was ich in diesem trinitarischen Glauben heraushöre, ist eine Verpflichtung, dem unbedingten Ja Gottes zur Welt, zum Menschen und zum Geist gleichen Rang zuzuschreiben. Wir leben inmitten aller Dinge in Gemeinschaft mit ihnen. Wenn das Herz aller Dinge, das Zentrum der Wirklichkeit, in der Poesie des Heiligen als Liebesgemeinschaft von Gleichrangigem vorgestellt werden darf, dann ist unser Verhältnis zu allen Dingen und Menschen letztlich nicht Überordnung und Unterordnung. Durch Liebe erhält alles den gleichen Wert. Durch Liebe geschaut wird die Schöpfung mit allen Kreaturen uns gleichrangig. In der Liebe wird jeder Mensch gleich viel wert. Durch Liebe versöhnt sich der Geist mit dem, was ihm fremd ist.

Wenn jemand über eine vergehende Schneeflocke meditiert und es geht ihm – wie Albert Schweitzer – dabei auf: Das bist du. Darin steckt derselbe Wille zum Leben wie in dir – dann entspricht das dieser Gleichwertigkeit des göttlichen Willens in Schöpfung und Materie, in allem Lebendigen und im menschlichen Geist.

Von solchen Überzeugungen öffnet sich für uns ein Zugang auch zu den mystischen Religionen des Ostens – und natürlich zu den mystischen Strömungen in den westlichen Religionen bei uns: in Judentum, Christentum und Islam.

Der trinitarische Glaube verbindet zwar nicht die Religionen. Er trennt sie. Er ist ein Proprium des Christentums. Aber von diesem Proprium her haben wir mehr Chancen, den Zugang zu den mannigfachen Erfahrungen Gottes in allen Religionen zu gewinnen, als wenn wir den trinitarischen Glauben geringachteten, verleugnen oder gar aufgeben.

Als etwas ganz Perverses aber muß es erscheinen, im Namen des trinitarischen Glaubens andere Menschen unter physischen und psychischen Druck zu setzen, sie zu verfolgen und zu ermorden. Nicht die Trinitätslehre ist pervers. Pervers ist der Mensch, der die Überzeugung von einer herrschaftsfreien Liebe als Grund aller Wirklichkeit zuerst in dogmatische Formeln verwandelt und dann im Namen dieser Formeln andere umbringt. Gerade weil es nicht einfach Unmenschen waren, die so etwas taten – Friedrich der Fromme war kein Unmensch; aber er stand unter Druck von Kaiser und Reich, bei sich zu Hause Häresien zu bekämpfen, galten Reformierte wie er doch selbst als »Häretiker« –, gerade deshalb sollen wir ohne Überheblichkeit über die Exzesse religiöser Intoleranz urteilen, auch wenn wir sie deutlich verurteilen müssen: Keine Zeit, kein Land, kein Mensch ist vor dieser Gefahr endgültig bewahrt. Auch wir nicht. Auch wir können immer nur bitten und erhoffen, daß die Botschaft von der herrschaftsfreien Liebe Gottes, die sich in gleicher Weise der Welt, dem Menschen und dem Geist zuwendet, unser Herz verwandelt und es mit seinem Frieden erfüllt.

Dieser Friede Gottes, welcher höher ist als alle unsere Vernunft, bewahre eure Herzen und Sinne in Gott dem Vater, Gott dem Sohne und Gott dem Heiligen Geiste. Amen.

Diese Predigt wurde für den Trinitatis-Sonntag am 25.5.1997 für den Peterskirchengottesdienst vorbereitet. Über den Antitrinitarierprozeß in Heidelberg 1570-1572 informiert F. Hepp: Religion und Herrschaft in der Kurpfalz um 1600. Aus der Sicht des Heidelberger Kirchenrates Dr. Marcus zum Lamm (1544-1606), Heidelberg 1993, 55-80. Die Anekdote vom Ketzer in Venedig von Wilhelm von Scholz findet sich in: L. Graf/U. Kabitz u.a.: Die Blumen des Blinden, München 1983, 154. – Die Inschrift in Rothenburg wurde 1914 auf dem dortigen Judenfriedhof gefunden, dann im Museum aufbewahrt, war aber seit 1934 (!) spurlos verschwunden, bis sie 1980 wiederentdeckt wurde, nachdem sie beim Wiederaufbau des dortigen Rathauses sekundär als Sockel für einen Reichsadler verwandt worden war. Vgl. J. Rau (Hg.): Denkmal des Ewigen in der Zeit. 700 Jahre Franziskanerkirche Rothenburg ob der Tauber, Rothenburger Sakrale Kunst Nr. 4, Rothenburg o.J., 137. Die Inschrift lautet vollständig: »Mit bitterer Seele eine bittere Klage, weil wir vergaßen die ersten Verfolgungen. Um ihrer zu gedenken, meißelte ich auf eine steinerne Tafel die Märtyrer Rothenburgs ein, die getötet und verbrannt wurden wegen der Einzigkeit Gottes im Jahr 58 gemäß der kleinen Zählung, am 19. Tamus. Und auf der Burg außerhalb der Stadt machten die Einwohner der Stadt ein Ende, indem sie Feuer entzündeten und töteten und es endeten von uns Alt und Jung. Am 12. des fünften Monats des sechsten Jahrtausends hörte meine Freude auf und am dritten Tag wird er uns in Freiheit entlassen. Dann wird kommen mein Erlöser und mein Heiliger. Amen Amen Amen.«

Alptraum Mobbing
und die Nachkommen der Täter

(Psalm 17)

Höre, Herr, die gerechte Sache,
achte auf mein Flehen,
vernimm mein Gebet von Lippen ohne Falsch!
Von deinem Angesicht ergehe mein Urteil;
denn deine Augen sehen, was recht ist.
Prüfst du mein Herz,
suchst du mich heim in der Nacht und erprobst mich,
dann findest du an mir kein Unrecht.
Mein Mund verging sich nicht,
trotz allem, was die Menschen auch treiben;
ich halte mich an das Wort deiner Lippen.
Auf dem Weg deiner Gebote gehn meine Schritte,
meine Füße wanken nicht auf deinen Pfaden.
Ich rufe dich an, denn du, Gott, erhörst mich.
Wende dein Ohr zu mir, vernimm meine Rede!
Wunderbar erweise deine Huld!
Du rettest alle, die sich an deiner Rechten vor deinen Feinden bergen.
Behüte mich wie den Augapfel, den Stern des Auges,
birg mich im Schatten deiner Flügel
vor den Frevlern, die mich hart bedrängen,
vor den Feinden, die mich wütend umringen.
Sie haben ihr hartes Herz verschlossen,
sie führen stolze Worte im Mund,
sie lauern mir auf, jetzt kreisen sie mich ein;
sie trachten danach, mich zu Boden zu strecken,
so wie der Löwe voll Gier ist zu zerreißen,
wie der junge Löwe, der im Hinterhalt lauert.
Erheb dich, Herr, tritt dem Frevler entgegen!
Wirf ihn zu Boden, mit deinem Schwert entreiß mich ihm!
Rette mich, Herr, mit deiner Hand vor diesen Leuten,
vor denen, die im Leben schon alles haben.
Du füllst ihren Leib mit Gütern,
auch ihre Söhne werden noch satt
und hinterlassen den Enkeln, was übrigbleibt.

Ich aber will in Gerechtigkeit dein Angesicht schauen,
mich satt sehen an deiner Gestalt, wenn ich erwache.
(Ökumenische Einheitsübersetzung)

»Sie lauern mir auf, jetzt kreisen sie mich ein, sie trachten danach, mich zu Boden zu strecken.« Wir kennen diese Situation aus Angstphantasien, die meist wenig mit der Realität zu tun haben. Aber einmal erlebte ich, wie solch ein Alptraum für ein paar Stunden Realität wurde.

Ich war in einem Nachbarland Deutschlands zu einem Vortrag vor einem Konvent von Pastoren und interessierten Laien eingeladen. Meine Frau begleitete mich. Schon beim Betreten des Raums fiel mir eine abweisende Atmosphäre auf. Mir wurde kein Stuhl angeboten. Ich schleppte ihn selbst heran. Mein Vortrag wurde durch abfällige Kommentare unterbrochen. Ein Zuhörer las demonstrativ in einem Buch, ein anderer schnarchte. Ich merkte: Alle lauerten darauf, daß ich einen Fehler machte. Nach ca. 10 Minuten ging plötzlich die Tür auf. Ein Gewehrlauf schob sich heran. Dann stand jemand in der Tür, zielte auf mich und schoß – zum Glück nur mit einer Platzpatrone. Alles lachte. Einer kommentierte: Wie amüsant! Und das unter lauter Pastoren und Pastorinnen! Ich wußte nicht, war das ein Alptraum? War das Realität? Sollte ich als Deutscher, als Vertreter der ehemaligen Besatzungsmacht, hier gedemütigt werden? Oder als Vertreter einer bestimmten theologischen Richtung? Ich setzte meinen Vortrag nach ein paar beschwichtigenden Worten fort. Als aber der Gewehrschütze gegen Ende des Vortrags erneut sein Gewehr laden wollte, ging ich mit ein paar Schritten auf ihn zu, entriß ihm das Gewehr, stellte es hinter mich an die Wand und sagte: »Das ist doch unmöglich, was hier geschieht!« Dann setzte ich mit Mühe meinen Vortrag fort. Während des anschließenden Essens wurde meine Frau mit Bananenschalen und Knochen beworfen. Keiner protestierte. Keiner schritt gegen die Flegeleien ein. Wir verabschiedeten uns. Draußen sagte meine Frau: Jetzt weiß ich, wie sich Juden während des Dritten Reichs gefühlt haben müssen.

Wenn Menschen über längere Zeit erleben, was wir nur ein paar Stunden aushalten mußten, so nennt man das Mobbing. Aus ganz irrationalen Gründen wird einer isoliert. Alle demonstrieren Ablehnung. Abbruch von normaler Kommunikation. Auflaufenlassen. Desinformieren. All das bringt das Opfer zur Verzweiflung. Egal, was es macht, es hat keine Chance. Mobbing gibt es in Schulklassen und am Arbeitsplatz. Hier wird immer wieder Realität, was unser Psalm so beschreibt: »Sie lauern mir auf, jetzt

kreisen sie mich ein, sie trachten danach, mich zu Boden zu strecken.«
Jeder und jede kann grundlos Opfer sein.

Eben diese Bosheit nimmt ganz andere Dimensionen an, wenn sie zum
politischen Programm wird, wenn sie sich nicht nur gegen einzelne wendet, sondern gegen ganze Gruppen. Was mit Juden und anderen Gruppen,
den Roma und Sinti sowie den Homosexuellen im Dritten Reich geschah,
war staatlich betriebenes Mobbing. Alltägliche Bosheit wurde perfekt
organisiert. Wir haben damals eine Hölle auf Erden für Millionen von
Menschen inszeniert – den fabrikmäßig betriebenen Mord, die systemati-
sche Zerstörung menschlicher Würde. Erst nachher wurde allmählich bewußt, was geschehen war. Und noch immer ist es unfaßbar. Im Laufe der
Zeit zerbrach eine kollektive Lebenslüge nach der anderen.

Da ist die erste Lebenslüge: Wir haben es nicht gewußt! Darauf kann
man mit den Sprüchen Salomo antworten: »Befreie, die zum Tode ge-
schleppt werden, und die zur Schlachtbank wanken, rette sie doch! Wolltest du sagen: ›Wir wußten es nicht!‹ – wird er, der die Herzen prüft, dich
nicht durchschauen?« (24,11f) Nein: Alle haben die Kristallnacht erlebt.
Jeder wußte, daß gewalttätige Übergriffe gegen Juden vom Staat organisiert und gedeckt wurden. Jeder hat die Apartheitspolitik Hitlers erlebt:
die Isolierung der Opfer, die Entsolidarisierung ihnen gegenüber.

Dazu die zweite Lebenslüge: Aber die Vernichtungslager selbst wurden doch vor der Öffentlichkeit verborgen, sie wurden außerhalb Deutschlands angelegt! Aber man hat einmal ausgerechnet, wie viele Menschen
bei der Verwaltung und Organisation des Todes beteiligt waren – von den
Transporten und Deportationen bis hin zum Ende. Man kommt auf ein bis
zwei Millionen Menschen.

Dann die dritte Lebenslüge: Aber es war doch nur die SS! Die Wehrmacht habe sich an den Greueln nicht beteiligt! Leider war es anders: Die
Wehrmacht war in alles verwickelt. Sie hat mitgemordet, mit unterdrückt,
den Terror mit organisiert. Um so mehr haben wir die zu achten, die auch
in der Wehrmacht integer geblieben sind.

Die damals unschuldig Verfolgten schreien noch heute und hinterlassen
in unserem Land eine tiefe Wunde. Ob einige von ihnen auch den Psalm
17 beteten? Sicher ist nur: Dieser Psalm wird noch heute gebetet: bei uns
und in Israel. Daß viele Juden trotz des Holocaust ihr Verhältnis zu Gott
nicht aufgekündigt haben, ist für mich ein großes Wunder. Daß sie sich zu
demselben Gott wenden, an den wir uns wenden, wenn wir die Psalmen
beten, ist ein Lebenszeichen Gottes. Sie wenden sich zum Gott der Gerechtigkeit und Barmherzigkeit. Am Ende des Psalms finde ich eine er-

staunliche Aussage über diesen Gott. Der unschuldig Verfolgte denkt an
die Söhne und Enkel der Verfolger. Er ruft zu Gott:

---

*Rette mich Herr, mit deiner Hand vor diesen Leuten, vor denen, die im Leben schon alles
haben. Du füllst ihren Leib mit Gütern, auch ihre Söhne werden noch satt und hinterlassen
den Enkeln, was übrigbleibt.*

Derselbe Gott, von dem die Rettung vor den Verfolgern erwartet wird –
eben dieser Gott sorgt für die Söhne und Enkel der Verfolger. Und natür-
lich fühle ich mich direkt angesprochen. Wir sind die Söhne, wir sind die
Enkel der Verfolger von damals. Wir sind in einer überraschenden Weise
reich an materiellen Gütern. Niemand hätte geahnt, als Deutschland 1945
in Schutt und Trümmern lag, daß es nach 50 Jahren eine der reichsten
Nationen der Erde sein würde. Niemand hätte geahnt, daß es in diesem
Land schon bald genug zu essen gab – und nicht der Hunger, sondern die
Freßsucht zum großen Problem würde. Aber der Mensch lebt nicht vom
Brot allein. Das macht nur äußerlich satt. Der Beter spricht deshalb eine
zweite Bitte aus:

---

*Ich will aber in Gerechtigkeit dein Angesicht schauen, mich satt sehen an deiner Gestalt,
wenn ich erwache.*

Nicht durch Reichtum werden wir satt, sondern durch Gerechtigkeit, die
uns Gott sehen läßt. Durch Reinheit des Herzens, der die Verheißung gilt:
Ihr werdet Gott sehen! Wenn man im Lande der Mörder aufgewachsen
ist, sehnt man sich nach einem reinen Herzen! Wenn man im Land der
Täter und Mitläufer aufgewachsen ist, sehnt man sich nach Gerechtigkeit, um Gott im Angesicht des Nächsten schauen zu können! Wenn man
im Land der Dichter und Denker anfängt zu denken, versteht man nicht
mehr, wie es zum Land der Richter und Henker werden konnte.

Was aber soll ich meinen Kindern sagen? Ich sage: Alles, was geschehen
ist, ist für immer eingetragen und eingeschrieben ins Sein. Keiner kann es
ungeschehen machen. Vor Gott ist es ewige Gegenwart: Die Rufe der Opfer,
die Verzweiflung der Gequälten. Aber auch: Jeder Versuch, ihnen zu helfen. Jedes Aufbegehren gegen die Unmenschlichkeit. Jeder Widerstand.
Gott hat die Macht, alles zu einem guten Ende weiterzuschreiben. Aber er

braucht uns dazu. Er verwandelt die Vergangenheit in einen Appell und eine Verheißung an uns: Ihr Menschen könnt euch zwar gegenseitig die Hölle organisieren. Aber ihr könnt auch zusammen die Hölle verlassen. Ihr könnt euch gegenseitig menschliche Würde nehmen. Aber ihr könnt im Andern auch Gottes Angesicht schauen – in Gerechtigkeit.

Hören wir daher den Ruf der unschuldig Verfolgten! Hören wir ihn im Alltag, da, wo jemand isoliert und in Verzweiflung getrieben wird! Mobbing ist eine alltägliche Realität. Hören wir den Ruf der Verfolgten, wenn sie sich aus anderen Ländern zu uns gerettet haben! Setzen wir uns dafür ein, daß sie nicht dorthin zurückgeschickt werden, wo Folter und Tod auf sie warten! Machen wir uns klar: Wir wenden uns nur allzu gerne ab. Wir heulen nur zu gern mit den Wölfen. Auch sensible Menschen können sich verfehlen. Auch sie können sich in Psychoterror gegen einzelne verwickeln. Jene Pastoren und Pastorinnen, die mich und meine Frau für einen Abend lang vorübergehend drangsalierten, waren gewiß keine moralisch unsensiblen Menschen. Wenn schon unter ihnen für kurze Zeit alle moralischen Sicherungen durchbrannten – um wie viel mehr sind wir insgesamt gefährdet? Wir haben vor 50 Jahren einmal die Hölle auf Erden organisiert. Aber sind wir ihr deshalb für ewig entronnen? Brennt das Feuer der Hölle nicht noch immer? Eine Geschichte von Elie Wiesel bringt das so zum Ausdruck:

»Eine chassidische Geschichte: Es begab sich, daß ein Reisender seinen Weg im Wald verlor. Er wanderte und wanderte Tag und Nacht, ganz allein, voller Furcht und Müdigkeit. Plötzlich sah er ein Schloß, und er war außer sich vor Freude. Dann sah er, daß das Schloß brannte. Und er war voll Traurigkeit. Es muß wohl ein leeres Schloß sein, dachte der Wanderer. Doch dann hörte er eine Stimme rufen:»Helft mir, helft mir! Ich bin der Besitzer des Schlosses.« Und der Rabbi von Kotsk, der diese Erzählung wiedergab, schlug mit seiner Faust auf den Tisch und rief:»Das Schloß steht in Flammen, der Wanderer ist verloren, der Wald brennt, aber der Besitzer ruft um Hilfe. Was heißt das alles? Es heißt doch, daß es einen Besitzer gibt.« Auf uns bezogen (so ergänzt Elie Wiesel) möchte ich die Geschichte frei nachsprechen und sagen:»Das Schloß steht in Flammen, der Wanderer ist verloren, der Wald brennt, die ganze Welt brennt, und wir sind noch drinnen, mitten im Feuer des brennenden Schlosses.«

Gott wird in der Bibel ein verzehrendes Feuer genannt. Die Flamme seines Zorns aber kann zur Glut seiner Liebe werden. Und dasselbe gilt von seinem Ebenbild: Die Höllenfeuer, die wir inszenieren, kann Gott durch seinen Geist in Flammen der Liebe verwandeln.

Und der Friede Gottes, welcher höher ist als alle unsere Vernunft, bewahre unsere Herzen und Sinne in Christo Jesu. Amen.

Diese Predigt wurde am 7.6.1995 im Mittwochmorgengottesdienst der Peterskirche in Heidelberg gehalten. Das dort geschilderte makabre Erlebnis eines flegelhaften (privaten) Pastorenkonvents hatten meine Frau und ich kurz vor Weihnachten 1979 in Kopenhagen. Der Gewehrschütze war kein Theologe, sondern ein Atomphysiker. Ich sollte hinzufügen: Die beiden einladenden Pastoren haben sich bei mir und meiner Frau später dafür entschuldigt, daß sie nicht eingegriffen haben. Das Ereignis ist im übrigen ganz und gar untypisch für die dänische Lebenskultur in Gesellschaft und Kirche. Unsere dänischen Kollegen und Freunde standen hier genauso vor einem Rätsel wie wir. – Die chassidische Geschichte am Ende wird zitiert nach E. Wiesel: Die Massenvernichtung als literarische Inspiration, in: J.B. Metz / E. Kogon (Hg.): Gott nach Auschwitz. Dimensionen des Massenmordes am jüdischen Volk, Freiburg/Basel/ Wien: Herder [3]1986, 49.

Der offene Himmel
und die Poesie des Heiligen

(Psalm 85)

Herr, der du bist vormals gnädig gewesen deinem Lande
und hast erlöst die Gefangenen Jakobs;
der du die Missetat vormals vergeben hast deinem Volk
und alle seine Sünde bedeckt hast;
der du vormals hast all deinen Zorn fahren lassen
und dich abgewandt von der Glut deines Zorns:
hilf uns, Gott, unser Heiland, und laß ab von deiner Ungnade über uns!
Willst du denn ewiglich über uns zürnen
und deinen Zorn walten lassen für und für?
Willst du uns denn nicht wieder erquicken,
daß dein Volk sich über dich freuen kann?
Herr, erweise uns deine Gnade und gib uns dein Heil!
Könnte ich doch hören, was Gott der Herr redet,
daß er Frieden zusagte seinem Volk und seinen Heiligen,
damit sie nicht in Torheit geraten.
Doch ist ja seine Hilfe nahe denen, die ihn fürchten,
daß in unserm Lande Ehre wohne,
daß Güte und Treue einander begegnen,
Gerechtigkeit und Friede sich küssen,
daß Treue auf der Erde wachse
und Gerechtigkeit vom Himmel schaue;
daß uns auch der Herr Gutes tue,
und unser Land seine Frucht gebe;
daß Gerechtigkeit vor ihm her gehe
und seinen Schritten folge.

Wann sehen wir den Himmel offen? Wann erleben wir ihn mitten auf Erden? Würden wir heute Menschen diese Frage stellen, so könnten wir ihre Antwort vorwegnehmen: Für uns öffnet sich der Himmel, wenn wir verliebt sind. Wenn uns ein Mensch erotisch fasziniert und wir Sehnsucht danach haben, in seiner Nähe zu sein – um von jener Aura erfaßt zu werden, die ihn umgibt und von der nur der etwas spürt, der verliebt ist. Ne-

benbei: Das gilt auch für eine Ehe. Denn die ist (entgegen anderslauten-
den Gerüchten) eine Chance für zwei Menschen, sich immer wieder neu
ineinander zu verlieben – trotz Veralltäglichung der Liebe, trotz Zeiten
von Entfremdung und trotz aller Zerwürfnisse.

Unser Psalm ist ein Liebesgedicht. Er spricht von Gott. In der Liebe zu
Gott gibt es Entfremdung und Zerwürfnisse. Von Schuld und Zorn ist da
die Rede und von der Sehnsucht danach, wieder die Nähe Gottes zu spüren. Der Höhepunkt des Psalms ist eine Liebeserklärung Gottes. Der Psal-
mist lauscht, was Gott sagt. Und er hört das Größte, was ein Mensch
hören kann. Er hört Gottes Zusage, daß er nahe ist – so nahe wie ein
geliebter Mensch, in dessen Gegenwart alles gut ist. Himmel und Erde
begegnen einander. Diese Begegnung wird in erotischen Bildern geschil-
dert. Himmel und Erde sind ein Paar. Gnade (vom Himmel) und Treue
(von der Erde) finden zueinander, Gerechtigkeit (vom Himmel) und Frieden (auf Erden) umarmen und küssen sich. Ihre Liebe ist fruchtbar. Treue
sproßt aus der Erde, und Gerechtigkeit schaut vom Himmel herunter.

Treue und Gerechtigkeit, Gnade und Frieden sind die Kinder dieser
Liebesbeziehung. Entscheidend ist: Gott selbst ist dabei gegenwärtig. Vor
ihm her geht Gerechtigkeit, ihm folgt Heil.

Wir können uns solch eine Begegnung von Himmel und Erde am ehesten in unserer poetischen Phantasie vorstellen – in der Stimmung einer
schönen Sommernacht, von der Eichendorff sagt:

Es war als hätt der Himmel
Die Erde still geküßt,
Daß sie im Blütenschimmer
Von ihm nun träumen müßt.

Die Luft ging durch die Felder,
Die Ähren wogten sacht.
Es rauschten leis die Wälder,
So sternklar war die Nacht.

Und meine Seele spannte
Weit ihre Flügel aus,
Flog durch die stillen Lande,
Als flöge sie nach Haus.

Dort, wo Himmel und Erde sich begegnen, ist Gott nahe. Dorthin zieht es
uns. Dort sind wir zu Hause. Dort ist alle Sehnsucht gestillt – nicht nur
die romantische Sehnsucht einer Sommernacht, sondern die Sehnsucht
nach Licht und Leben auch in einer kalten Winternacht.

Was das poetische Bild als romantische Stimmung beschwört, ist im Psalm eine großartige Vision der Realität. Es geht hier ja nicht nur um poetische Stimmungen, es geht um das Heil eines Landes. Es geht um Gerechtigkeit und Frieden. Daß beide sich begegnen, ist selten. Um der Gerechtigkeit willen – aufgrund tiefer Verletztheit des Rechtsempfindens, aufgrund von Unrechtserfahrungen, Kränkungen und Benachteiligungen – werden die schlimmsten Kriege geführt, im Großen wie im Kleinen, in der Politik wie im Alltag. Und wo Friede herrscht, da geht es oft auf Kosten der Gerechtigkeit. Da ist es oft nur friedlich, weil viele Übervorteilte resigniert stillhalten und sich fügen. Erst das aber ist Heil für ein Land: Wenn Friede und Gerechtigkeit sich umarmen. Wenn beide sich nicht auf Kosten des jeweils anderen entfalten.

Aber es geht nicht nur um Politik. Es geht um die ganze Erde. Die Erde gibt ihren Ertrag nur, wenn sie fair behandelt wird. Sie streikt früher und später, wenn wir sie rücksichtslos ausplündern, wenn wir anstatt Segen Kunstdünger und Pestizide über sie schütten, um noch mehr aus ihr herauszupressen. Und das tun wir ständig. Wir alle haben Angst, daß die Natur das übelnimmt. Daß sie einmal zurückschlägt, weil wir sie ungerecht behandeln. Wir sind noch weit entfernt von Frieden und Gerechtigkeit im Verhältnis zur Natur.

Es geht aber nicht nur um Politik und Umwelt. Es geht um jeden einzelnen. Die Heilszusage wird im Psalm im Singular gesprochen. Nachdem vorher ein »Wir« im Plural sprach, heißt es plötzlich: »Ich will lauschen, was Gott mir sagt ...« Und dies »Ich« hört nun Gottes Wort. Dieses »Ich« weiß: Gott redet zu denen, die ihm ihr Herz zuwenden. Und das können nur einzelne. Nur jeder für sich kann es. Keiner kann sich an meiner Stelle öffnen, weder für einen Menschen noch für Gott. Das Herz ist das ganz individuelle, je eigene Zentrum des Lebens. Und an dies Herz wendet sich Gottes Wort und sagt jedem einzelnen zu: In dir kann es beginnen, daß sich Himmel und Erde begegnen. Dein Herz ist der Ort, wo der Himmel die Erde berühren wird. Und deshalb bist du unendlich viel wert. Gottes Wort ist eine Liebeserklärung auch an dich. Er will dich. Er braucht dich, damit hier und jetzt ein Licht aufgeht, damit hier und jetzt Gnade und Treue einander begegnen, damit sich hier und jetzt Gerechtigkeit und Frieden umarmen.

Der Psalm ist ein »Weihnachtspsalm«, auch wenn er lange vor Weihnachten gedichtet wurde. Er spricht von dem, was Weihnachten geschah. Der Himmel wurde geöffnet. Friede auf Erden wurde verkündigt. Was Eichendorff in einer schönen Sommernacht erträumte – hier wurde es Wirklichkeit nicht in romantischen Stimmungen, sondern in einer Winternacht. In einer kalten und rauen Welt wurde ein Kind geboren. In ihm verbanden sich Himmel und Erde. Und seitdem haben alle Menschen eine Heimat, die diesem Kind ihr Herz öffnen. An dies Kind denke ich, wenn ich noch einmal Eichendorffs letzte Strophe spreche:

Und meine Seele spannte
Weit ihre Flügel aus,
Flog durch die stillen Lande,
Als flöge sie nach Haus.

Und der Friede Gottes, welcher höher ist als alle unsre Vernunft, bewahre eure Herzen und Sinne in Christo Jesu. Amen.

Diese Predigt wurde im letzten Mittwochgottesdienst vor Weihnachten am 20.12.1995 in der Peterskirche in Heidelberg gehalten. Das Gedicht findet sich in: J.v. Eichendorff: Werke Bd 1. Gedichte. Versepen. Dramen. Autobiographisches, Düsseldorf/ Zürich ³1966, 285.

»Ehe denn die Berge wurden ... «
Abschied von einem großen Naturwissenschaftler

(Psalm 90,1-6)

Herr, du bist unsre Zuflucht für und für.
Ehe denn die Berge wurden
und die Erde und die Welt geschaffen wurden,
bist du, Gott, von Ewigkeit zu Ewigkeit.
Der du die Menschen lässest sterben
und sprichst: Kommt wieder, Menschenkinder!
Denn tausend Jahre sind vor dir
wie der Tag, der gestern vergangen ist,
und wie eine Nachtwache.
Du lässest sie dahinfahren wie einen Strom.
Sie sind wie ein Schlaf,
wie ein Gras, das am Morgen noch sproßt,
das am Morgen blüht und sproßt
und des Abends welkt und verdorrt.

Als Wolfgang Paul spürte, daß sich der Tod näherte, hat er diesen Text aus Psalm 90 für diese Predigt ausgewählt. Der Psalm klagt: Wie vergänglich ist der Mensch! Auch wenn ein Leben erfüllt war, ist es am Ende verflogen wie ein Traum! Auch wenn es voll Erfolg war, ist es am Ende wie verdorrtes Gras! Auch wenn es erst nach 80 Jahren zu Ende ging, ist es wie abgebrochen! Der Verstorbene hätte gerne noch länger gelebt. In ihm waren noch viel Ideen, in ihm war noch viel Neugier, noch viel Appetit auf Leben in diesem letzten Jahr. Über seinen Tod hinweg dürfen wir zusammen mit ihm klagen: Wie vergänglich ist der Mensch!

Aber der Text wendet unsere Gedanken auch auf das, was jenseits aller Vergänglichkeit ist. Auf das, was schon immer war. Auf das, was war, ehe die Berge wurden und die Erde und die Welt geschaffen wurden, oder, wie man wörtlich übersetzen müßte: Ehe die Erde in Wehen lag, um die Berge zu gebären. Die Erde wird als Mutter vorgestellt, die alles hervorbringt. Und dahinter erscheint noch mehr: das Gesamtsystem der Realität, das uns hervorgebracht hat, das uns eine Zeit lang erhält, das uns harte Grenzen setzt und in das wir zurückkehren. Und in all dem und über all dem und hinter alle dem: Gott – von Ewigkeit zu Ewigkeit.

Der Verstorbene stammte aus einer Familie mit vielen Pastoren. Psalm 90 ist ein Stück seiner protestantischen Tradition. Aber dieser Psalm hat immer wieder auch Physiker angesprochen. Georg Lichtenberg konnte z.B. gleichzeitig scharfsinnige religionskritische Aphorismen formulieren und bekennen, er habe diesen Psalm nie lesen können »ohne ein erhabenes, unbeschreibliches Gefühl«. Was er dabei fühlte, war mehr als alles, was wir wissenschaftlich über jene elementarsten Naturprozesse erforschen können, die schon waren, ehe die Berge wurden. Es ist kein Zusatzwissen zusätzlich zu all unserem physikalischen Wissen, sondern ein Ruf, der uns mitten in all unserem Wissen treffen kann, wenn wir uns dem öffnen, der von Ewigkeit zu Ewigkeit war. Es ist eine Stimme, die ruft: Kehrt wieder, Menschenkinder! Sie ruft uns, die Lebenden: Vertraut euch wieder dem Leben an! Kehrt um zum Leben, die ihr über den Tod eines Menschen erschüttert seid! Und sie ruft den Gestorbenen zu: Kehrt zurück in das, was von Ewigkeit zu Ewigkeit war, zurück in die Hände Gottes!

Der Verstorbene ist in ein Schweigen zurückgekehrt, das sich unserm Verstehen entzieht. Die Gespräche mit ihm sind zu Ende. Sie wurden oft abgebrochen. Trotzdem gehen sie in uns weiter, in all denen, die ihm nahestanden. Es ist fast indiskret, sich in sie einmischen zu wollen. Und doch ist es meine Aufgabe, in diese Selbstgespräche die Stimme dessen einzubringen, von dem der Psalm zeugt.

Die Stimme überredet uns nicht, gut zu finden, daß der Mensch dahin muß. Im Gegenteil, sie lehnt sich dagegen auf. Der Psalm sagt, es müsse der Zorn Gottes sein, daß wir dahin müssen. Er appelliert gegen diesen Zorn an die Güte Gottes. Er appelliert an etwas, das nicht durch Vergänglichkeit entwertet wird. Am Ende nennt er das, worin er diese Güte und Freundlichkeit Gottes trotz aller Vergänglichkeit findet. Es heißt dort: »Und der Herr, unser Gott, sei uns freundlich und fördere das Werk unserer Hände bei uns.«

Das also ist die Pointe des Psalms: So vergänglich der Mensch ist, so kann doch sein Tun gelingen! Er mag nur ein winziges Moment in jenem einen Tag sein, der tausend Jahre umfaßt, aber er kann mehr als tausend Jahre erforschen. Er mag nur ein Krustenphänomen auf einem kleinen Planeten sein, aber er kann das Weltall berechnen. Er mag tief verwurzelt sein in der biologischen Evolution, aber er ist ihr erster Freigelassener, der den Verteilungskampf um Lebenschancen begrenzen kann. Er ist vielleicht ein unscheinbarer Abkömmling des Universums, aber er kann Kontakt aufnehmen mit dem, der das Universum geschaffen hat. So vergänglich er ist, – darin liegt seine Würde. Darin kann er die Freundlichkeit Gottes, die Güte des Seins spüren. Dafür kann er dankbar sein.

Und eben dazu werden wir heute gerufen: Dankbar zu sein für ein zu Ende gegangenes Leben. Wir haben Grund zur Dankbarkeit. Es lag ein Segen über dem, was der Verstorbene tat – als Forscher, als Lehrer, als Wissenschaftsorganisator und als Mensch.

Ein Segen lag über dem, was er als Forscher tat. Er hat unsere Erkenntnis der Natur erweitert. Er hatte immer wieder neue Ideen für Experimente. Er hatte Phantasie dafür, was man anders machen könnte. Und selbst wenn er zunächst auf Skepsis stieß, hat er seine Ideen zielstrebig verfolgt. In seinem Leben wird eine Wahrheit sichtbar, die uns alle verpflichtet. Wir sind geschaffen, um selber zu schaffen, um kreativ zu werden. Dafür gibt es viele Möglichkeiten im Leben – vom Garten bis zur Küche, vom Bauen bis zum Musizieren. Der Experimentalphysiker aber ist zu beneiden: Er darf kreativ werden im Medium der elementarsten Prozesse. Er darf ein kleiner Mit-Schöpfer des großen Schöpfers sein: Jedes Experiment führt über die Natur hinaus, über das, was ohnehin geschieht. Schon die Namen verraten diesen Überschuß, etwa, wenn man von Ionenkäfig oder -falle spricht. Hier wird verwirklicht, was ohne Eingriff des Menschen nie geschehen würde. Und doch dient es nur dazu, herauszubekommen, was schon immer geschah und was immer geschieht. Es ist, als dürfe der Mensch die Gedanken Gottes bei der Schöpfung nachkonstruieren, indem er selbst schöpferisch wird.

Darum gilt: So vergänglich der Mensch auch ist – wie Gras, das am Morgen sproßt und am Abend verdorrt –, so liegt doch ein Segen auf seinem Tun: Er, das Geschöpf, darf im Erkennen der Natur zum Mit-Schöpfer werden. Er ist das Ebenbild Gottes.

Ein Segen lag über dem, was der Verstorbene als Lehrer tat. Er verbreitete um sich herum ein kreatives Klima. Er teilte seine Ideen mit. Jüngere konnten Forschung aus erster Hand erleben. Viele der hier Anwesenden können das besser bezeugen als ich, der ich es nur aus zweiter Hand weiß. Aber es ist wichtig, daß ich es hier betone. Es gibt auch in der Wissenschaft eine Art Generationenvertrag: Die Älteren arbeiten mit wachsendem Alter mehr und mehr dafür, daß die Jüngeren arbeiten können. Und wenn es ihnen gelingt, dabei ein kreatives Klima zu schaffen, ohne den emotionalen Smog von Prestigegerangel und Kommunikationssperren, dann sind sie wirklich ein Segen.

Darum gilt auch hier: So vergänglich der Mensch auch ist – wie Gras, das am Morgen sproßt und am Abend verdorrt –, so liegt doch ein Segen auf seinem Tun, wenn er als Lehrer die nächste Generation für die Wissenschaft gewinnt und begeistert.

Ein Segen lag auf dem, was der Verstorbene als Wissenschaftsorganisator anpackte. Vieles von dem, was er aufgebaut hat, wird seinen Tod überdauern. Das braucht hier nicht aufgezählt zu werden. Es ist bekannt. Nur eins hebe ich hervor: Er hat in den letzten Jahren viel Zeit und Energie investiert, um den internationalen Austausch von Wissen und Forschung zu fördern – nicht nur in der Physik, sondern in allen Disziplinen. In einer Zeit, in der Abgrenzungen zwischen Kulturen und Nationen in unheimlicher Weise wieder lebendig werden, ist es lebenswichtig, daß die Wissenschaftsgemeinschaft international bleibt und ihre Internationalität offensiv betont. Wir haben nur diese eine Erde. Sie ist uns zusammen anvertraut. Wir werden diese Aufgabe nicht bewältigen, wenn wir nicht auf der ganzen Erde immer wieder zusammen neue wissenschaftliche Phantasie entwickeln. Dazu gehört eine internationale Kultur des Erkennens, Wissens und Forschens. Sie ist zwar mit der Wissenschaft gegeben. Aber der Mensch hat die Freiheit, sie zu leugnen und zu verraten.

Und darum gilt auch hier: So vergänglich der Mensch auch ist – wie Gras, das am Morgen sproßt und am Abend verdorrt –, so liegt doch ein Segen auf ihm, wenn er über die Grenzen von Kulturen und Nationen hinweg Menschen verbindet.

In der heutigen Stunde des Abschieds aber ist es am wichtigsten, Dank zu sagen für den Mitmenschen Wolfgang Paul. Seine Menschlichkeit zeigte sich gerade dort, wo der Tod ins Leben griff. Mit 15 Jahren verlor er seinen Vater. Er machte deshalb nach dem Abitur zunächst eine Mechanikerlehre, um Mutter und fünf Geschwister finanziell zu entlasten. Er lebte später in einer glücklichen Ehe 36 Jahre lang, ein Fundament auch für schwierige und krisenhafte Jahre in Krieg und Nachkriegszeit. Als seine erste Frau an einer langen, schweren Krankheit starb, hat er sie auf ihrem Weg zum Sterben mit Liebe und Fürsorge begleitet. Und nach ihrem Tod hat ihn die Erinnerung an die langen, gemeinsamen Jahre mit Dankbarkeit erfüllt. Glücklich war auch die zweite Ehe. Sie fiel in eine Zeit großer Erfolge, aber sie stand gleichzeitig unter dem Vorzeichen vorgerückten Alters, von Krankheit und Tod. Und sie erhielt gerade dadurch Tiefe und Intensität.

Und darum gilt noch einmal: So vergänglich der Mensch auch ist – wie Gras, das am Morgen sproßt und am Abend verdorrt – so liegt doch ein

Segen auf ihm, wenn er mit seinen Mitmenschen in Liebe verbunden ist.
Es ist nicht meine Aufgabe, ein vollständiges Bild dieses zu Ende gegangenen Lebens zu entwerfen. Alle Bilder, die wir uns von einem andern
machen, sind nur Fragmente. Alle Bilder, die wir uns von uns selbst machen, sind nur Bruchstücke. Wir durchschauen uns nicht einmal selbst.
Gott allein kennt das wahre Wesen des Menschen. Und wenn wir vergehen, so bleibt von uns in Ewigkeit nur das, was wir im Urteil Gottes sind.

Über einer der Türen des großen Hörsaals im Physikalischen Institut in
der Wegelerstraße hat der Verstorbene einen Bibelspruch anbringen lassen. Er steht im Jakobusbrief. »Seid aber Täter des Worts und nicht Hörer
allein, wodurch Ihr Euch selbst betrüget.« Das paßt gut zu einem Experimentalphysiker, der selbst zupackte und für den es keine Unterscheidung
zwischen Maschinenphysikern und anderen gab. Das paßt gut zu dem
Lehrer, der nicht nur Abnehmer von Erkenntnissen ausbilden wollte, sondern Physiker, die selbständig forschen. Das paßt gut zu dem Wissenschaftsorganisator, für den es selbstverständlich war, daß Wissenschaft
dem Leben dient – und nicht dem Tod und der Zerstörung. Deshalb unterschrieb er die Göttinger Erklärung. Und das paßt gut zu dem Menschen
Wolfgang Paul. Er war integer, Wort und Tat stimmten überein. Das paßt
schließlich gut zum Jakobusbrief, der hier sein Bild einer ganzheitlichen
Existenz entwirft: Wenn wir mit Gott übereinstimmen, dann stimmen wir
auch mit uns selbst überein.

Gott, der Herr über Leben und Tod, hat Wolfgang Paul abberufen. Ein
reiches Leben ist zu Ende gegangen. Durch sein Leben spricht heute eine
Stimme zu uns allen: Seid nicht nur Hörer des Wortes, sondern Täter,
damit ihr euch nicht selbst betrügt.

Wir würden uns betrügen, wenn wir unsere Vergänglichkeit verdrängten. Wenn wir nicht wahrhaben wollten: Wir haben nur befristet Zeit; wir
werden sterben. Deshalb betet der 90. Psalm: »Herr, lehre uns bedenken,
daß wir sterben müssen, auf daß wir klug werden – auf daß wir ein weises
Herz bekommen!«

Aber wer ist so klug? Wer ist so weise? Klugheit und Weisheit bedeuten nicht stoische Unerschütterlichkeit. Im Gegenteil: In dieser Stunde
des Abschieds dürfen wir uns der Trauer öffnen. Es ist gut, wenn wir uns
nicht gegen sie sträuben. Lassen wir aber zusammen mit ihr auch unseren
Dank groß werden! Es ist eine alte Weisheit der Bibel: Im Leid kann Segen verborgen sein, wenn wir uns dem Leid öffnen und gleichzeitig alles
in uns aktivieren, was Dank ermöglicht. Christen lernen es durch Blick
auf die Gestalt Jesu: Wenn uns die Schläge des Lebens treffen und der
Boden unter uns bebt, dann wird unser Mut zum Leben immer wieder

gekreuzigt und begraben. Aber es gibt die Verheißung: Daß er aufersteht zu neuem Leben – durch die Macht dessen, der das Sein aus Nichts schuf.

Durch die Güte dessen, der war, ehe denn die Berge wurden und die Erde und die Welt geschaffen wurden.

Durch die Gnade dessen, der sein wird, wenn die Berge nicht mehr sein werden, und der uns zuruft, uns den Lebenden und dem Verstorbenen:

Es sollen wohl Berge weichen und Hügel hinfallen,
Aber meine Gnade soll nicht von dir weichen,
und der Bund meines Friedens nicht hinfallen,
spricht Gott, dein Erbarmer.

Und der Friede Gottes, welcher höher ist als alle unsere Vernunft, bewahre unsre Herzen in Jesus Christus. Amen.

Diese Predigt wurde in einem Trauergottesdienst für den Physiker Wolfgang Paul am 13.12.1993 in der Schloßkirche in Bonn gehalten. Wolfgang Paul (10.8.1913 – 7.12.1993) war seit 1952 Professor an der Universität Bonn, seit 1979 Präsident der Alexander von Humboldt-Stiftung, die den internationalen Austausch von Wissenschaftlern fördert. 1989 erhielt er den Nobelpreis für Physik für seine bahnbrechenden Beiträge zur Elementarteilchenphysik. Er gehörte zu den Unterzeichnern des Göttinger Manifests 1957, in dem sich führende Atomwissenschaftler gegen die Ausrüstung der Bundeswehr mit Atomwaffen aussprachen. Das Zitat von G. Ch. Lichtenberg findet sich in einer Selbstcharakterisierung Lichtenbergs in den Sudelbüchern Heft B, Nr. 81. Es lautet vollständig: »Von der Religion hat er als Knabe schon sehr frei gedacht, nie aber eine Ehre darin gesucht, ein Freigeist zu sein, aber auch keine darin, alles ohne Ausnahme zu glauben. Er kann mit Inbrunst beten und hat nie den 90ten Psalm ohne ein erhabenes, unbeschreibliches Gefühl lesen können. *Ehe denn die Berge worden* pp ist für ihn unendlich mehr als: *Sing unsterbliche Seele* pp. Er weiß nicht, was er mehr haßt, junge Offiziere oder junge Prediger, mit keinen von beiden könnte er lange leben.« In: G. Ch. Lichtenberg: Aphorismen. Schriften. Briefe. München o.J., 30.

Gedichte als Lebenszeichen
Trauer um ein Leben zwischen Krankheit und Lyrik

(Psalm 139)

Herr, du erforschest mich und kennest mich.
Ich sitze oder stehe auf, so weißt du es;
du verstehst meine Gedanken von ferne.
Ich gehe oder liege, so bist du um mich
und siehst alle meine Wege.
Denn siehe, es ist kein Wort auf meiner Zunge,
das du, Herr, nicht schon wüßtest.
Von allen Seiten umgibst du mich
und hältst deine Hand über mir.
Diese Erkenntnis ist mir zu wunderbar und zu hoch,
ich kann sie nicht begreifen.

Wohin soll ich gehen vor deinem Geist,
und wohin soll ich fliehen vor deinem Angesicht?
Führe ich gen Himmel, so bist du da;
bettete ich mich bei den Toten, siehe, so bist du auch da.
Nähme ich Flügel der Morgenröte
und bliebe am äußersten Meer,
so würde auch dort deine Hand mich führen
und deine Rechte mich halten.
Spräche ich: Finsternis möge mich decken
und Nacht statt Licht um mich sein –,
so wäre auch Finsternis nicht finster bei dir,
und die Nacht leuchtete wie der Tag.
Finsternis ist wie das Licht.

Denn du hast meine Nieren bereitet
und hast mich gebildet im Mutterleibe.
Ich danke dir dafür,
daß ich wunderbar gemacht bin;
wunderbar sind deine Werke;
das erkennt meine Seele.

Es war dir mein Gebein nicht verborgen,
als ich im Verborgenen gemacht wurde,

als ich gebildet wurde unten in der Erde.
Deine Augen sahen mich,
als ich noch nicht bereitet war,
und alle Tage waren in dein Buch geschrieben,
die noch werden sollten und von denen keiner da war.

Aber wie schwer sind für mich Gott, deine Gedanken!
Wie ist ihre Summe so groß!
Wollte ich sie zählen, so wären sie mehr als der Sand:
Am Ende bin ich noch immer bei dir.

Erforsche mich Gott, und erkenne mein Herz;
prüfe mich und erkenne, wie ich's meine.
Und sieh, ob ich auf bösem Wege bin,
und leite mich auf ewigem Wege.

Wir alle haben den Tod Inge Vielhauers lange erwartet. Jetzt, da er eingetreten ist und sie sich in eine Stille entfernt hat, die wir nicht begreifen, tut sich eine Lücke auf. Alle Gespräche mit ihr sind endgültig vorbei. Viele denken wahrscheinlich wie ich: Haben wir ihr alles gesagt, was wir hätten sagen sollen? Haben wir ihr genug gezeigt, wie sehr wir sie lieben und schätzen?

Ich traure mit euch in dieser Stunde des Abschieds. Aber als die Verstorbene mich bat, heute zu euch zu reden, da gab sie mir eine Aufgabe, die über solche Traurigkeit hinausweist, die Aufgabe, euch zu trösten. Ich soll euch mit etwas trösten, das ihr ganzes Leben durchzogen hat: mit einer großen Dankbarkeit. Dankbarkeit gegenüber Gott, der dies Leben gegeben und zu sich genommen hat. Dankbarkeit gegenüber den Menschen, die sie in diesem Leben begleitet haben. Dankbarkeit heute besonders gegenüber den Menschen, die im Hospiz bis zum Sterben um sie waren: Dank an die Schwestern, Verwandten, die Helferinnen und Helfer; Dank an die erwachsenen und an die jungen Besucher; Dank für jede Zuwendung, Freundlichkeit und Hilfe. Dank an alle, die ihr das Bewußtsein verliehen: Dies Leben ist ein wertvolles Leben – bis zur letzten Stunde.

Ich bin sicher, viele unter uns spüren auch Dankbarkeit ihr gegenüber – gerade für dies letzte Jahr. Sie selbst hat uns geholfen, uns auf den Abschied von ihr vorzubereiten. Sie hat uns dazu geholfen, indem sie offen über ihr bevorstehendes Sterben sprach. Sie hat uns geholfen, mit unserer Unsicherheit gegenüber Krankheit und Tod zurechtzukommen. Sie war für manchen von uns eine Hilfe bei der inneren Vorbereitung auf eigenes Kranksein und Sterben.

Sie hat für diese Stunde einen Psalm ausgewählt, der ihre Dankbarkeit gegenüber Gott und dem Leben zum Ausdruck bringt. Dieser Psalm hat sie schon lange in ihrem Leben begleitet. Sie würde sich freuen, könnten wir uns heute über den Tod hinweg mit ihr verbunden fühlen, wenn wir über diesen Psalm nachdenken. Sein Thema ist: Gottes Gegenwart im Leben und im Sterben.

Herr, du erforschest mich und kennest mich.
Ich sitze oder stehe auf, so weißt du es;
du verstehst meine Gedanken von ferne.
Ich gehe oder liege, so bist du um mich
und siehst alle meine Wege.

Wohin soll ich gehen vor deinem Geist,
und wohin soll ich fliehen vor deinem Angesicht?
Führe ich gen Himmel, so bist du da;
bettete ich mich bei den Toten, siehe, so bist du auch da.
Nähme ich Flügel der Morgenröte
und bliebe am äußersten Meer,
so würde auch dort deine Hand mich führen
und deine Rechte mich halten.

Dieser Psalm ist ein schönes Stück Lyrik. Ein Gedicht soll am Ende des Lebens von Inge Vielhauer stehen. Das ist kein Zufall. Denn ihr ganzes Leben war ein Leben mit Gedichten und in Gedichten.

Ich weiß, einige haben über ihre Liebe zu Gedichten gelächelt. Viele ahnten nicht, wie viel innere Kraft sie aus ihnen zog. In ihrer Jugend mußte sie wegen Krankheit oft lange im Bett liegen. In dieser Zeit hat sie sich eine innere Welt mit Hilfe auswendig gelernter Gedichte aufgebaut. Das war eine Gegenwelt der Phantasie, des Gefühls und der Schönheit gegen die Monotonie eines Lebens auf Matratzen. So blieb sie innerlich lebendig. So überstand sie langes Kranksein ohne inneren Schaden. Gedichte wurden für sie zu Lebenszeichen – Hinweise auf ein gelungenes Leben.

Sie stieß damit nicht nur auf Verständnis. Der Pastor, der sie konfirmierte, wies sie auf die Spannung zwischen der Welt des Schönen und dem christlichen Glauben hin: Geht es im christlichen Glauben nicht um die Bewältigung von Schmerzen, Leid und Schuld – auch um das, was nicht schön ist? Verblassen nicht die schönsten Gedichte, wenn es ans Sterben geht?

Diese Fragen haben die Verstorbene als junge Erwachsene sehr bewegt. Bis sie bei einem Spaziergang am Neckarufer zu der Gewißheit gelangte, daß sich beides nicht ausschließt. Damals beschloß sie, sich von der Spannung zwischen der schönen Welt der Gedichte und dem Dunkel dieser Welt, von dem der christliche Glaube weiß, nicht beirren zu lassen. Beides gehört zu Gottes Schöpfung. Gott ist überall. Gedichte können uns die Augen dafür öffnen. Eine moderne Lyrikerin hat das so formuliert. Sie heißt Silja Walter und ist eine Nonne:

Auch in
Anemonen und Nelken ist das Reich
und die Herrlichkeit,
Herr,
für den,
der es sieht,
der durch alles hindurchsieht –

Auch in uns ist ein Lobgesang,
Preislied und Dankgebet,
Schweigen und
Staunen vor dir,
für den, der es sieht,
der durch alles hindurchsieht –

Auch in uns ist Gleichnis
und Wahrheit
und Leben und Fest –
Schimmer und Skizze des schönen Schöpfers und
Herrn,
hier unter uns.
Sein Wohlgeruch erfüllt alle
Welt,
und hinter allem
leuchtet auf sein Gesicht,
für den, der es sieht,
der durch alles hindurchsieht
mit durch-sichtigen Augen.

Die Verstorbene hatte solche Augen, die durch die Welt hindurch den Schöpfer wahrnehmen konnten. Durch eine schöne Welt hindurch. Aber sie mußte diese schöne Welt immer wieder verlassen – weil in sie die Welt der Schmerzen, des Unrechts, des Leids einbrach.

In der Zeit des Nationalsozialismus erlebte sie, wie jüdische Freunde emigrieren mußten. Sie erlebte die Vertreibung von politisch mißliebigen Lehrern von der Schule. Sie erlebte Bespitzelung, als sie sich einem Kreis um den katholischen Studentenpfarrer anschloß.

Sie heiratete später einen vom Krieg gezeichneten Mann, der durch eine schwere Kopfverletzung zeitlebens eingeschränkt war und sich dennoch, trotz vieler Krankheiten, große Leistungen abrang – aber dadurch oft ganz absorbiert wurde, was für sie nicht leicht war.

Sie engagierte sich für Ausländer, die bei ihr Deutsch lernten. Sie half ihnen in der Bewältigung von Alltagsproblemen. Und sie war erschrokken über die Welle von Ausländerfeindschaft, die in den letzten Jahren bei uns ausbrach.

War diese reale Welt nicht ein Widerspruch zu der Welt des Schönen? Drei Antworten hätte sie darauf geben können. Eine Antwort mit modernen Gedichten. Eine zweite mit der Bibel. Und eine dritte mit einem altirischen Segen.

Die erste Antwort lautet: Die Gedichte öffnen sich selbst der Welt des Schmerzes. Gerade die modernen Gedichte wollen nicht nur das Schöne darstellen, sondern über das Häßliche klagen. Sie wollen Protest sein. Sie wissen, daß ihre Welt der Schönheit an die Welt des Leidens gebunden ist. Einer der von ihr am meisten geschätzten Dichter, Hugo von Hofmannsthal, hat das so ausgedrückt:

Manche freilich müssen drunten sterben,
Wo die schweren Ruder der Schiffe streifen,
Andre wohnen bei dem Steuer droben,
Kennen Vogelflug und die Länder der Sterne.

Doch ein Schatten fällt von jenen Leben
In die anderen Leben hinüber,
Und die leichten sind an die schweren
Wie an Luft und Erde gebunden:

Ein Schatten fiel immer wieder in Inge Vielhauers Leben durch eigenes und fremdes Leid. Aber sie hat sich dem geöffnet. Sie wollte sich ihm öffnen, so wie sich moderne Gedichte für diese unschöne Welt öffnen. So wie sie uns hinabsteigen lassen zu denen, die unten sterben, in den Unteretagen des Lebens, dort, wo es dunkel und traurig ist.

Die zweite Antwort findet sich in der Bibel. Sie ist der ersten Antwort vergleichbar. Denn ohne daß viele modernen Dichter es ahnen, gehen sie denselben Weg, den Gott in der Bibel geht. Auch in unserem Psalm. Gott bleibt in ihm nicht oben – irgendwo im Himmel, wo kein Leid, kein Schmerz, kein Tod, keine Träne ist. Zunächst führt uns zwar auch dieser Psalm in den Himmel. Er sagt:

Wohin soll ich gehen vor deinem Geist,
und wohin fliehen vor deinem Angesicht?
Führe ich gen Himmel, so bist du da.

Entscheidend aber ist die Fortsetzung: Gott ist nicht nur ganz oben, sondern auch ganz unten, auch in den Unteretagen des Lebens, dort, wo es
dunkel und traurig ist. Denn es heißt dann:

Bettete ich mich bei den Toten,
siehe, so bist du auch da.

Die Verstorbene hat nun ihre Ruhe bei den Toten. Sie ist uns den Weg ins
Land des Todes vorangegangen. Wir kennen dies Land nicht. Es ist oft
unheimlich für uns. Aber der Psalm sagt: Was auch immer uns dort erwartet: Dort ist Gott selbst. Er ist nicht nur im Licht, sondern auch in der
Finsternis. Er ist nicht nur in diesem Leben, sondern auch im Tod. Wir
sind immer in Gottes Hand. Niemand kann uns aus ihr reißen.

Führe ich gen Himmel, so bist du da;
bettete ich mich bei den Toten,
siehe, so bist du auch da.
Nähme ich Flügel der Morgenröte
und bliebe am äußersten Meer,
so würde auch dort deine Hand mich führen
und deine Rechte mich halten.

Wenn Inge Vielhauer heute ihrem alten Pastor begegnete, der sie auf die
Spannung zwischen der Welt des Schönen und dem christlichen Glauben
aufmerksam machte, so könnte sie ihm antworten: Diese Spannung ist
überwunden. Gott selbst ist Schönheit, aber er will anwesend sein in der
Welt des Todes, des Leids und der Schmerzen. Und auch die modernen
Dichter wollen sich dieser Welt öffnen, wollen sich von ihr irritieren und
verletzen lassen.

Und wenn nun der alte Pastor fragte: Woher nimmst du diese Gewißheit?
Dann hätte sie noch eine dritte Antwort. Eine Antwort mit einem altirischen Segensspruch. Dieser Segensspruch spricht nicht direkt von Gottes

Gegenwart, sondern von der Gegenwart Christi. Wenn nämlich Gott in Jesus gegenwärtig ist, in einem Menschen, der Todesangst ausgestanden hat, der gefoltert und gekreuzigt wurde, dann ist Gott bei uns wirklich gegenwärtig – auch dann, wenn es ans Sterben geht. Dann ist er uns nahe und verläßt uns nicht, auch wenn wir meinen, verlassen zu sein. Die Verstorbene hatte diesen Segensspruch in den letzten Monaten neben sich liegen gehabt. Er lautet:

Christus sei mit mir,
Christus sei vor mir,
Christus sei in mir,
Christus sei unter mir,
Christus sei über mir,
Christus zur Rechten,
Christus zur Linken,
Er die Kraft,
Er der Friede!
Christus sei, wo ich liege,
wo ich stehe,
wo ich sitze,
Christus in der Höhe,
in der Weite.

Und ich füge hinzu: im Leben und im Tode.

In dieser Zuversicht, daß Gott auch im Leid bei ihr gegenwärtig ist, hat Inge Vielhauer die lange Zeit der Krankheit durchgestanden. Sie ist jetzt bei Gott. Gott sorgt für sie. *Wir* brauchen nicht mehr für sie zu sorgen. Wir brauchen uns nicht mehr zu fragen, ob sie alles hat, was einem Menschen in seinen letzten Tagen das Leben erleichtern kann, so daß auch dies Leben menschliches Leben bleibt bis zur letzten Stunde – so wertvoll wie alles Leben. Wir brauchen uns nicht mehr zu fragen: Wird sie die Tage ihrer Krankheit durchstehen, ohne innerlich zu zerbrechen? Sie hat ihren Weg vollendet. Sie ruht in Frieden.

Wenn wir uns Sorge machen, so um uns und die Lebenden. Wir sollten uns fragen: Werden wir Gott im Leben und im Sterben erfahren? Werden wir die Tage, wo wir gesund sind und Kraft haben, nutzen für uns und unsere Nächsten, so daß wir am Ende sagen: Danke, es war gut! Werden wir innerlich zerbrechen, wenn uns längere Krankheit zermürbt? Werden wir wie die Verstorbene die Kraft haben, noch bis kurz vor ihrem Tod jeden anzulächeln, der sie besuchte, so daß ich oft mit weniger Unruhe das Krankenzimmer verließ, als ich es betreten hatte. Bis zuletzt lebte sie so, daß man einen anderen altirischen Segensspruch wirksam spürte, den sie liebte: »Wen du auch triffst, ..., ein freundlicher Blick von dir möge ihn treffen.«

Die Verstorbene wollte, daß ich euch einen Trost sage, den nur Gott selbst sagen kann: Den man nur spürt, wenn man ihm sein Herz öffnet und Kontakt mit ihm bekommt. Ich weiß, für viele ist Gott fern geworden. Sie haben keinen Kontakt mit ihm. Aber dennoch ruft er. Wir überhören seine Stimme. Er ruft uns auch durch dies Leben und durch diesen Tod: Kehrt um zu mir! Er hat mit jedem von uns einen Bund zum Leben geschlossen. Er hält an uns fest. Er führt uns durch glückliche und dunkle Stunden. Er bleibt bei uns im Leben und im Sterben. Er versichert uns:

Es sollen wohl Berge weichen und Hügel hinfallen, aber meine Gnade soll nicht von dir weichen, und der Bund meines Friedens soll nicht hinfallen, spricht Gott, dein Erbarmer.

Und der Frieden Gottes, welcher höher ist als alle unsere Vernunft, bewahre unsere Herzen und Sinne in Christo Jesu. Amen.

Diese Predigt wurde am 28.10.1993 in der Kapelle des St. Josefs-Krankenhauses in Heidelberg im Rahmen eines Trauergottesdienstes für Inge Vielhauer (12.06.1920 – 24.10.1993) gehalten. Inge Vielhauer war am Anfang ihres Lebens vom 4. bis 16. Lebensjahr gesundheitlich stark beeinträchtigt. In den langen Zeiten von Krankheit hat sie sich durch Auswendiglernen von Gedichten eine reiche innere Welt aufgebaut – gegen die Monotonie des Liegens und Ruhens. Sie studierte Germanistik, Romanistik und Anglistik und hat vor allem in der Mediaevistik eigene wissenschaftliche Beiträge geleistet. Von 1954-1977 war sie mit dem Neutestamentler Philipp Vielhauer verheiratet. Das Ende ihres Lebens verbrachte sie im Sterbehospiz, das dem St. Josefs-Krankenhaus angegliedert ist. Auch in der langen Zeit dort waren Gedichte ihre Begleiter. Das Gedicht »Blumen« der Benediktinerin Silja Walter, Beim Fest des Christus. Messe – Meditationen. Mit Kommentaren von E. Hofmann, Zürich 1975, S. 84f, ist auch ein Dank an die Nonnen, die das Sterbehospiz führten und es mit einer lebensbejahenden Atmosphäre auch angesichts des Todes füllten. Inge Vielhauer lebte dort sehr viel länger noch, als sie selbst es erwartet hatte. Das Gedicht: »Manche freilich müssen drunten sterben ... « findet sich in: Hugo v. Hofmannsthal, Sämtliche Werke I. Gedichte 1, E. Weber (Hrsg.), Frankfurt a.M. 1984, S. 54.

Lebenszeichen von Gott:
Das Zeugnis Israels angesichts des Holocausts

(Jesaja 44,6-8)

So spricht der Herr, der König Israels, und sein Erlöser, der Herr Zebaoth: Ich bin der Erste, und ich bin der Letzte, und außer mir ist kein Gott. Und wer ist mir gleich? Er rufe und verkünde es und tue es mir dar! Wer hat vorzeiten kundgetan das Künftige? Sie sollen uns verkündigen, was kommen wird! Fürchtet euch nicht und erschrecket nicht! Habe ich´s dich nicht schon lange hören lassen und es dir verkündigt? Ihr seid doch meine Zeugen! Ist auch ein Gott außer mir? Es ist kein Fels, ich weiß ja keinen.

Heute ist Israeltag. Viele Christen denken heute über die Bedeutung Israels nach. Alles, was dazu gesagt werden kann, steht für mich in einer Klammer aus zwei Daten:

Das eine Datum ist eine der ersten Erwähnungen Israels in der Geschichte: in der Siegesstele des Pharao Merneptah im 13. Jh. v.Chr. Hier rühmt sich dieser Pharao, Israels Zukunft vernichtet zu haben. Israel habe keine Nachkommenschaft mehr. Israel betritt die Weltgeschichte mit einer Vernichtungsnachricht.

Das andere Datum ist wiederum eine Vernichtungsnachricht: der Holocaust, die fabrikmäßig organisierte Vernichtung von 6 Millionen Juden, darunter etwa 1 Millionen Kinder, geplant und organisiert in unserem Land, ausgeführt von Deutschen. 50 Jahre nach dem Ende des Holocausts steht man ihm so fassungslos gegenüber wie am Anfang – mit Trauer, Scham und Zorn, wohl wissend, daß keine Trauer, keine Scham, kein Zorn diesem Geschehen je gerecht werden kann.

Und eben dadurch sind Israel und Judentum endgültig zu einem Kriterium für Humanität geworden. Schon früh habe ich von meinen Lehrern gelernt: Humanität hat darin ihren Prüfstein, wie man sich zum Judentum und zum Antisemitismus verhält. Für uns Christen aber ist Israel noch mehr. Seit 1945 versuchen christliche Theologen – zunächst zögernd, dann immer intensiver – dies »Mehr« neu zu bestimmen und zu formulieren. Ich versuche es, indem ich einen Text aus Jes 44 wähle, einen Text, der die Rolle Israels in der Welt einst neu definierte, auch damals nach einer großen Katastrophe, nach der Zerstörung des ersten Tempels, in der Zeit des Exils:

So spricht der Herr,
der König Israels und sein Erlöser.
Ich bin der Erste und ich der Letzte,
und außer mir ist kein Gott. ...
Und Ihr seid meine Zeugen!
Ist ein Gott außer mir?
Ist ein Fels?
Ich weiß keinen.
(Jes 44,6-8)

Hier wird die Bedeutung Israels klar definiert: Israel ist Zeuge des einen und einzigen Gottes. Israel ist das monotheistische Gewissen der Welt. Das ist seine Aufgabe gegenüber der Menschheit. Deshalb ist es »Bundesmittler« für das Menschengeschlecht, wie der Prophet sagt. Darüber könnte man jetzt viel reden – in postmodernen Zeiten, wo alles Monotheistische in Verruf gekommen ist, diktatorisch zu sein. Viele Zeitgenossen sind damit beschäftigt, dem einen Gott eine Absage zu erteilen und durch Anerkennung einer Vielfalt von letzten Werten – früher hätte man gesagt: von Göttern – nach Freiheit zu suchen. Nach Freiheit im Verzicht auf einen einheitlichen Lebensentwurf – nach Freiheit durch Absage an ein inneres Zentrum des Lebens, nach Freiheit als patchwork-identity.

Aber ich möchte lieber positiv zum Ausdruck bringen, was mir beim monotheistischen Glauben Israels wichtig ist. Dieser eine Gott definiert sich in seinem ersten Gebot als ein Gott, der in die Freiheit führt: »Ich bin der Herr, dein Gott, der ich dich aus dem Sklavenhaus, aus Ägypten, geführt habe. Du sollst keine anderen Götter neben mir haben.« Wer sind diese anderen Götter? Warum werden sie abgelehnt? Warum ihre Leugnung? Warum diese Unterdrückung von Pluralität, die postmoderner Mentalität so anstößig ist? Diese anderen Götter sind anders als der Gott Israels. Sie führen nicht aus dem Sklavenhaus hinaus, sondern in Abhängigkeiten hinein. Indem sich der Gott Israels als der definiert, der in die Freiheit führt, definiert er jeden Gott als Götzen, der in Unfreiheit führt. Auch der christliche Gott wird zu solch einem Götzen, wenn er in Unfreiheit führt.

Er führte in Unfreiheit, als der Protestantismus zum Nationalprotestantismus wurde – und sich als Religion des Heiligen evangelischen Reiches

deutscher Nation verstand, in dem Katholiken und Sozialisten als stören-
de Fremdelemente empfunden und bekämpft wurden.

Er führt in Unfreiheit, wenn die katholische Hierarchie unter Berufung
auf ihn den protestantischen Kirchen die Kirchengemeinschaft verweigert und mit autoritären Reflexen jene Unruhe zu ersticken droht, die unter Katholiken wach geworden ist.

Er führt in Unfreiheit, wenn Fundamentalisten – im Christentum, Judentum und Islam – ihre Überzeugungen in Politik und Glauben mit phy-
sischer und psychischer Gewalt durchzusetzen versuchen.

Wenn man abstrakt über Gott nachdenkt, kann man schnell den Frei-
heitsgedanken ausklammern. Wenn man aber vom Gott Israels spricht,
von jenem Gott, der sein Volk aus dem Sklavenhaus in Ägypten führt,
dann wird die Freiheit zum entscheidenden Kriterium für die Unterscheidung von Gott und Götze.

Und noch mehr ist zu sagen: Kriterium ist nicht nur, was Gott tut, sondern was Menschen tun, die sich auf ihn berufen. Gott verpflichtet, die
Unfreien in die Freiheit zu führen. Auch diese Aufgabe wird Israel im
zweiten Jesajabuch zugeschrieben:

... ich habe dich zum Bundesmittler für das Menschengeschlecht,
zum Lichte der Völker gemacht,
blinde Augen aufzutun,
Gebundene herauszuführen aus dem Gefängnis
und die in der Finsternis sitzen aus dem Kerker.
(42,6f; Zürcher Übersetzung)

Wegen solcher großartigen Texte liebe ich das Alte Testament, hänge ich
am Gott des Alten Testaments und habe Achtung vor dem Volk, das sich
durch solche Aussagen verpflichtet weiß. Und ich verstehe alle unter uns
sehr gut, die zu diesem Volk gehören möchten – nicht als Kinder Abrahams durch Geburt, sondern durch Glauben.

Wie schön wäre es nun, könnten wir sagen: Haben Christen und Juden
nicht denselben Gott? Dieselbe Ethik der Freiheit? Können wir das Tren-
nende nicht leicht ertragen? Könnten wir uns nicht darauf einigen, daß
für Juden die Freiheit durch die Thora, für Christen aber durch Christus
gegeben wird?

Aber bei solchen gut gemeinten Sätzen beginnen die Schwierigkeiten.
Ich meine einerseits die Schwierigkeiten, die wir Christen Juden bereiten.
Andererseits die Schwierigkeiten, die uns Juden bereiten müssen. Es wäre

nicht gut, solche Schwierigkeiten auszuklammern. Man muß über sie sprechen. Gerade am Israeltag.

Die Schwierigkeiten, die Christen Juden bereiten, sind im Neuen Testament begründet. Auch in ihm wird von jenem Gott gesprochen, der aus
Sklaverei in Freiheit führt. Aber zu dieser Sklaverei gehört bei Paulus
auch die Thora – jenes Gesetz, das nach jüdischem Verständnis erst wahre
Freiheit gibt. Die Freiheit, die Christus gibt, ist nach Paulus Freiheit vom
Gesetz. Gewiß müssen wir ergänzen: Nach Paulus will Christus nicht nur
vom Gesetz als tötendem Buchstaben befreien, er will auch *zum* Gesetz
als lebendigmachendem Geist befreien – zu jenem Gesetz, das im Lie-
besgebot erfüllt ist. Aber gerade deswegen kritisiert er das Gesetz: Einmal, weil es eine Reihe ritueller Gebote enthält, die Menschen nach seinem Verständnis unnötigerweise trennen: Beschneidung und Speisegebote vor allem. Dann aber auch, weil alle Gebote – auch die sublimsten
ethischen Gebote – mißbraucht werden können, um andere abzuwerten
und unter Druck zu setzen. Paulus spricht hier aufgrund eigener Erfahrung. Er war vor seiner Bekehrung ein jüdischer Fundamentalist. Er hatte
unter Berufung auf das Gesetz eine abweichende Minorität unter Druck
gesetzt und verfolgt: die Christen. Er wurde in einem schmerzlichen, aber
befreienden Erlebnis von dieser fundamentalistischen Bindung an die
Thora befreit. Christus trat für ihn an die Stelle der Thora. Was uns heute
Schwierigkeiten macht, ist: Er neigte immer ein wenig dazu, sein ehema-
liges fundamentalistisches Judentum mit dem Judentum schlechthin zu
identifizieren.
    Dennoch bleiben seine kritischen Anfragen an die Thora. Angenom-
men, es würde einmal der Tempelberg in Jerusalem wieder in jüdischen
Besitz kommen – würden dann nicht auch viele Juden Bedenken haben,
die kultischen Gebote der Thora in wortwörtlichem, d.h. in fundamentalistischem Sinne zu verwirklichen? Das hieße, den blutigen Opferkult wieder zu beginnen, jeden Tag Tiere zur höheren Ehre Gottes zu töten. Würde sich für solch eine Situation nicht die Unterscheidung des Paulus zwischen tötendem Buchstaben und lebensschaffendem Geist in der Thora
anbieten? Ich bin sicher, falls das Problem sich stellt – den jüdischen Rabbinen wird (wie immer) eine humane Lösung einfallen.
    Es ist dennoch nicht unfair, solche Fragen zu stellen. Unfair ist dage-
gen eine Konsequenz, die man lange aus der Gesetzeskritik des Neuen
Testaments gezogen hat: Man meinte, das Zeugnis Israels von dem einen
und einzigen Gott nicht mehr hören zu müssen. In religiösen Fragen galt
Israel als überholt. Es existierte für Christen als eine für den Glauben

wichtige Größe nicht mehr. Aber wenn es heißt: Ihr seid meine Zeugen, so gilt das auch für die Gegenwart. Ja, es gilt in ihr in besonderer Weise.

Und damit komme ich zu den Verlegenheiten, in die uns Juden stürzen. Wenn die kritischen Fragen von Christen an Juden das Thoraverständnis betreffen, so die kritischen Fragen von Juden an Christen den Glauben an Christus – die Überzeugung, daß mit ihm der Messias gekommen sei, daß die Erlösung in ihm begonnen habe und eine authentische Beziehung zu Gott nur durch ihn vermittelt werde – »Niemand kommt zum Vater, denn durch mich.«

Wie kann man sagen, daß der Messias schon gekommen sei, wenn die Welt so unerlöst ist? Bereiten sich nicht Menschen in ihr gegenseitig die Hölle – heute in Bosnien, gestern in Kambodscha, vor über 50 Jahren in Auschwitz. Und selbst wenn man zugestünde – daß Erlösung mit einer inneren Verwandlung des Menschen beginnt, daß sie nur ein Tropfen Ewigkeit ist, der in die Vergänglichkeit des Lebens hineinfällt – was hat diese innere Verwandlung von Christen schon bewirkt? Hätte der Holocaust geschehen können, wenn auch nur eine relevante Zahl von Christen innerlich verwandelt gewesen wäre?

Gewiß darf man nie vergessen: Die, die den Holocaust planten, taten dies aus einer dezidiert antichristlichen Ideologie heraus. Nach dem Endsieg sollten die Kirchen gleichgeschaltet und das Christentum abgeschafft werden. Aber sie konnten ihre Verbrechen nur planen und ausführen, weil in unserer Kultur ein christlicher Antijudaismus das Gewissen lähmte. Er lähmte das Gewissen, als es hätte aufschreien müssen – damals, als für alle sichtbar Juden diskriminiert und entrechtet wurden, durch die Rassengesetzgebung und die Kristallnacht. Wo war hier innere Erlösung in den Herzen von Christen zu spüren? Wo war hier der Glaube an den Gott, der aus Sklaverei in Freiheit führt? Ist das denn Erlösung, wenn ein Tropfen der Ewigkeit in das Herz des Menschen fällt – und mit ihm ein Tropfen vom Gift des Antisemitismus eindringt?

Diese Fragen müssen uns in tiefe Verlegenheit versetzen. Sie sind berechtigt. Man kann auf sie nur durch die Bereitschaft zur Umkehr reagieren. Das Christentum ist mitschuldig am Holocaust. Viele sehen das hier genauso wie ich.

Gerade in dieser Situation aber wird Israel zum Zeugen Gottes uns gegenüber. Wenn wir einmal den Stimmen von Juden lauschen, die sich mit dem Holocaust auseinandersetzen, so merken wir bald: Hier geht es um einen Dialog mit demselben Gott, an den auch wir glauben. Hören wir einige dieser Stimmen.

Da sagt ein Rabbi: Der Holocaust war eine Katastrophe wie die Zerstörung Jerusalems und des Tempels. Um unserer Sünden willen geschah er.
Laßt uns daher umkehren! Laßt uns aus der Katastrophe Kraft zur Änderung des Lebens gewinnen!

Ein anderer protestiert: Nein, nicht um *unserer* Verfehlungen willen geschah das. Hier kumulierten sich die Verfehlungen *anderer*. Israel ertrug die
Bosheit der Welt. Stellvertretend für *alle* trug es sie, damit *alle* umkehrten.

Ein dritter findet diesen Gedanken unerträglich: Dann machst du die
Mörder zu Werkzeugen Gottes. Nein, die Katastrophe ist nicht deutbar –
so wenig wie das Sterben eines einzigen unschuldigen Kindes. Die Unbe-
greiflichkeit des gewaltsamen und grausamen Todes von Millionen ist
kein größeres Rätsel als die eines einzelnen Menschen. Denn jeder Tod
ist das Sterben eines einzelnen. In jedem stirbt eine Weltgeschichte.

Ein vierter Rabbi widerspricht: Du vergißt, daß hier an einem ganzen
Volk gehandelt wurde. Wir müssen lernen, als Volk selbständig und erwachsen zu werden. Im Bund mit Gott müssen wir aus Juniorpartnern zu
Seniorpartnern werden. Er hat uns allein gelassen – damit wir ihm gegenüber eine neue Rolle einnehmen.

Ein fünfter sagt bitter: Wenn Gott dies alles zugelassen hat, dann ist
der Bund mit seinem Volk zerbrochen. Dann sind wir allein. Dann ist
Gott abwesend. Es ist Nacht – und wir können nur darauf warten, daß es
einmal wieder Tag wird.

Ein letzter insistiert: Wir dürfen nicht nur warten. Das absolut Böse
wirkt unter uns. Es bedroht uns. Es gibt nur eine Antwort: Wir müssen
uns gegen das Böse wehren. Nie mehr sollen Juden und andere ohne Ge-
genwehr zu Opfern werden. Dafür müssen wir arbeiten.

Die Rabbinen Israels formulieren heute stellvertretend auch für uns
einen Glauben, der dem absolut Bösen standhalten kann. Wer könnte ein
glaubhafterer Zeuge dieses Glaubens sein als Israel? Israel war nicht nur
zur Zeit Jesajas der Zeuge Gottes in der Welt. Israel ist es auch heute. So
sieht es der konservative jüdische Theologe Elias Berkovits. Ihn darf ich
wörtlich zitieren: »Warum ist jemand erwählt? Warum hat Gott den Menschen erschaffen? Warum hat er überhaupt etwas erschaffen? Keiner kann
das wissen. Eines aber wissen wir: Kein anderes Volk auf der Welt hätte
ertragen können, was wir ertragen haben, und dennoch seiner Berufung
zum Mahner und Warner der Menschheit treu bleiben können ... .«

Sind wir nicht alle auf diese Stimme Israels angewiesen? Für mich wird
sie besonders deutlich vernehmbar in einer kleinen Geschichte, die sich
nach dem letzten Krieg ereignet haben soll.

In Wilna kamen damals viele Rabbiner zusammen und diskutierten darüber, wer Schuld am Holocaust habe. Waren es Menschen? Und welche Menschen? War es Gott? Und nach langer Diskussion stimmten sie mitten in der Nacht ab. Und sie kamen zu dem Ergebnis: Gott ist schuld! Und sie verurteilten ihn. Es herrschte langes Schweigen. Niemand sprach. Es war ganz finster. Nach einiger Zeit aber ging die Sonne auf. Ein Rabbi öffnete das Fenster und sagte: Der Morgen kommt. Es ist Zeit für das Morgengebet. Lasset uns Gott loben und preisen!

Diese Geschichte zeugt von einer authentischen Erfahrung Gottes – auch ohne Christus. Aber in einer Tiefendimension ist diese Erfahrung mit dem Christusglauben verwandt: Auch Christen kennen die Nacht der Gottesfinsternis. Auch unser Glaube, unsere Bejahung von Gott und Leben, wird immer wieder gekreuzigt und begraben. Und auch wir erfahren das Wunder: Die Auferweckung unseres Glaubens aus dem Nichts – zusammen mit der Auferweckung Christi. Wer könnte sich da weigern, im lebendigen Judentum von heute die Stimme Gottes zu vernehmen?

Lassen wir die grundsätzlichen theologischen Probleme einmal beiseite, die wir vielleicht nie ganz befriedigend beantworten werden, wie es sich mit den verschiedenen Gotteserfahrungen in verschiedenen Religionen verhält. Ich denke jetzt an ganz existenzielle Probleme:

Wenn Du in Deinem Leben in lange Phasen von Gottesfinsternis versinkst, wenn du Leben und Gott verurteilst und verdammst, dann wünsche ich dir: Mach dich fest in solchen Erfahrungen. Warte mit den Rabbinen in Wilna auf den Morgen, an dem es wieder möglich ist, Gott zu loben. Schau auf den Gekreuzigten und Auferstandenen, mit dem dein Mut zum Leben gekreuzigt und aus dem Nichts neu geschaffen wird.

Es ist derselbe Gott, der hier wie dort als Rätsel und als Wunder begegnet, als dunkle Nacht und als Morgenlicht. Es ist der Gott, der sich als Gott definiert, der in die Freiheit führt. Aus dem Sklavenhaus in Ägypten und dem Vernichtungskrieg des Pharao Merneptah im Alten Testament. Aus Sünde, fundamentalistischem Fanatismus und Tod im Neuen Testament. Und so auch heute: Aus der Dunkelheit der Gottesfinsternis auf den Morgen zu, in dem ein Funke des ewigen Morgenlichts in dein Herz fällt: ein Tropfen Ewigkeit nur – vielleicht nur ein Tropfen in einem Meer von Tränen und Elend. Aber ein Tropfen Ewigkeit, der alles verwandeln kann.

Manchmal wirst du lange warten müssen, bis die Nacht vergeht. Aber wenn es dir ganz schlecht geht: Denk an die Rabbiner in Wilna! Jeder Morgen ist eine Chance, mit dem Lob Gottes neu anzufangen und Dankbarkeit für das Leben zu spüren.

Denk an Jesus Christus! Jeder Morgen ist ein Gleichnis Osterns, in dem das Leben wieder »aufersteht« zu aufrechtem Gang, zu dem du als Ebenbild Gottes berufen bist.

Durch dieses Warten wird kein Leid rechtfertigt! Dadurch wird kein Elend legitimiert! Damit wird keine Finsternis zum Licht uminterpretiert! Damit wird nur gesagt:

Es gibt Leben – unbegreifliches, wunderbares, geschenktes und erfülltes Leben – trotz des absolut Bösen, trotz der Finsternis von Leid und Schuld und Vergeblichkeit.

In dieser Erfahrung sind heute Juden und Christen verbunden. Aber nicht erst heute. Ich habe für uns zwei Lieder aus unserem traditionellen Liedgut ausgewählt – aus dem 16. Jahrhundert. Hier finden wir ähnliche Erfahrungen.

Zunächst ein Loblied. Es lobt Gott dafür, daß wir auch erwählt sind – zusammen mit Israel. Daß wir an seiner Aufgabe und an seinen Erfahrungen teilhaben können.

Dann ein Klagelied von Luther. Er sieht in diesem Harren auf den Morgen Israels wahre Art – vorbildlich für alle Christen: Die etwas altväterlichen Worte werden für mich sehr lebendig, wenn ich an die Rabbiner in Wilna denke:

Und ob es währt bis in die Nacht
und wieder an den Morgen,
doch soll mein Herz an Gottes Macht
verzweifeln nicht noch sorgen.
So tu Israel rechter Art,
der aus dem Geist erzeuget ward
und seines Gotts erharre.

Und der Friede Gottes, welcher höher ist als alle unsere Vernunft, bewahre unsere Herzen und Sinne in Christo Jesu. Amen.

Diese Predigt wurde am 20.08.1995 in der Peterskirche in Heidelberg gehalten. Die jüdischen Stimmen zum Holocaust sind in freier Formulierung wiedergegeben nach A.H. Friedlander: Das Ende der Nacht. Jüdische und christliche Denker nach dem Holocaust, Gütersloh 1995. Das Zitat des jüdischen Theologen Eliezer Berkovits stammt aus: ders.: Faith after Holocaust, New York 1973, und wird hier nach A.H. Friedlander, dort S. 60, zitiert. Die Geschichte von den Rabbinen in Wilna wird hier frei wiedergegeben nach H. Zahrnt: Mutmaßungen über Gott. Die theologische Summe meines Lebens, München/Zürich 1994, 125. Die beiden am Ende der Predigt angekündigten Lieder sind: »Lobt Gott den Herrn, ihr Heiden all« von J. Sartorius (EKG 293) und »Aus tiefer Not schrei ich zu dir«, 4. Strophe, von M. Luther (EKG 299).

Die Welt als absurdes Theater
Leiden als Schule des Widerstandes

(Jesaja 50,4-9)

Gott der Herr hat mir eines Jüngers Zunge verliehen, daß ich den Müden durch das Wort zu erquicken wisse. Er weckt alle Morgen, weckt mir das Ohr, wie ein Jünger zu hören. Gott der Herr hat mir das Ohr aufgetan, ich aber habe nicht widerstrebt, bin nicht zurückgewichen; den Rücken bot ich denen, die mich schlugen, und die Wangen denen, die mich rauften; mein Angesicht verhüllte ich nicht, wenn sie mich schmähten und anspieen. Aber Gott der Herr steht mir bei; darum bin ich nicht zuschanden geworden. Darum machte ich mein Angesicht kieselhart und wußte, daß ich nicht beschämt würde. Er, der mir Recht schafft, ist nahe; wer will mit mir hadern? Lasset uns zusammen hintreten! Wer will mit mir rechten? Er komme heran! Siehe, Gott der Herr steht mir bei; wer will mich verdammen? Siehe, sie alle zerfallen wie ein Gewand, die Motten werden sie fressen.
(Zürcher Übersetzung)

Der Predigttext gehört zu einer Reihe von Texten, in denen von einer rätselhaften Gestalt die Rede ist, von einem Propheten und Märtyrer. In unserem Text spricht er selbst.

Wir verstehen seine Worte besser, wenn wir uns im Exil wissen: Verbannt und getrennt von dem, was uns heilig ist. Getrennt von dem, was uns Heimat war und worin wir noch nie so richtig gewesen sind. Getrennt vom Leben und getrennt von Gott. Denn dieser Text wandte sich einmal an die Israeliten im Exil. Nach Babylon waren sie verbannt, getrennt von dem, was ihnen heilig war: vom Tempel. Den hatten die Babylonier zerstört. Getrennt von ihrer Heimat. Die war durch Krieg verwüstet. Getrennt und verbannt auch von Gott, so meinten viele.

Viele sagten damals: Wir wurden von den Babyloniern besiegt, unser Gott wurde von Marduk, dem babylonischen Gott, verdrängt. Laßt uns darum den stärkeren Göttern anhängen, den Werten und Göttern der Sieger. Dagegen setzt der Prophet *seine* Botschaft: die Botschaft von dem einen und einzigen Gott. Die Botschaft, daß die babylonischen Götter nicht existieren, daß sie den Gott Israels nicht besiegt haben. Sondern daß dieser eine und einzige Gott alles bewirkt hat: Niederlage und Exil. Daß von ihm allein Unheil und Heil kommen. Daß in seiner Hand auch die Aufhebung des Exils liegt. Mit dieser Botschaft vertrat er als erster in Israel einen konsequenten Monotheismus. Mit dieser Botschaft begann etwas Neues.

Aber der Prophet hatte wenig Erfolg. Er vertrat eine aussichtslose Sache. Heute erkennen wir in ihm zwar den Anfang eines neuen Glaubens, dem die Zukunft gehörte. Seine Zeitgenossen aber sahen in ihm nur den Vertreter eines aussterbenden Glaubens. Sie hörten ihm kaum zu.

Seine Schüler gingen deshalb einen anderen Weg, als sie seine Worte zusammenstellten. Nicht allein seine Worte sollten seine Botschaft verbreiten, sondern darüber hinaus Szenen aus seinem Leben und Sterben, das bewußt von Geheimnis umgeben blieb. Sie wußten: Das Geheimnisvolle zieht an, das Unheimliche weckt Aufmerksamkeit. Und so finden wir in ihrem Buch, das sie als Teil des Jesajabuches zusammenstellten, das Skript eines rätselhaften Theaterstücks. Sein Titel: Warten auf Adonai. Sein Untertitel: Absurdes Theater in drei Szenen.

Die erste Szene: Eine Schulklasse. Ein Lehrer. Viele Schüler. Darunter ein Musterschüler. Der Unterricht findet jeden Morgen statt. Denn Morgenstund hat Gold im Mund. Der Lehrer ist ein Vertreter altorientalischer Pädagogik. Die besteht aus: Vorsagen, Nachsprechen, Auswendiglernen. Klappt es nicht, wird mit einem Klapps nachgeholfen. Wer seine Schüler nicht züchtigt, liebt sie nicht. Der Musterschüler ist jeden Morgen ganz Ohr. Er lernt alles. Die ganze Geschichte Israels. Die Schöpfung. Daß Gott selbst gesagt hat: »Und siehe, alles ist gut.« Er lernt die Sinaigeschichte. Die zehn Gebote. Die Gesetze der Gerechtigkeit und die Forderungen der Barmherzigkeit. Er lernt alles, saugt alles in sich auf. Widerspenstig ist er nicht.

Zweite Szene: Straße. Rauferei. Rohe Gestalten mit Glatze. Sie bedrängen den Musterschüler. Unklar bleibt: Sind das Schulkameraden? Sind es Fremde? Auf jeden Fall kriegt der Schüler von ihnen die Prügel, die ihm sein Lehrer ersparte. Man macht sich als Musterschüler nicht beliebt. Der Drangsalierte reagiert paradox. Er wehrt sich nicht. Er bietet freiwillig den Rücken dar. Er wird auf die Backe geschlagen. Er bietet die andere dar. Man rauft seine Barthaare aus und sagt so: Du bist kein Mann! Er läßt es geschehen. Man spuckt ihn an und sagt so: Du bist Dreck. Aber er steht wie unbeteiligt da. Sein Gesicht versteinert. Als setze er zwischen sich und die Demütigungen eine unsichtbare Mauer.

Dritte Szene: Gericht vor dem Tor. Der gequälte Schüler klagt vor den Richtern. Er ruft seine Gegner: Kommt, laßt uns gegeneinander prozes-

sieren. Aber niemand kommt. Er schreit auf der leeren Bühne: Kommt
doch! Ihr traut euch nicht! Aber niemand erscheint. Er ruft: Ihr wollt nicht
kommen? Eure Strafe ereilt euch so oder so! Ihr zerfallt wie ein von Motten zerfressenes Kleid! Aber kein Gegner tritt auf. Keiner steht dazu, daß
er über den Wehrlosen hergefallen ist. Sein Schrei verhallt im Leeren.

Das war schon im Alten Orient avantgardistische Kunst. Eine Provo-
kation. Natürlich gab es die Standardreaktion. Das Adonai-Theater solle
man schließen. Wir haben andere Probleme. Wenn man wenigstens die
guten alten Stücke spielte, z.B. von David und Goliath, Stücke, wo der
Gerechte belohnt und der Frevler bestraft wird. Aber dies Stück ohne er-
habene Moral, wo der Gerechte leidet, wo es ihm schlecht geht. Wo nichts
stimmt. Wir haben in der Wirklichkeit schon genug Brutalität. Die wollen
wir nicht noch einmal im Theater sehen. Außerdem gab es in Babylon
schon ein großes Theater. Das Marduk-Theater. Warum sollte man sich
da nicht ein paar Gastspiele ausleihen? Zumal die Stücke, die dort gespielt wurden, viel optimistischer waren. Viel zeitgemäßer. Und wie man
hörte, waren die Babylonier mit ihrem Theater sehr zufrieden. Aber auch
Fürsprecher des Adonai-Theaters melden sich:

Der erste sagt: Man muß das Stück wörtlich nehmen. Bringen wir unseren Kindern nicht die ethischen und religiösen Traditionen unseres Volkes bei – und schicken sie damit nicht erst recht ins Leid? Warum? Weil
das Leben nach anderen Regeln abläuft als nach unserer Moral. Wir
lehren sie: Liebe deinen Nächsten wie dich selbst! Liebe auch den Fremden wie dich selbst! Hilf deinem Feind, wenn er in Not ist! Aber die
Wirklichkeit ist anders. Da gilt das Gesetz des Stärkeren. Da gelten
nicht Nächstenliebe und Barmherzigkeit. Die sensibelsten unter unseren Kindern drohen, daran zu zerbrechen. Seien wir also realistisch!
Verändern wir unsere Pädagogik! Sagen wir: Unsere religiösen und ethischen Traditionen sind kein Erfolgsprogramm. Alle anderen denken:
Was keinen Erfolg bringt, ist nichts wert. Wir aber sagen: Wofür du im
Leben Prügel beziehst, das kann die Wahrheit sein. Wir sagen: Auch
wenn du leidest, hast du nicht unbedingt etwas falsch gemacht. Im Gegenteil: Der Gerechte muß leiden. So erreichen wir wenigstens eins,
daß sich unsere unter der Bosheit der Welt leidenden Kinder sagen: Es
mag uns äußerlich schlecht gehen. Aber diese Not muß uns nicht innerlich annagen. Man mag uns von außen anspucken. Aber deshalb müssen wir nicht vor uns selbst ausspucken. Man mag uns schlagen. Aber
deshalb müssen wir nicht selbst auf uns eindreschen, als seien wir die
Versager, wir die Schuldigen, wir die Nieten. Schreien wir es heraus:

Der Richter steht auf unserer Seite, auf der Seite unserer Kinder. Daher laßt uns dies Theaterstück immer wieder spielen, weil es uns die Würde wiedergibt, die andere uns nehmen wollen.

Der zweite Verteidiger des Theaterstücks plädiert für eine übertragene Deutung. In der Dichtung treten Stellvertreter auf: ein Bild für die Sache, ein Ereignis für das Leben, ein Einzelner für die Gruppe. Der Schüler im Stück vertritt die Propheten. Der Prophet inszeniert sein Leben so, daß er uns durch seine Botschaft zur Besinnung bringen will. Zu diesem Zweck übernimmt er demonstrativ die Rolle des unschuldig leidenden Schülers. Damit verunsichert er uns, die wir seine Botschaft ablehnen und ihn miß-handeln. Seht mal, sagt er: Ihr haut auf einen Unschuldigen ein! Ihr lehnt mich ab, obwohl ich die Wahrheit vertrete! Er stellt unsere Normen und Überzeugungen in Frage. Er erschüttert unser Selbstbewußtsein mehr als jemand, der als Sieger auftritt. Moderne Soziologen würden sagen: Er wählt die Strategie der Selbststigmatisierung: die demonstrative Über-nahme sozialmoralisch verachteter Rollen, um das bestehende System von Werten und Normen zu kompromittieren.

Der dritte Verteidiger des Theaterstücks schlägt eine kollektive Deutung vor: Im Schicksal des Schülers wird das Geschick des ganzen Volkes dar-gestellt. Israel ist der Musterschüler Gottes. Israel ist das einzige unter den Völkern, das seine Lehre ernst nahm. Israel ist das erste Volk, das zur Erkenntnis des einen und einzigen Gottes vorgedrungen ist. Es wich da-mit von seiner Umwelt ab. Es wurde zum Außenseiter. Manche bewun-derten es. Aber noch größer waren Feindseligkeit und Haß. In der ganzen Geschichte wurde es drangsaliert und verfolgt. Sein Tempel wurde zer-stört. Seine Synagogen zündete man an. Und doch geht von ihm ein Ap-pell an alle aus, ein doppelter Appell: Gott anzuerkennen und in den Lei-denden die verborgene Botschaft Gottes zu hören: Daß Gott auf der Seite der Leidenden und Geschmähten steht. Diese Botschaft ist bis heute ein Ärgernis für alle, die Kraft und Stärke verherrlichen. Ein Ärgernis für alle Herren und Herrenmenschen. Und doch bleibt es dabei: Es ist ein für allemal ein Kriterium für Humanität und Menschlichkeit geworden, wie sich Menschen zu den Schwachen und Unterlegenen verhalten. Es ist zum Kriterium für Humanität und Menschlichkeit geworden, wie wir zu Israel und zu den Juden stehen.

Ein vierter Verteidiger des Stücks insistiert darauf, daß Dichtung mehr-deutig ist. Jede Deutung mache den Blick für weitere frei. Der Schüler im

Stück ist Stellvertreter der Propheten, der Prophet Stellvertreter Israels, Israel aber ist letztlich Stellvertreter der Menschheit. Auch diese umfassende Deutung ist in der Dichtung angelegt. Denn Israel soll den Bund Gottes mit seinen Geschöpfen allen Menschen zugänglich machen. Erkennen sollen wir alle, daß wir erst dann das Reich der Tiere verlassen haben, wenn wir das Gesetz des Starken überwinden – wenn sich nicht mehr der Angepaßtere, Fähigere, Stärkere einfach durchsetzt, sondern wenn er seine Kraft dazu einsetzt, den Schwachen, den Leidenden und Gebrochenen zu schützen. Erst wo wir im Schwächeren und Leidenden wahres Leben erkennen, sind wir unserer evolutionären Vorgeschichte entronnen. Erst dann haben wir den Übergang vom Tier zum Menschen geschafft. Erst dann werden wir zum Ebenbild Gottes.

Liebe Gemeinde, noch niemand hat die Mehrdeutigkeit unseres Textes eindeutig machen können. Dichtungen sind offene Texte mit vielen Deutungen. Und noch mehr: Sie sind Texte mit Voraus-Deutungen, Vorschein dessen, was noch nie gewesen ist. Deshalb konnten Christen diesen Text als Vorausdeutung auf das Geschick Jesu lesen. Dieses christliche Verständnis des Textes ist insofern legitim, als alle anderen Deutungen dabei zusammenklingen.

Die erste Deutung: Jesus ist der Sohn Israels. Jesus ist der Schüler, der Israels große Traditionen von Gottes Barmherzigkeit und von der Nächstenliebe in sich aufgenommen hat. Er verkörpert sie so überzeugend, daß sie für alle zugänglich werden, auch für Heiden.

Die zweite Deutung: Jesus ist der Prophet, der demonstrativ verachtete Außenseiterrollen übernimmt. Er lehrt, die rechte Backe hinzuhalten, wenn man auf die linke geschlagen wird. Er erschüttert so die Ungebrochenheit der Aggression, unterbricht die Spirale der Gewalt.

Die dritte Deutung: Jesus ist der Jude, der von Heiden hingerichtet wird. Sein Geschick ist das Geschick Israels – so wie Marc Chagall es gemalt hat: In der Stadt wüten Pogrome gegen Juden. Die Synagoge brennt. Der Gekreuzigte aber hat die Thorarolle in der Hand und wird in seinen Brüdern und Schwestern erneut mißhandelt.

Und die letzte Deutung: Jesus ist der neue Mensch, Anfang einer neuen Menschheit, in der das Gesetz des Stärkeren überwunden ist. In der das Leben nicht mehr auf Kosten anderen Lebens lebt. In ihm wird mitten in der alten Welt zeichenhaft dies neue Leben sichtbar. Diese alte Welt ist Gottes Dichtung, Gottes Schöpfung. Als Dichtung betrachtet ist sie ein absurdes Theater. Aber in dieser Dichtung Gottes tritt Jesus stellvertretend für alle Menschen ein. Und darum hat dies absurde Theater trotz

allem einen Sinn – besonders dann, wenn auch Du Deine Rolle in ihm
übernimmst. Wenn auch Du im Geiste Jesu stellvertretend für andere ein-
trittst. Wenn auch Du bereit bist, den Rücken hinzuhalten.

Zweifellos, das Stück, das wir spielen, ist oft traurig und absurd. Heute
erleben wir es wieder. Die soziale Kälte in unserer Gesellschaft nimmt
zu. Gebildete definieren humane Maßstäbe für den Umgang mit Fremden, weigern sich aber, in der Nähe von Asylanten zu leben. Alten und
Gebrechlichen wird in einer peinlichen Debatte suggeriert, sie seien eine
unerwünschte ökonomische Last. Antisemitismus wird verharmlost. Was
soll man von höchstrichterlichen Urteilen halten, welche in der Leugnung von Massenmorden nicht die Verhöhnung der Opfer erkennen? So
werden die falschen Signale gegeben. Und da geschieht das Entsetzliche:
Erneut brennt eine Synagoge in unserem Land. Merken wir denn nicht,
wie uns auf allen Ebenen der Gesellschaft Maßstäbe abhanden kommen,
die gestern noch als ganz selbstverständlich galten – Maßstäbe für den
Umgang mit denen, die am Rande stehen, die anders sind, die Vorurteile
und Aggression auf sich ziehen? Stück für Stück verlieren wir etwas an
Menschlichkeit.

Und doch sollten wir nicht klagen: Warum ist diese Welt so absurd?
Warum sind die Menschen so unmenschlich? Warum tut Gott nichts gegen so viel Absurdität? Er hat ja schon etwas dagegen getan. Er hat etwas
Großartiges dagegen getan: Er hat Dich geschaffen. Er hat Dich geschaffen, damit Du dagegen hältst, damit Du nicht mit den Wölfen heulst. Er
hat die vielen Menschen geschaffen, die in Lichterketten gegen die Verro-
hung unserer Gesellschaft protestierten. Er hat die Menschen geschaffen,
die sich gestern vor der Heidelberger Synagoge aus Protest gegen den
Synagogenbrand in Lübeck versammelt haben.

Das kommende Jahr wird für die Entwicklung unseres Landes entscheidend sein. Entscheidend wird sein, ob in den vielen Wahlen die Parteien
eine Abfuhr erhalten, die den Geist der Unmenschlichkeit verkörpern.
Jeder von uns hat da ein Stück Verantwortung. Jeder kann in seinem
Umkreis klar machen, daß Wahlenthaltung nur den Extremisten dient.
Sie kommen desto leichter über die 5-Prozent-Hürde, je mehr zu Hause
bleiben.

Wehren wir uns darum gegen den sozialen Klimaumschlag im Land!
Er ist kein Naturereignis. Er ist Folge langer moralischer Umweltver-
schmutzung. Beim Nationalismus und Antisemitismus wurden die Grenz-
werte überschritten. Es begegnet selbst unter Gebildeten und Intellektuel-
len die Stimmung: Die Zeiten hätten sich geändert. Die humanen Maß-

stäbe von gestern müßten an rauhere Zeiten angepaßt werden. Überhaupt sei alles zu sozial, zu human, zu liberal. Neue Werte und Götter übernähmen jetzt mit Recht die Meinungsführerschaft. Hört in dieser Situation die Worte des Propheten im Exil: Nach wie vor gilt das Wort des Gottes, der zur Humanität verpflichtet. Nach wie vor gilt das Wort dessen, der Israel aus dem Sklavenhaus herausführte. Nach wie vor gilt sein Wort:

Ich bin der Erste und ich der Letzte,
und außer mir ist kein Gott.
Wer ist wie ich?
Er trete auf und rufe,
tue es kund und lege es mir dar!
Ihr seid meine Zeugen!
Ist ein Gott außer mir?
Ist ein Fels?
Ich weiß keinen.

Gott hat im Theater seiner Welt Israel die Rolle seines Zeugen zugeteilt. Er hat uns durch Jesus als Zeugen hinzuberufen. Bleiben wir unserer Bestimmung treu – auch wenn die Zeiten in anderer Richtung laufen. Auch wenn uns die Welt ein Exil zu sein scheint. Und bitten wir Gott, er gebe uns Mut und Kraft, damit wir nicht wiederum versagen, wenn es darum geht, Zeugnis für ihn und für Israel abzulegen.

Diese Predigt wurde am 27.3.1994 in der Peterskirche in Heidelberg gehalten. Am 25.3.94 wurde in Lübeck die Synagoge angezündet. In dem Synagogengebäude waren mehrere Wohnungen. Der oder die Täter nahmen den Tod ihrer Bewohner in Kauf. Das Feuer konnte rechtzeitig gelöscht werden. In derselben Woche – kurz vor dem Brandanschlag – urteilte der Bundesgerichtshof, daß die Leugnung der nationalsozialistischen Massenmorde an sich noch nicht strafwürdig sei, sondern nur dann, wenn Belege dafür vorliegen, daß diese Leugnung aus einer rassistischen Gesinnung heraus erfogt sei. Der Hinweis auf Gebildete, die zwar humane Maßstäbe definieren, aber sich weigern, in der Nähe von Asylantenheimen zu wohnen, hatte damals in Heidelberg einen aktuellen Hintergrund: Als am Rande eines Wohnviertels, in dem fast nur gut situierte Universitätsangehörige leben, ein Asylantenheim gebaut werden sollte, sammelten sie Unterschriften dagegen. Auch ein Nobelpreisträger unterschrieb, zog aber später seine Unterschrift zurück.

Lebenszeichen für die Kirche
Protestantismus zwischen Reformationsfest und Gedenken an die Kristallnacht

---

(Jesaja 62, 6-7.10-12)

... O Jerusalem, ich habe Wächter über deine Mauern bestellt, die den ganzen Tag und die ganze Nacht nicht mehr schweigen sollen. Die ihr den Herrn erinnern sollt, ohne euch Ruhe zu gönnen, laßt ihm keine Ruhe, bis er Jerusalem wieder aufrichte und es setze zum Lobpreis auf Erden! ... Gehet ein, gehet ein durch die Tore! Bereitet dem Volk den Weg! Machet Bahn, machet Bahn, räumt die Steine hinweg! Richtet ein Zeichen auf für die Völker. Siehe, der Herr läßt es hören bis an die Enden der Erde: Saget der Tochter Zion: Siehe, dein Heil kommt! Siehe, was er gewann, ist bei ihm, und was er sich erwarb, geht vor ihm her! Man wird sie nennen ›Heiliges Volk‹, ›Erlöste des Herrn‹, und dich wird man nennen ›Gesuchte‹ und ›Nicht mehr verlassene Stadt‹.

Meine Beschäftigung mit dem Predigttext begann mit einem Irrtum. Ich war unsicher, warum er für diesen Sonntag vorgeschlagen war. Sein Thema ist Israel und Jerusalem. Er spricht von der Hoffnung, daß Jerusalem trotz Katastrophe und Exil in neuem Glanz erstrahlen wird. Ich fragte mich: War der Text im Blick auf die Kristallnacht gewählt, an die wir in der kommenden Woche, am 9. November, denken werden? Sollte es ein Gegentext gegen die Demütigungen und Mißhandlungen sein, denen Juden vor einem halben Jahrhundert bei uns ausgesetzt waren? Nicht ahnen konnte ich, wie aktuell er heute sein würde. Denn wie so viele unter uns habe auch ich erst kurz vor dem Gottesdienst von der Ermordung des israelischen Ministerpräsidenten Izchak Rabin erfahren – wieder ein Rückschlag auf dem Weg zu einer Wiederherstellung Israels. Insofern paßt der Predigttext zum heutigen Tag. Warum aber hat irgendeine protestantische Liturgiekommission einmal diesen Text ausgewählt, ohne daß sie die Situation des heutigen Tages vor Augen haben konnte? Nun: Jes 62 ist der Text zum Reformationstag, der in der vergangenen Woche war. Jerusalem ist in christlicher Auslegungstradition ein Bild für die Kirche. Nicht die Wiederherstellung Israels, sondern die Wiederherstellung der Kirche in der Reformation sollte das Thema sein.

Noch einmal las ich den Text durch. Paßt er zur Reformation? Mein Eindruck war zunächst: Er ist zu triumphalistisch, ein Jubellied für den Einmarsch der Erlösten. Das Kommittee, das diesen Text für den Reformationstag ausgesucht hat, hat wohl an einen protestantischen Feldgottesdienst mit Gustav-Adolf-Pathos und antikatholischen Ausfällen gedacht. Diesen Eindruck aber mußte ich korrigieren. Beim nochmaligen Durchlesen fiel mir auf: Das Kommittee hat einige Verse weggelassen – und nur zwei Textabschnitte ausgewählt. Ich muß zugeben: Diese Auslassungen faszinieren mich mehr als die ausgewählten Texte. Daher beginne ich mit ihnen.

Die erste Auslassung – mitten im Text – ist eine Verheißung, daß Jerusalem nie mehr von Feinden erobert werden wird:

Der Herr hat geschworen bei seiner Rechten und bei seinem starken Arm: Ich will dein Getreide nicht mehr deinen Feinden zu essen geben noch deinen Wein, mit dem du so viel Arbeit hattest, die Fremden trinken lassen, sondern die es einsammeln, sollen's auch essen und den Herrn rühmen, und die ihn einbringen, sollen ihn trinken in den Vorhöfen meines Heiligtums.

In der Liturgiekommission, die diese Verse ausließ, waren möglicherweise Puritaner am Werk. Für sie darf am Reformationstag nicht von Essen und Trinken die Rede sein. Aber ich vermute, daß nicht asketische Neigungen die Auslassung verursachten, sondern die Rede von Fremden und Feinden. Das paßt nicht zur Feindesliebe. Das paßt nicht zum Protestantismus. Denn alle Diagnostiker sind sich einig: Der Protestantismus hat seine Feindbilder verloren. Und manche meinen, das sei sein Problem. Noch in meiner Jugendzeit wußte man, bevor man ahnte, was Protestantismus ist, es bedeutet: nicht katholisch zu sein. Wenn ich die Vorurteile meiner Jugend zusammenfasse, so verstand man unter Katholizismus zweierlei: einerseits das autoritäre Diktat durch Hirtenbrief und Beichte, andererseits Volksverführung durch die geistliche Sinnenlust der Messe und die weniger geistliche Sinnenlust des Karnevals. Katholizismus, das hieß: Leben in Unfreiheit. Der Papst entscheidet. Die Moral der Kirche gilt. Die Gemeinden dürfen sich fügen. Solche Feindbilder sind harmlos gemessen an denen Luthers. Bei ihm hieß es nicht nur im Irrealis: »Und wenn die Welt voll Teufel wär ...«. Für ihn war der Teufel sehr real – in Papsttum, Katholizismus und zu unserem Entsetzen (beim alten Luther) auch in den Juden wirksam. Was Luther über sie vor seinem Tod geschrieben hat, liest sich wie Anstiftung zur Kristallnacht. Ist es angesichts solcher Feind- und Teufelsbilder nicht beruhigend, daß der Protestantismus seine Feindbilder verloren hat? Daß er aus Predigttexten Hinweise auf Feinde streicht, damit nicht irgendein verrückter Prediger auf die Idee kommt, gerade sie auszulegen?

Oder haben wir unsere Feindbilder zu früh aufgegeben? Erleben wir heute nicht mitten im Katholizismus ein Aufbegehren gegen das, was für manche das letzte überlebende System mit totalitären Tendenzen in Mitteleuropa ist? Das Kirchenvolksbegehren will Demokratie in die Kirche hineintragen, will den Katholizismus aus einer Sackgasse herausbringen, in die er durch Enzykliken zu Sexualmoral und Priesteramt gesteuert wurde. Sollen wir in dieser Situation unsere Feindbilder reaktivieren und erneut singen: Und wenn die Welt voll Teufel wär – und uns dabei die Teufel katholisch vorstellen? Aber wäre das nicht absurd? Wir sehen doch: Katholiken sind anders. Sie machen ein Kirchenvolksbegehren! Viele von ihnen sind vom Geist der Reformation ergriffen. Viele sind protestantischer als wir! Wie sollen wir mit dieser neuen Situation umgehen?

Die Reformation hat uns mit der Rechtfertigungslehre ein kostbares Erbe gegeben, das uns helfen kann. Sie sagt: Gott will Menschen unbedingt anerkennen – auch wenn er ihre Handlungen nicht anerkennen kann. Gott unterscheidet zwischen Person und Werk. Wenden wir das auf unser Problem an! Akzeptieren wir vorbehaltlos Katholiken, aber akzeptieren wir nicht alles, was einige tun und meinen, erst recht nicht, wenn sie die Mehrheit in Bischofskonferenzen haben. Wir brauchen keine Feinde – aber wir brauchen klare sachliche Abgrenzungen, damit uns nicht die rebellischen Katholiken beschämen. Man muß offen sagen dürfen (auch wenn es wahrscheinlich nicht die Meinung aller in dieser Kirche ist): Was der offizielle Katholizismus zur Geburtenkontrolle sagt, ist m.E. unverantwortlich. Und ich füge hinzu: Die innere Freiheit, mit der sich die meisten Katholiken darüber hinwegsetzen, ist für mich vorbildlich. Man muß offen sagen dürfen: Der Ausschluß von Frauen vom Priesteramt ist Sexismus. Man muß deutlich feststellen dürfen: Das Dogma von der Unfehlbarkeit des Papstes ist Hybris. Man muß klar sagen dürfen: Der Anspruch, allein die wahre Kirche zu sein – und alle anderen für irrende Schafe zu halten, ist selbst einer der größten Irrtümer, in dem sich Schafe verirren können. Wollen wir viele real existierende Katholiken als Freunde behalten, so müssen wir einige ebenso real existierende katholische Positionen ablehnen. Das meine ich, wenn ich sage: Akzeptieren wir die Personen, aber lehnen wir einige Positionen ab. Machen wir einen Unterschied zwischen Person und Werk, zwischen Mensch und Meinung, zwischen Christen und kirchlichem System.

Diese Unterscheidung ist aber noch in anderer Weise hilfreich. Schauen wir unsere eigenen Werke und Taten an! Wer mit protestantischem Pathos die Gleichberechtigung von Frauen im kirchlichen Amt fordert, sollte wissen: Erst in den 70er Jahren wurden sie in den meisten protestantischen Kirchen gleichberechtigt zum Predigeramt zugelassen. Erst 1991 zog die letzte Landeskirche nach. Die akademische Theologie hat dazu nicht viel beigetragen. Ein Theologe der vergangenen Generation, den ich als integren Menschen bewundere, gab noch 1960 zu Protokoll: Eine christliche Frau könne »die ihr als Frau zukommende Würde nicht grundsätzlicher verkennen und verleugnen, als wenn sie ... in Ehe und Kirche an den gleichen Ort treten wollte, an dem der Mann steht.« In dieser Frage stehe »das Ganze der christlichen Botschaft ... auf dem Spiel.« Da kann man wirklich nur sagen: Wir sind allzumal Sünder, Protestanten und Katholiken. Wenn wir ein paar Jahre früher mit mancher Sünde aufgehört haben, rechtfertigt das keine antikatholischen Feindbilder. Abgesehen davon, daß auf diesem Feld weiter gesündigt wird. Manche Frauen haben den Eindruck, gerade die akademischen Institutionen hätten noch einige Chancen, alte Sünden wieder gutzumachen oder in Zukunft ein paar Sünden auszulassen.

Nun zur zweiten Auslassung in unserem Text. Ich frage mich, warum unsere protestantische Liturgiekommission eine wunderbare Liebeserklärung am Anfang des Textes weggelassen hat. Der Prophet spricht sie im Namen Gottes zu Zion:

Und du wirst sein eine schöne Krone in der Hand des Herrn und ein königlicher Reif in der Hand deines Gottes. Man soll dich nicht mehr nennen ›Verlassene‹ und dein Land nicht mehr ›Einsame‹, sondern du sollst heissen ›Meine Lust‹ und dein Land ›Liebes Weib‹; denn der Herr hat Lust an dir, und dein Land hat einen lieben Mann. Denn wie ein junger Mann eine Jungfrau freit, so wird dich dein Erbauer freien, und wie sich ein Bräutigam freut über die Braut, so wird sich dein Gott über dich freuen.

Erst streicht man uns Essen und Trinken – und dann auch noch die Lust zu dieser Liebe. Wie gut täte dem Protestantismus heute so eine Liebeserklärung, wie gut täte ihm die Zusicherung: Gott hat eine Lust an dir. Du bist kein Mauerblümchen und kein Aschenputtel, sondern die Geliebte Gottes, seine Freundin, seine Lebensgefährtin und Frau!

Vielleicht könnten wir Protestanten dann wieder mehr Lust an unserer Kirche haben. Hier können wir von unseren katholischen Mitchristen lernen. So unfaßbar es oft ist: Sie lieben dennoch ihre Kirche. Sie lieben sie wie eine Mutter, die alt und merkwürdig geworden ist. Und sie verzeihen ihr immer wieder.

Wenn wir Protestanten Fehler machen, können wir sie uns oft kaum vergeben. Vielleicht haben Kirchenführer in der DDR Fehler gemacht, weil sie antikommunistische Reflexe ablehnten (was ich nach wie vor für richtig halte). Aber deswegen kann man nicht den Linksprotestantismus zum großen Feind der Kirche erklären, anstatt den Feind dort zu suchen, wo er wirklich war: im Stasi-Apparat.

Vielleicht haben wir Protestanten Fehler gemacht, als wir auf die Herausforderung der Moderne mit immer neuen Entmythologisierungen reagierten. Ein theologischer Bildersturm folgte dem anderen. Aber deshalb kann man nicht sagen: All diese intellektuelle Kreativität sei das Krankheitssymptom eines verkopften Protestantismus. Im Gegenteil: Ich sehe das Problem darin, daß der Protestantismus bei der Neuinterpretation seines Glaubens zur Zeit so merkwürdig stumm ist. Wir brauchen noch viel Kopfarbeit.

Vielleicht haben wir Protestanten manche Illusion gehabt, als wir eine Kirche auf dem Grundgedanken der Freiheit bauen wollten. Viele, viel zu viele, haben diese Freiheit als Freiheit verstanden, ihrer Kirche den Rücken zuzukehren. Aber sollen wir deshalb aufhören, eine Konfession der Freiheit zu sein? Sollen wir aufhören mit dem großartigen Experiment einer Kirche, die wie keine andere Religionsgemeinschaft ihren Mitgliedern die Freiheit läßt, selbst zu bestimmen, wo und wie sie sich identifizieren, engagieren, kommunizieren?

Weil dieser Protestantismus an Attraktivität verloren hat, kommt er sich heute oft »verlassen« vor. Nicht wie eine Braut, um die man wirbt. Nicht wie ein junges Mädchen, an dem Gott seine Lust hat. Sondern wie ein Mensch, den Frustration gelähmt hat. Eine kultivierte Depressivität durchzieht das protestantische Gemüt. Und gerade deshalb sage ich: Wir haben in der Rechtfertigungsbotschaft ein antidepressives Mittel von großer Kraft. Ein Lebenszeichen von Gott. Ein Lebenszeichen für die Kirche. Warum? Ich muß das ein wenig erläutern.

Traurigkeit gehört zum Leben. Auch zum Leben einer Kirche. Depressionen aber werden erst daraus, wenn wir sie durch abwertende Selbstkommentierungen verfestigen. Wenn wir sagen: »Ich bin ein Versager!« und nicht: »*Das* ist mir mißraten!« Wenn wir sagen: »Ich tauge nichts!« anstatt zu sagen: »*Diese* Aufgabe hat mich überfordert.« Wenn man sagt: »Mein Leben ist eine Wüste« anstatt: »Durch *diese* Wüste muß ich hindurch.« Es sind solche Generalisierungen, die aus unvermeidlicher Traurigkeit Depressionen schaffen. Meine Sorge ist: Der Protestantismus redet sich in eine kollektive Depression hinein. Und eben davor dürfen wir uns schützen durch die Überzeugung: Gott rechtfertigt die Person, auch wenn er ihre Taten ablehnt. Gott trennt zwischen Person und Werk, Mensch und Geschick, Identität und Erfolg. Er wertet nicht das Scheitern der Werke als Scheitern der Person. Er sagt: Du bist gut, obwohl nicht alles gut ist, was du tust. Er sagt: Ich erkenne in euch mein Ebenbild, obwohl ihr viel dazu tut, dies Ebenbild zu zerkratzen. Er sagt: Du bist geliebt – obwohl die Härte des Lebens dir oft den Eindruck gibt, das Leben meine es nicht gut mit dir. Hören wir doch auch als Kirche diese Botschaft: Du meinst, von Gott verlassen zu sein? Nein, er hat die Verlassene lieb. Er hat seine Lust an ihr. Er hat Freude an allen Menschen, die sich ihm zur Verfügung stellen.

Ich habe bisher nur über die ausgelassenen Verse gepredigt. Am Schluß ein paar Worte zu den ausgewählten Textabschnitten. Auch sie enthalten eine wichtige Botschaft.

Der erste Abschnitt sagt: Der Prophet hat (im Namen Gottes) Wächter über die Mauern Jerusalems eingesetzt. Das Wachsystem soll vor Feinden warnen. Diese Wächter aber haben eine merkwürdige Funktion. Sie sollen nie Ruhe geben, sollen immer lärmen und Gott daran erinnern, sein Heil endlich zu verwirklichen. Sie sollen Gott zur Last fallen, ihm keine Ruhe lassen. Die Exegeten streiten, ob mit den Wächtern die Schutzengel Jerusalems im Himmel oder Propheten und Glaubende auf Erden gemeint sind. In jedem Fall ist die Auswahl dieser Stelle urprotestantisch. Protestantismus ist ein Alarmsystem – und dazu eins, von dem ich überzeugt bin, daß es Gott manchmal nervt. Wir Protestanten schlagen gern Alarm auf Erden – und tun es im Bewußtsein, daß wir in dieser Rolle so wichtig sind wie die obersten Erzengel im Himmel! Unser Problem ist, daß unser Alarmsystem manchmal nicht funktioniert. In der Kristallnacht oder besser noch: in der Zeit davor, blieb es trotz einzelner warnender Stimmen stumm. Hier hätten die Sirenen heulen müssen. Und unsere Sorge ist heute, daß wir vielleicht wieder Situationen verschlafen, wo wir Alarm geben müßten. Andererseits ist ein solcher »Alarmismus« anstrengend. Wie viele junge Protestanten und Protestantinnen muß ich bitten, daß sie nicht ständig in einem inneren Alarmzustand leben. Es gibt eine Selbstüberforderung des Gewissens, die nichts bewirkt – außer daß sie den Schlaf raubt. Und das ginge ja noch. Aber wenn sie krank macht? Wenn sie schwere psychosomatische Schleifspuren hinterläßt? Das ist das Problem. Und doch ist dieser etwas anstrengende Protestantismus meine Heimat. Ich liebe ihn mit allen seinen Fehlern. Sein Motto ist der Leitspruch jenes holländischen Reformierten aus dem 16. Jh. Fillips de Marnix: »repos ailleurs« – Ruhe ist anderswo. Hier ist Unruhe. Hier ist Aktivität. Hier ist moralischer Schmerz. Hier herrscht Alarm. Ruhe aber ist anderswo. Aber wo? Wo finden wir diese Ruhe?

Protestantische Unruhe kann krank machen, wenn man nichts zum Ausgleich dagegen setzt. Das scheint auch unsere Liturgiekommission geahnt zu haben. Denn der zweite von ihr ausgewählte Textabschnitt veranschaulicht eine zweite Grundmaxime des Protestantismus, die in Sachsen formuliert wurde. Sie lautet: »Ein feste Burg ist unser Gott.« Ruhe ist allein in Gott. Er ist der Fels der Ewigkeit. Er ist die Festung des Seins. Manche Protestanten verstehen sich als eifrige Wächter auf den Mauern seiner Burg, um bestimmte Leute nicht hereinzulassen: Keine Schwulen und Lesben, sagen die einen, keine Katholiken die anderen, keine Juden und Moslems die dritten. Aber der Text entwirft ein anderes Bild von der Stadt Gottes. In dieser Stadt sind die Tore weit offen. Die Parole lautet: »Gehet ein, gehet ein durch die Tore.« Macht den Weg frei für die, die hereinströmen! Öffnet euch für alle, die Gott herbeiführt! Wer aber ist das? Erinnern wir uns: Dieser Text spricht ursprünglich nicht von der Kirche. Er spricht von Jerusalem, von Israel. Es war kein Irrtum, wenn ich ihn zunächst so verstand. Und er erhält eine tiefere Wahrheit, wenn man über ihn lange nachdenkt. Ohne Öffnung für das Judentum wird der Protestantismus nicht zur Ruhe kommen. Daß der Reformationstag und der 9. November, das Datum der Kristallnacht, so nah beieinander liegen, sollte uns nachdenklich machen: Ohne eine neue Reform des christlichen Glaubens, in dem dieser seine antijüdischen Elemente verliert und noch manch anderes korrigiert, sich aber auch mit manchem bereichert, werden wir die vergangene Reformation nicht mehr mit gutem Gewissen feiern können. Das Judentum ist unsere Mutterreligion. Ohne Frieden mit seiner Mutter hat niemand Frieden mit sich selbst. Auch für die ganze Welt gilt: Ohne Frieden mit Israel gibt es keinen stabilen Frieden in der Welt.

Mir ist bewußt: Vielen geht solch eine Öffnung zu weit. Aber mit diesem Traum von der Öffnung der Gottesstadt stehen wir nicht allein. Jahrhunderte, nachdem der alttestamentliche Prophet in Jes 62 vom Zustrom der zerstreuten und exilierten Juden zur Gottesstadt geträumt hatte, griff ein anderer jüdischer Prophet seinen Traum auf. Er hatte die Vision, daß Menschen aus allen Völkern zur Stadt Gottes, in sein Reich, strömen. Heiden werden aus allen Richtungen kommen, um mit Juden an einem Tische zu liegen. Wir hören nichts von einer Bekehrung der Heiden. Die Speisegebote, die Heiden und Juden trennen, spielen keine Rolle mehr. Dieser jüdische Prophet, Jesus, ist zugleich der Grund des Christentums. Er konnte diese Vision entwickeln, weil er überzeugt war: Gott ist bereit, alle Menschen zu akzeptieren – unabhängig von ihren Werken, ihrer Kul-

tur, ihrer Herkunft und ihrem Geschlecht. Er lehrte nicht die Rechtfertigungsbotschaft mit den Worten, die uns Protestanten von Paulus her vertraut sind, aber er lebte sie. Und so öffnete er die Tore zur Nähe Gottes. Er
öffnete sie weit, sehr weit – viel weiter, als wir es für möglich halten.

Diese Rechtfertigungsbotschaft ist die feste Burg im Innern jedes Protestanten. Sie gibt in aller Unruhe des Herzens die Ruhe der Ewigkeit. Sie
versichert uns: Es kommt nicht darauf an, wie viel wir tun. Und sie gibt
eben deshalb die Freiheit, der Unruhe des Herzens nachzugeben und rast-
los tätig zu sein. Diese Rechtfertigungsbotschaft ist Morgenglanz der
Ewigkeit mitten im Leben. Sie versichert uns: Es kommt nicht darauf an,
ob wir Erfolg oder ob wir Mißerfolg haben. Denn von unserem Erfolg
hängt nicht das Bild ab, das Gott von uns hat. Durch unsere Mißerfolge
wird es nicht in Frage gestellt. Und eben deswegen können wir Erfolg
und Mißerfolg riskieren. Eben deswegen bleibt unsere Unruhe. Durch sie
kommt mehr Leben ins Leben. Ruhe aber ist anderswo. Ruhe ist in Gott.
Aber Gott will durch seinen Geist in uns wohnen, so daß uns nichts den
Mut zum Leben und zum Sterben nehmen kann und uns in aller Unruhe
zwischen Geburt und Grab sein Frieden erfüllt. Dieser Friede Gottes,
welcher höher ist als alle unsere Vernunft, bewahre eure Herzen und Sinne in Christo Jesu. Amen.

Diese Predigt wurde am 5.11.1995 in der Peterskirche in Heidelberg gehalten. Traditio-
nellerweise wird am Sonntag nach dem Reformationstag in dieser Kirche auf die Reformation Bezug genommen. – Der israelische Ministerpräsident Izchak Rabin war am
4.11.1995 ermordet worden. – Kirchenvolks-Begehren fanden in den katholischen Kirchen Österreichs, Deutschlands und der Schweiz im Jahre 1995 statt. Ihre wichtigsten
Punkte waren: 1. »Aufbau einer geschwisterlichen Kirche«, 2. »Volle Gleichberechtigung der Frauen«, 3. »Freie Wahl zwischen zölibatärer und nicht-zölibatärer Lebensform«, 4. »Positive Bewertung der Sexualität als wichtiger Teil des von Gott geschaffe-
nen und bejahten Menschen«, 5. »Frohbotschaft statt Drohbotschaft« (vgl. »Wir sind
Kirche«. Das Kirchenvolksbegehren in der Diskussion, Freiburg 1995, 13f.). Die Äußerung des protestantischen Theologen zur Frage der Stellung der Frau in Ehe und
Kirche ist P. Brunner: Das Hirtenamt und die Frau, in: LR 9 (1959/60), 298-329, 322. –
Fillips de Marnix (1540-1598) studierte u.a. bei Calvin in Genf Theologie, übersetzte
die Psalmen und diente als Politiker Wilhelm von Oranien. C.W. Mönnich: Bürger,
Ketzer, Außenseiter. Die Geschichte des Protestantismus in ihren Grundzügen, München 1984, 8, charakterisiert das Lebensgefühl von Reformierten und Lutheranern in
folgender Weise. Der Lutheraner weiß: »›Gottes Wort und Luthers Lehr' vergehen nie
und nimmermehr.‹ Das strahlt Sicherheit aus. Es gibt dem Sohne Luthers eine erhebli-
che Distanz zu weniger angepaßten Konfessionen. Er braucht nicht jenes letzte Gefühl
zu haben, das im Leibspruch des Marnix von St. Aldegonde zum Ausdruck kommt:
›repos ailleurs‹, anderswo, nicht hier, ist Ruhe. Von seiner festen Burg aus kann er die
suchende Menge in der Ferne betrachten.«

Die Wirklichkeit zum Gleichnis machen
und die neue Gerechtigkeit Gottes

(Matthäus 20,1-16)

Denn das Himmelreich gleicht einem Hausherrn, der früh am Morgen ausging, um Arbei-ter für seinen Weinberg einzustellen. Und als er mit den Arbeitern einig wurde über einen Silbergroschen als Tagelohn, sandte er sie in seinen Weinberg. Und er ging aus um die dritte Stunde und sah andere müßig auf dem Markt stehen und sprach zu ihnen: Geht ihr auch hin in den Weinberg; ich will euch geben, was recht ist. Und sie gingen hin. Abermals ging er aus um die sechste Stunde und um die neunte Stunde und tat dasselbe. Um die elfte Stunde aber ging er aus und fand andere und sprach zu ihnen: Was steht ihr den ganzen Tag müßig da? Sie sprachen zu ihm: Es hat uns niemand eingestellt. Er sprach zu ihnen: Geht ihr auch hin in den Weinberg. Als es nun Abend wurde, sprach der Herr des Wein-bergs zu seinem Verwalter: Ruf die Arbeiter und gib ihnen den Lohn und fang an bei den letzten bis zu den ersten. Da kamen, die um die elfte Stunde eingestellt waren, und jeder empfing seinen Silbergroschen. Als aber die ersten kamen, meinten sie, sie würden mehr empfangen; und auch sie empfingen ein jeder seinen Silbergroschen. Und als sie den emp-fingen, murrten sie gegen den Hausherrn und sprachen: Diese letzten haben nur eine Stun-de gearbeitet, doch du hast sie uns gleichgestellt, die wir des Tages Last und Hitze getra-gen haben. Er antwortete aber und sagte zu einem von ihnen: Mein Freund, ich tu dir nicht Unrecht. Bist du nicht mit mir einig geworden über einen Silbergroschen? Nimm, was dein ist, und geh! Ich will aber diesem letzten dasselbe geben wie dir. Oder habe ich nicht Macht zu tun, was ich will, mit dem, was mein ist? Siehst du scheel drein, weil ich so gütig bin? So werden die Letzten die Ersten und die Ersten die Letzten sein.

Manchmal wird man von außen auf Schätze gestoßen, die man besitzt, ohne es zu wissen. So ging es mir mit diesem Gleichnis. Ich lernte es neu verstehen, als ich einen japanischen Buddhisten kennenlernte, der wegen dieses Gleichnisses ein Christ wurde. Er lernte Griechisch, um es (in der Originalsprache des Neuen Testaments) besser verstehen zu können. Er kam nach Europa, um ein paar Semester Theologie zu studieren – und das alles wegen Mt 20,1-16!

Was hat ihn an diesem Text so fasziniert? Er sagte mir: Es gibt ein Grund-problem im Leben, eine Unsicherheit darüber, ob das eigene Leben einen Wert hat. Unausgesprochen stellen wir die Frage: Sind wir mehr wert als andere? Sind die anderen mehr wert? Haben sie mehr Leistungskraft, mehr Kompetenz, mehr Charme, mehr Erfolg? Solche Vergleiche erhöhen unsere Unsicherheit. Denn jedes Urteil ist relativ, jedes kann in Frage gestellt werden. Er meinte, es gebe nur zwei konsequente Antworten auf dies Problem: die Antwort Buddhas und die Antwort Jesu in Mt 20.

Die buddhistische Antwort sagte: Die Frage: »Was bin ich wert?« basiert auf einer illusionären Voraussetzung – als gäbe es so etwas wie ein »Ich«, ein »Selbst«. Alles Dasein ist Leid. Alles tut weh, und alles Leid ist letztlich darin begründet, daß wir unser Ich für etwas Reales halten, anstatt für eine zufällige Kreuzung von Kausalketten. Im Grunde sei alles gleich unwert. Habe man das einmal erkannt, dann verschwindet jede Unsicherheit und Ungewißheit, was den Wert des eigenen Lebens angeht. Denn dies Leben sei ja eine Illusion. Und natürlich sei auch die Suche nach einem »Wert« des Lebens eine Illusion. Wer sich von dieser Suche freimacht, wer sich frei macht von seinem Ich, erlange dafür einen tiefen inneren Frieden.

Genauso konsequent aber sei die Antwort Jesu in Mt 20. Alle Menschen sind gleich viel wert – unabhängig davon, daß sie in ihrem Tun und Geschick oft extrem verschieden sind. Ob du viel zustande gebracht hast im Leben oder wenig, ob dein Leben lang oder kurz dauert, ob es voll Erfolg oder Mißerfolg war, ob du glücklich in deinen Beziehungen bist oder in ihnen leidest – unabhängig davon ist alles menschliche Leben gleich viel wert. Und es ist keineswegs Illusion, sondern Realität. Dies verschwindende und leidende Ich – in einer Welt, in der alles irgendwie »weh« tut und alles Leid ist –, ist das Wirklichste von der Welt. Es ist wertvoll. Durch Jesus und seine Gleichnisse könnten wir so eine Gewißheit erlangen, die der großen inneren Ruhe des Buddhisten ähnlich sei. Denn es komme auf dasselbe heraus, ob man sagt: Alles ist unbedingt unwert – und deshalb brauchst du dir keine Sorge zu machen, daß du etwas verpaßt. Oder ob man sagt: Dein Leben ist unbedingt wertvoll. Und darum hast du Gewißheit über das Entscheidende im Leben, auch wenn du vieles nicht hast, was andere haben. Christ sei er geworden, weil er letztlich sein eigenes, persönliches Leben nicht für eine Illusion halten könne und halten wolle.

Mir war dieser ehemalige Buddhist sehr sympathisch, vor allem, weil er seinem Buddhismus auch als Christ ein Stück Wahrheit zuschrieb. Dieser Japaner brachte mir darüber hinaus bei, daß man die Gleichnisse Jesu heute am besten neu erzählt als Gleichnisse über Arbeitskollegen, Arbeitskonflikte und merkwürdige Vorgesetzte. Über Schüler und Lehrer. Und immer wieder übermittelte er in diesen neu gedichteten Gleichnissen (im Stile und im Geiste Jesu), daß alle Unsicherheit über den Wert unseres je eigenen Lebens dahinschmilzt, wenn wir durch Jesus mit einem unbedingten Wert konfrontiert werden: mit Gott.

Als ich über das Gleichnis nachdachte und meditierte – und nach einem Gedanken für diese Bibelarbeit suchte, sah ich plötzlich vor meinem inneren Auge die Gestalten des Gleichnisses vor mir. Es war, als liefen sie über meinen Schreibtisch. Sie diskutierten heftig. Zuerst konnte ich sie kaum verstehen. Solche Gleichnismenschen führen ja nur ein ganz hauchdünnes Leben in unserer Phantasie und sind sehr empfindlich. Irgendetwas störte sie auf meinem Schreibtisch. Ich räumte also die vielen exegetischen Bücher und Kommentare ab, damit sie sich besser entfalten konnten. Und tatsächlich, jetzt konnte ich sie verstehen. Fasziniert hörte ich ihnen zu. Sie schienen zu ahnen, daß sie nur Gleichnismenschen sind – Gedanken ihres Schöpfers. Und sie ahnten auch: Außerhalb ihrer Welt der Gleichnisse gibt es noch eine andere, reale Welt (unsere Welt) mit realen Menschen (wie uns). Vor allem der Verwalter, der ja auch im Gleichnis zwischen Besitzer und Arbeitern steht, ließ das erkennen. Er wirkte auf mich so, als sei er nicht nur ein Verwalter von Weingärten, sondern von auch Gleichnissen. Ich erzähle jetzt, was ich in meiner inneren Exkursion in diese Gleichniswelt hörte und mitbekam:

Der Tag, von dem Mt 20 berichtet, ist zu Ende, die Arbeit vorbei, der Lohn verteilt. Die Murrenden gehen nach Hause. Die Kritik des Gutsbesitzers ist noch nicht verdaut. Einer der Murrenden sagt zu seiner Rechtfertigung: »Erst werden wir um den gerechten Lohn geprellt und dann auch noch um die Moral – als seien wir die Bösen, weil wir auf einem fairen Lohn nach Leistung bestehen. Wenn unser Gutsbesitzer wirklich sozial wäre, hätte er alle Arbeiter am Morgen gleichzeitig eingestellt, alle gleichzeitig beginnen lassen. Denn das hätte drei Vorteile:

Der erste: Die ganze Arbeit wäre schon in der neunten Stunde erledigt.

Der zweite: Alle würden verdientermaßen den gleichen Lohn erhalten.

Der dritte Vorteil: Alle könnten früher nach Hause gehen und hätten einen längeren Feierabend.

Der Verwalter gibt zu bedenken: Denk daran, wir sind nur ein Gleichnis. Stell dir ein Gleichnis mit dem Inhalt vor: Ein Gutsbesitzer hatte viel Arbeit. Er stellte alle Arbeiter ein, bezahlte alle gleich, und alle gingen zufrieden nach Haus. Wäre das nicht eine langweilige Geschichte? Würde sich irgend jemand für uns interessieren? Die real existierenden Menschen müssen ihre wirklichen Probleme in uns wiedererkennen, sonst gibt es keinen Kontakt mit ihnen. Nur dann erfüllen wir als Gleichnismenschen unsere Aufgabe, eine Botschaft an sie zu formulieren und zu vermitteln.

Ich hörte nun im Innenraum meiner Phantasie, wie sich ein zweiter Gleichnismensch einschaltete. Er verteidigt den Gutsbesitzer. Als er am Anfang des Tages zehn Leute einstellte, war er der Meinung, mit ihnen die ganze Arbeit schaffen zu können. Aber er hatte sich verkalkuliert. Warum? Die ersten Arbeiter taugten nicht viel. Darum mußte er neue einstellen. Aber auch die blieben hinter den Erwartungen zurück. Erst die letzten retteten die Ernte des Tages. Also sind sie – trotz ihrer kurzen Arbeitszeit – sehr viel mehr wert als die ersten. Sie, die letzten, waren die effektivsten. Außerdem bemißt sich der Lohn der Arbeit nicht nur nach der Arbeitszeit, sondern auch nach Angebot und Nachfrage. Am Abend war das Angebot an Arbeitskräften knapp, die Dringlichkeit der Arbeit aber groß. Also sind die zuletzt eingestellten Arbeiter objektiv mehr wert. So ist das nun einmal auf dem Arbeitsmarkt.

Aber hier protestiert der Verwalter des Gleichnisses: Du verwechselst Real- und Gleichniswelt. In der realen Welt geht es so zu, wie du sagst. Geld bringt zum Ausdruck, was jemand wert ist. Leistung ist Arbeitszeit mal Produktivität. Da gibt es Leute, die besitzen sehr viel. Wenn sie 8 Stunden schlafen, haben sie in dieser Zeit so viel Zinsen erwirtschaftet, wie andere im ganzen Jahr verdienen. Da sie mit wenig Zeit und Anstrengung viel verdienen, ist ihre Leistung nach objektiven Kriterien sehr groß. Das sind die sogenannten Leistungsträger in der Realwelt. Und dann gibt es andere in der realen Welt, die haben vier Berufe an *einem* Tag: 1. Einen halben Tag Erwerbsarbeit im Büro, 2. Bildungsarbeit, nämlich Beaufsichtigung von Schularbeiten und Beibringen von Lebensführung und Manieren, 3. Hausarbeit: Kochen, Waschen, Putzen, Organisieren, Denken, vor allem an alles denken, 4. Pflegearbeit: Versorgung der alten Mutter. Aber sie verdienen nicht viel. Viel Arbeit – wenig Lohn, also sind sie nach der Logik der Realwelt keine Leistungsträger. Und dann sagt ihnen jemand, nachdem sie verbraucht sind: Du bist auch nicht mehr das, was du früher mal warst. Und läßt sich scheiden. So geht es in der Realwelt zu. Aber du willst doch nicht etwa diese Unmoral in unsere Gleichniswelt einführen? Auch wir Gleichnismenschen haben unsere Ehre. Wir sollen den real existierenden Menschen den Spiegel vorhalten, daß sie über *ihre* Unmoral erschrecken, aber wir sollten ihnen nicht helfen, sich in ihr gemütlich einzurichten.

Schließlich meldet sich ein dritter Gleichnisarbeiter. Er sagt: Der Besitzer hat im Grunde alle Zusagen erfüllt. Nur mit den Ersten hatte er einen festen Vertrag über einen Denar abgeschlossen. Schon der zweiten Gruppe versprach er nur den Lohn, der gerecht ist. Er ließ offen, wie viel das ist. Den dritten, vierten und fünften hat er gar nichts versprochen. Die ersten hatten also zwei Vorteile: Erstens hatten sie schon am Anfang des Tages die Sorge los, ob sie am Ende etwas mit nach Hause bringen. Sie verlebten einen Tag ohne Existenzangst. Und zweitens wußten sie genau, was sie bekamen. Sie konnten planen. Alle anderen aber lebten in einem Zustand der Ungewißheit, ob sie überhaupt Arbeit finden würden. Und nachdem sie Arbeit gefunden hatten, arbeiteten sie, ohne zu wissen, wie viel Lohn sie erhalten würden. Die ersten waren also doppelt privilegiert. Es ist einfach nicht fair, wenn ausgerechnet sie sich am Ende zurückgesetzt fühlen – sie, die es besser hatten als alle anderen.

Hier kann der Verwalter der Gleichnisse zustimmen: Ich glaube, du hast recht. Wir wurden von unserem Schöpfer erfunden, um klar zu machen: Die eigentliche Frage ist nicht, ob der Gutsbesitzer gerecht ist, sondern ob wir gerecht sind und ob es gerecht ist, daß wir untereinander neidisch aufeinander werden. Es geht um *unsere* Gerechtigkeit. Können wir es ertragen, gleich behandelt zu werden?

Da meldet sich ein vierter Gleichnismensch zu Wort, als habe er eine plötzliche Erleuchtung: Ich hab's, sagt er. Unser Schöpfer wollte uns testen. Er wollte uns auf die Probe stellen, um herauszufinden, ob wir uns darüber freuen können, daß alle das bekommen, was sie brauchen. Aber wir haben den Test nicht bestanden: wir murrten. Wir wollten unbedingt, daß es den Letzten schlechter geht als allen anderen. Deshalb sagt er uns: Ich habe euch richtig eingeschätzt. Ihr seid ein unsolidarisches und neidisches Volk! Ihr wollt nicht, daß jeder einen Mindestlohn erhält – unabhängig von seiner Leistung, aber in Entsprechung zu seinen Bedürfnissen. Für eine höhere Gerechtigkeit seid ihr nicht reif. Denn eigentlich ist das meine Idealvorstellung: Ich gebe allen einen verschiedenen Lohn – entsprechend Arbeitszeit und Leistung. Aber dann gehen alle nach Haus und schaffen freiwillig einen Ausgleich, so daß die Ersten von sich aus den Letzten abgeben und diese genug zum Leben haben, ohne darum betteln zu müssen. Darauf wollte ich hinaus! Aber ich habe richtig vermutet: Dazu seid ihr nicht bereit! Ihr schafft es nicht, Gleichheit unter euch herzustellen! Daher muß ich es euch vormachen. Ich muß euch zeigen, wie man mit seinem Besitz umgeht. Ihr habt die Freiheit, ihn genauso wie ich gleich zu verteilen. Und nun protestiert ihr gegen meine Gerechtigkeit? Dieser Protest fällt auf euch selbst zurück: Wenn eure Gerechtigkeit untereinander nur ein wenig größer wäre, dann könnte ich euch den Ausgleich untereinander überlassen. Aber euer Auge ist böse – ihr blickt neidisch aufeinander. Besonders die, die mehr als die anderen haben –, die

Ersten unter euch, haben ein wahnsinniges Bedürfnis, daß es anderen schlechter gehen muß als ihnen. Sonst, so sagen sie, lohnt sich ja Leistung nicht mehr. Und wo kämen wir da hin!

Der Verwalter stimmt zu: Der Protest gegen die Gerechtigkeit des Besitzers ist Protest gegen unsere Unfähigkeit, selbst einen gerechten Ausgleich zu schaffen.

Aber mit dieser Interpretation stößt er bei anderen gleichnishaften Mitmenschen dezidiert auf Ablehnung. Sie rufen: Immer hast du uns gelehrt, daß wir Gleichnismenschen nur Gedanken sind, die auf ihren Schöpfer hinweisen. Wir existieren nur, weil wir transparent sind für ihn. Jetzt aber erzählst Du uns, es ginge um unser Verhältnis untereinander. Es ginge nicht um die Beziehung zum Schöpfer, sondern um zwischenmenschliche Gerechtigkeit. Du deutest unsere Gleichnisexistenz, wie es einige Realmenschen tun. Unter denen gibt es sozialistischen, befreiungstheologischen und humanistischen Auslegungen, wie du sie vertrittst. Sie werden in der Realwelt aber doch nur auf Kirchentagen vertreten. Infizier mit so etwas bitte nicht unsere schöne Gleichniswelt!

Unser Gleichnisverwalter gerät in Bedrängnis. Er verteidigt sich: Betrachtet einmal andere Geschichten unserer Gleichniswelt. Auch bei ihnen geht es um die Beziehung zwischen den Menschen:

Da gehen zwei zu einem Richter, aber die Pointe ist nicht, daß der eine vor Gericht Recht bekommt, der andere nicht. Pointe ist, daß sie sich ohne Richter direkt untereinander verständigen.

Da wird jemandem eine große Schuld erlassen. Pointe ist, daß er hingeht und eine sehr viel geringere Schuld auch seinen Mitmenschen erläßt.

Da kommt ein gestrandeter Sohn nach Haus. Er wird vom Vater aufgenommen. Aber die entscheidende Frage ist: Wird auch der ältere Bruder ihn aufnehmen?

Richtig ist: Es gibt in der Welt viele Gleichnisse von Arbeitern und ihrem Lohn, die ganz andere Pointen haben als unser Gleichnis. In ihnen treten die Arbeiter tatsächlich nur in Beziehung zum Arbeitgeber, nicht aber in Beziehung zueinander. Aber gerade unser Gleichnis ist dadurch ausgezeichnet, daß es am Ende um unsere Beziehung zueinander geht! Gerade das ist das Besondere an uns. Und darauf sollten wir als Bewohner dieses einen Gleichnisses stolz sein. Wir sind nur Gedanken unseres Schöpfers. Aber seine Gedanken gerade mit uns zielen darauf, daß wir am Ende untereinander jene Gerechtigkeit und Güte praktizieren, die der Besitzer uns gegenüber getan hat.

Die Gleichnismenschen sind keineswegs beruhigt. Sie murren: Mit dieser Pointe sind wir Gleichnismenschen überfordert. Das ist eine Utopie, die die Gesetze unserer Gleichniswelt sprengt. Daß wir freiwillig abgeben, um einen Ausgleich untereinander zu schaffen, daß wir Arbeit, Lohn, Sicherheit gegen Hunger, Krankheit und Unfall teilen, das hat es noch nie gegeben. Das geht nicht!

Der Gleichnisverwalter weiß sich nur so zu retten, daß er sagt: Beruhigt euch, liebe Gleichnismitmenschen, wir sind doch nur Gedanken unseres Schöpfers. Wir tragen eine Botschaft in uns – aber nicht an uns, sondern an andere. Eine Botschaft an die Realmenschen. Eine Botschaft, die *nur* in der realen Welt verwirklicht werden soll. Unsere Gleichniswelt kann ruhig so bleiben, wie sie ist. Keine Angst, es wird hier keinen Umsturz geben. Keiner braucht etwas abzugeben. Aber jeder einzelne von uns ist Teil einer Botschaft an die reale Welt. Wir sagen den dortigen Menschen: Ihr alle seid sehr viel mehr auf Liebe und Güte angewiesen, als ihr es eigentlich verdient und als ihr es euch eingestehen wollt. Das gilt ebenso für euer Verhältnis zu eurem Schöpfer. Das gilt für euer Verhältnis untereinander. Und daraus folgt: Es gibt unter Real-Menschen eine Pflicht, freiwillig abzugeben, um unterschiedliche Lebenschancen auszugleichen. Ich weiß, so etwas überfordert unsere gut eingerichtete, schöne Gleichniswelt. Aber unser Schöpfer hat gemeint, für die Realwelt sei es keine Überforderung. Den Real-Menschen hat er es zugetraut.

Mit dieser Erklärung beruhigt der Verwalter die Gemüter. Alle finden seine Auslegung ungeheuer einleuchtend. Denn das Gute und Moralische ist bekanntlich immer besonders einleuchtend, wenn man es als Forderung an andere formulieren kann.

Insgesamt ist jetzt also Ruhe in der Gleichniswelt. Aber einzelne in ihr haben noch Probleme. Einer tritt hervor und sagt: Ich bin dieser unglückliche Einzelne, den der Besitzer am Ende herausgreift und kritisiert. Viele haben gemurrt. Aber nur mich hat er getadelt. Du hast eben behauptet, jeder einzelne von uns sei Teil einer großen Botschaft. Und wir alle seien Gedanken unseres Schöpfers. Warum aber wurde ich erfunden? Nur um vorgeführt zu werden? Nur um kritisiert zu werden? Der Verwalter antwortet: Wenn du aus der Menge herausgesondert wurdest, so sei stolz darauf: Etwas Neues beginnt – auch in einer Gruppe, auch in der Gesellschaft – immer beim Einzelnen. Ein Einzelner muß anfangen. Und du wurdest geschaffen, weil du dieser Einzelne bist, mit dem das Neue anfangen kann. Du wurdest nicht vorgeführt, um deine schlechte Gesinnung bloßzustellen, sondern weil du die beste aller Rollen bekommen hast, die man in dieser Welt haben kann: Anzufangen mit der Umkehr! Anzufangen mit der neuen Gerechtigkeit!

Als andere Gleichnismenschen das hören, fühlen auch sie sich ermutigt, kritische Fragen zum Sinn ihrer persönlichen Existenz zu stellen. Es melden sich jetzt die vielen, die weder zu den Ersten noch zu den Letzten gehören. Sie klagen: Immer ist nur von den Ersten die Rede, die am Anfang des Tages angeheuert wurden, und von den letzten, die kurz vor Ende des Tages mit der Arbeit anfingen. Aber sehr wenig wird von uns gesprochen. Wir spielen nur eine Nebenrolle. Sind wir nicht überflüssig? Kommt das Gleichnis nicht auch ohne uns aus? Was für einen Sinn haben wir?

Der Gleichnisverwalter antwortet geduldig: Auch ihr seid unersetzlich. Wenn es nur Erste und Letzte gäbe, würde das Denken in Schablonen überhand nehmen. Es gibt in der Realwelt viele Menschen, die kennen nur Schwarz und Weiß, Gut und Böse, Deutsche und Ausländer, Ossis und Wessis, Linke und Rechte. All das sind Schablonen. Vereinfachungen. Die realen Menschen haben leider eine Schwäche, die Realität ganz und gar nicht real wahrzunehmen. Sie sehen nicht die vielen Übergänge, die es zwischen den Gegensätzen gibt. Ihr seid die Zwischenglieder, die dazu erziehen sollen, diese Übergänge mitzudenken. Ihr sollt dazu erziehen, daß es nicht einfach Wessis und Ossis, Linke und Rechte gibt, sondern viele, die sich in solche Schablonen nicht fügen. Beschwert euch also nicht über eure Nebenrolle! Ihr habt eine der wichtigsten Rollen in der Welt: die Absage an das Denken in Schwarz und Weiß zu propagieren und darzustellen.

Am Ende fragen alle Gleichnismenschen den Verwalter: Warum existierst du? Eigentlich bist du doch überflüssig! Am Morgen ist der Besitzer selbst auf den Markt gegangen, um Arbeiter anzuheuern. Das Gleichnis würde sich nicht viel ändern, wenn er auch am Ende selbst den Lohn austeilte. Da kratzt sich der Gleichnisverwalter an seinem Gleichniskopf. Denn darüber hatte er bisher nicht nachgedacht. Es ist immer am schwierigsten, wenn man den Sinn seiner ganz persönlichen Existenz herausfinden soll! Aber er findet eine Antwort: Unser Schöpfer hat uns zwar alle unmittelbar engagiert und allen unmittelbar einen Auftrag für unser Gleichnisleben gegeben. Er hat uns direkt in Dienst gestellt. Aber wenn es um den gerechten und fairen Lohn dafür geht, dann ist er auf Mitarbeiter unter uns Gleichnismenschen angewiesen. Dann braucht er uns. Zumindest einen unter uns. Er braucht unter allen Arbeitern einen Verwalter. In unserer Gleichniswelt muß der Lohn schon durch uns selbst ausgeteilt werden und nicht erst jenseits unserer Gleichniswelt. Um daran zu erinnern, hat mich unser Schöpfer ausgedacht.

Am Ende sind alle in der Gleichniswelt zufrieden. In ihr haben alle eine Existenzberechtigung und alle einen Wert. Die Gleichniswelt ist in sich stimmig und sinnvoll.

Ich versuche nun, aus dieser schönen Gleichniswelt wieder aufzutauchen. Ich frage: Wie ist es mit uns? Wir sind ja ein Stück Realwelt. Diese Realwelt ist ganz und gar nicht sinnvoll und in sich stimmig. In diese Welt kommt durch die Gleichnisse eine Störung hinein. Ein Riß, eine Unzufriedenheit. Die Gleichnisse sind eine Wunde in unserer Welt. Der größte Gleichniserzähler der modernen Literatur, Franz Kafka, hat das in Form eines Gleichnisses über Gleichnisse zum Ausdruck gebracht. Ich lese seine Parabel ganz vor:

Viele beklagen sich, daß die Worte der Weisen immer wieder nur Gleichnisse seien, aber unverwendbar im täglichen Leben, und nur dieses allein haben wir. Wenn der Weise sagt: ›Gehe hinüber‹, so meint er nicht, daß man auf die andere Seite hinübergehen solle, was man immerhin noch leisten könnte, wenn das Ergebnis des Weges wert wäre, sondern er meint irgendein sagenhaftes Drüben, etwas, das wir nicht kennen, das auch von ihm nicht näher zu bezeichnen ist und das uns also hier gar nichts helfen kann. Alle diese Gleichnisse wollen eigentlich nur sagen, daß das Unfaßbare unfaßbar ist, und das haben wir gewußt. Aber das, womit wir uns jeden Tag abmühen, sind andere Dinge.

Darauf sagt einer: ›Warum wehrt ihr euch? Würdet ihr den Gleichnissen folgen, dann wäret ihr selbst Gleichnisse geworden und damit schon der täglichen Mühe frei.‹ Ein anderer sagte: ›Ich wette, daß auch das ein Gleichnis ist.‹ Der erste sagte: ›Du hast gewonnen.‹ Der zweite sagte: ›Aber leider nur im Gleichnis.‹ Der erste sagte: ›Nein, in Wirklichkeit; im Gleichnis hast du verloren.‹

Wie sollen wir das verstehen? Machen wir uns noch einmal den Unterschied zwischen der Gleichnis- und der Realwelt klar! Gleichnismenschen haben einen großen Vorteil: Alles an ihnen ist voll von Bedeutung und Sinn. Sie existieren ewig – so wie sie seit 2.000 Jahren in den Gleichnissen Jesu existieren. Realmenschen sind vergänglich. Aber sie haben einen anderen Vorteil: Sie sind Menschen aus Fleisch und Blut. Oder wie wir sagen: Sie existieren wirklich.

Die Aufgabe der Gleichnisse ist es, uns aus der Realwelt in die Welt der Gleichnisse hinüberzuführen. Wann haben wir dabei gewonnen? Und wann haben wir verloren?

Gewonnen haben wir, wenn wir als reale Menschen nicht nur in Träumen und Dichtungen erfahren, was Gleichnismenschen im Überfluß haben, nämlich Sinn. Alles hat ja bei ihnen eine Bedeutung, alles einen Wert. Alles ist aufgehoben und eingebettet in einen künstlerisch gestalteten Gesamtentwurf. Gleichnismenschen dürfen sicher sein, daß sie Gedanken ihres Schöpfers sind. Dessen sind wir realen Menschen uns nie so ganz sicher. Sicher ist nur: In ca. 150 Jahren werden alle, die hier im Raum sind, tot sein. Sicher ist, bis dahin wird es viel Leid geben. Sicher ist, wir werden oft daran zweifeln, ob das alles einen Sinn hat. Aber all das wäre überwunden, wenn wir selbst ein Gleichnis würden. Wir hätten gewonnen, wenn auch wir uns als Gedanken eines Schöpfers verstehen dürfen. Wenn wir ahnen, unser Leben enthält eine Botschaft – an uns und durch uns und für andere. Wenn wir die Gewißheit erhalten: Der Schöpfer unseres Lebens will durch uns hindurch etwas sagen – und er braucht uns dazu. Er braucht auch Kleinigkeiten in unserem Leben dazu. Gewonnen haben wir, wenn wir gewiß werden, daß wir zwischen Geburt und Tod etwas darstellen, das so unzerstörbar wie der Sinn einer Gleichnisfigur ist. Wenn wir unser Leben als einen Gedanken Gottes verstehen, den wir weiterdenken dürfen. Kurz: Wenn wir selbst zum sinnvollen Gleichnis werden.

Aus diesem einen Gleichnis von den Arbeitern im Weinberg aber können wir lernen: Wir haben gewonnen, wenn wir an der Verwirklichung jener Gerechtigkeit mitwirken dürfen, die uns in ihm begegnet. Wenn wir nicht auf Kosten anderer leben, sondern aus eigenen Kräften unter uns einen Ausgleich schaffen, der dem unbedingten Wert jedes einzelnen menschlichen Lebens entspricht, einem Ausgleich, der gleichnishaft auf die Gleichheit aller Menschen weist.

Natürlich sind wir weit davon entfernt. Die Geschichte treibt in eine andere Richtung. Die Reichen werden reicher, die Armen ärmer. Bald werden die Reichen bei uns in ihren Vierteln unter sich zusammenwohnen mit großen Sicherheitsanlagen und privaten Schutzpatrouillen – und anderswo werden die Ärmsten leben, einige von ihnen voll Wut und Haß auf alle, die Erfolg haben und ein geordnetes Leben führen können. Und weil uns alle ihr verzweifeltes Handeln bedroht, werden wir alle allzu schnell bereit sein, immer mehr für die Polizei zu zahlen. Was sich im Inneren unserer Gesellschaft abzeichnet, beobachten wir schon lange weltweit im Verhältnis zwischen den Staaten. Die reichen Industrieländer tun sich zusammen und schotten sich nach außen ab, um den ungeheuren Immigrationsdruck abzuwehren, der durch die ungleiche Verteilung von Gütern und Lebenschancen entsteht. Und sie wehren selbst die ab, die an unsere Türe klopfen, weil sie verfolgt sind – und die nur ihr nacktes Leben retten wollen. Und gleichzeitig versinken nach und nach die ärmsten Länder in Krieg, Chaos und Elend. Es wird immer schwieriger werden, für Gerechtigkeit zwischen denen da oben und denen da unten, zwischen der Spitze der Gesellschaft und den vielen Verarmten, zwischen Vollbeschäftigten und Arbeitslosen, zwischen Ost und West, Nord und Süd zu sorgen. Und es wird gerade deshalb immer nötiger werden. Wir haben nur gewonnen, wenn wir immer wieder eine Bewegung in der realen Welt zustande bringen, eine Bewegung hin zu jener Gerechtigkeit, die dem Leben erst Sinn und Bedeutung verleiht.

Und wann haben wir verloren? Wir haben verloren, wenn wir von dieser Gerechtigkeit nur in Gleichnissen und Dichtungen träumen, aber nichts davon in der Realität verwirklichen. Wir haben verloren, wenn wir nicht immer wieder reale Menschen für eine Vision von größerer Gerechtigkeit gewinnen – und in die Realität eine Bewegung in diese Richtung hineinbringen. Denn wenn erst einmal einzelne Menschen oder ganze Gruppen zu dem Ergebnis kommen: Es gibt keine Gerechtigkeit! Und es ist auch sinnlos, sich für sie in der realen Welt einzusetzen – dann kündigen sie menschlichem Zusammenleben ihre innere Loyalität auf. Dann sagen sie sich: Alles ist erlaubt. Dann gilt nur noch das Recht des Stärkeren. Dann gibt es nur die reale Welt – und ihr ganzer gleichnishafter Sinn verschwindet.

Wir Theologen haben die Gleichnisse immer nur verschieden interpretiert – vor allem daraufhin, wie viel Realität oder wie viel Dichtung sie enthalten. Genauso wichtig wäre es, die Wirklichkeit zu verändern – daraufhin, daß sie zum Gleichnis wird: zu einem Gleichnis der Gerechtigkeit. Wir müssen dazu ja keine perfekte Welt herstellen, kein Paradies auf Erden schaffen. Wir müssen nur Zeichen setzen. Zeichen, die als Gleichnis auf eine größere Gerechtigkeit weisen. Wir haben gewonnen, wenn unser Leben zu einer Suche nach Gerechtigkeit wird, wenn unser Leben diese Botschaft so anschaulich macht wie ein Gleichnis. Wir haben gewonnen, wenn wir ein Gleichnis werden mit der Botschaft: Selig sind die, die hungern und dürsten nach Gerechtigkeit! Sie werden satt werden!

Diese Bibelarbeit wurde für den Kirchentag in Leipzig am 21.6.1997 geschrieben. Der eingangs genannte Japaner ist Y. Watanabe. Seine Gedanken über Mt 20,1-16 und den Wert des Menschen in Buddhismus und Christentum habe ich aufgrund seiner Aufzeichnungen zusammengestellt, vgl. Y. Watanabe: Selbstwertanalyse und christlicher Glaube, EvTh 40 (1980) 58-74. Die Parabel von Kafka trägt den Titel »Von den Gleichnissen«. Sie findet sich in F. Kafka: Die Erzählungen, Frankfurt/M. 1961, 328.

Das stellvertretende Sterben Jesu –
gedeutet für evangelikale und moderne Christen

(Markus 10,42-45)

Und Jesus ruft sie zu sich und sagt zu ihnen: Ihr wißt, daß die, welche als Fürsten der Völker gelten, sie knechten und ihre Großen über sie Gewalt üben. Unter euch ist es aber nicht so, sondern wer unter euch groß sein will, sei euer Diener, und wer unter euch der Erste sein will, sei der Knecht aller; denn auch der Sohn des Menschen ist nicht gekommen, damit ihm gedient werde, sondern damit er diene und sein Leben gebe als Lösegeld für viele. (Zürcher Übersetzung)

Dieser Text ist für viele Christen ein zentraler Text. Immer wieder mache ich die Erfahrung: Er spricht Christen entgegengesetzter Frömmigkeitsrichtung an. Er ist ein Lieblingstext für evangelikale und liberale, für konservative und befreiungstheologische Christen. Ein evangelikaler Christ hört in ihm die Botschaft: Jesus kam, um sein Leben dahinzugeben als Lösegeld für die vielen. Für ihn ist das Entscheidende der stellvertretende Tod Jesu. Ein sozial engagierter liberaler Christ hört dagegen die Botschaft: Die Gemeinde soll Gegengesellschaft zur Welt sein, in der die Machthaber die Völker unterdrücken. Der Text protestiert gegen repressive Gewalt. Verstanden haben wir den Text aber erst, wenn wir beides aufeinander beziehen: Wenn uns der stellvertretende Tod Jesu zum Protest gegen politische Macht wird – und wenn repressive Macht zum Schlüssel für das Verständnis des stellvertretenden Todes Jesu wird.

Lesen wir daher den Text in beide Richtungen. Fragen wir zunächst: Warum ist der Tod Jesu ein Protest gegen repressive Macht unter den Menschen? Warum hat er eine soziale und politische Bedeutung? Man erkennt das leichter, wenn man sich klar macht: Macht ist dadurch Macht, daß sie andere Menschen zugunsten des eigenen Vorteils schädigen kann. Sie ist die unheimliche Fähigkeit, anderen Kosten aufzubürden, die man selbst zahlen müßte. Mit dem Bild von den »Kosten« sind wir nah am Text. Er spricht vom »Lösegeld«, d.h. von den ökonomischen Kosten für die Freiheit eines Menschen, und das im Zusammenhang mit politischer

Macht und einer persönlichen Gemeinschaft mit Jesus. Der Text spricht also unter drei Aspekten von Macht: von politischer, ökonomischer und persönlicher Macht.

Politische Macht ist eine Macht, die andere zwingen kann, das eigene Leben zu riskieren. Jede Armee, auch die demokratischste, basiert auf dem Prinzip, daß einige den Einsatzbefehl geben können und andere ihr Leben für übergeordnete Zwecke opfern müssen.

Ökonomische Macht besteht darin, andere so nutzen zu können, daß sie die »Kosten« tragen, die man sonst selbst bezahlen müßte. Ökonomische Macht hat, wer Kosten auf andere abwälzen kann – und jeder Tarifkampf ist ein Ringen um diese Macht: Wer wälzt auf wen die Kosten ab?

Am unheimlichsten ist Macht in unseren persönlichen Beziehungen. Jeder weiß, wie sogar die intensivste Form persönlicher Bindung in Partnerschaften oft in schamloser Weise ausgenutzt wird, nicht nur ökonomisch, sondern auch psychisch und immateriell – durch Verführung zur Aufopferung von Berufswünschen und zur Zurückstellung berechtigter Interessen. Unheimlich ist das, weil es uns oft nicht bewußt wird: Menschliche Bindung läßt manche Frau oft gerne tun, was ohne diese Bindung schlichte Ausbeutung wäre – und was auch innerhalb solch einer Bindung Machtausübung ist.

Wir alle leben so auf Kosten anderer Menschen. Unsere intimsten Beziehungen sind so wenig frei davon wie unsere politischen Verhältnisse. Wir stoßen hier auf eine Grundstruktur des Lebens. Mit Jesus aber wird ein anderes Leben sichtbar, ein Leben, das nicht mehr auf Kosten anderen Lebens geht, sondern das die Kosten für anderes Leben mitträgt, anderes Leben ermöglicht, anderes Leben freigibt und fördert. Daher die Botschaft für konservative Christen: Haltet fest am stellvertretenden Tod Jesu, aber hört in ihm den Protest gegen menschliche Machtverhältnisse!

Doch laßt uns nun den Text auch in andere Richtung lesen. Fragen wir: Warum schreit die ganze Welt danach, daß einer stellvertretend ihr Elend auf sich nimmt – als Lösegeld für viele?

Nehmen wir ein Bild. Stellen wir uns eine Familie vor, in der die Beziehungen zerrüttet sind. Jeder beutet den anderen auf eine raffinierte Weise aus – und lebt unter dem Schleier einer falschen Familiensolidarität auf Kosten des anderen.

Einer in der Familie wird Alkoholiker. Zunächst scheint er der Schwache, Depressive und Hilfsbedürftige zu sein. Alle anderen bemühen sich, seinen Alkoholismus vor der Öffentlichkeit zu verbergen; sie ersparen ihm die Konfrontation mit der Realität, werden zu Co-Alkoholikern. Sie merken nicht, wie der eine Kranke und Schwache sie manipuliert und dirigiert, wie er gerade durch seine Krankheit und Schwäche Macht aus-übt. Hinter dem Schein einer besorgten Familie wachsen die verborgenen Aggressionen, die Wut, die Enttäuschung – auf allen Seiten.

In solche Familien bricht oft Gewalt ein. Vor allem dort, wo es eine Familientradition der Gewalt gibt: Wo der Vater seine Frau und seine Kinder schlägt – und diese wiederum untereinander Auseinandersetzungen mit Gewalt führen. Und auch hier wird alles kaschiert. Niemand darf davon wissen, zumal wenn Alkohol im Spiel ist. Stellen wir uns vor, in solch eine Familie tritt jemand ein, der außerhalb des Systems gegenseitiger Gewaltanwendung und Manipulation steht. Wird er nicht notwendigerweise zum Katalysator, der die geleugneten Gewaltbeziehungen aufdeckt? Wird die Familie nicht dazu neigen, in ihm den Störenfried zu sehen, der ihr labiles Gleichgewicht zerstört? Wird sie ihn nicht hinauswerfen? Wird er nicht stellvertretend all die Gewalt abbekommen, die die Familienglieder sonst gegeneinander ausüben?

Durch den Eintritt dieses neuen Familienglieds in die zerrüttete Familie kann es aber auch zu einer Wende kommen: Allen geht jetzt erst auf, wie sehr sie in einen hoffnungslosen Haß gegeneinander verstrickt waren. Allen wird ihr kollektives Elend bewußt. In allen wird die Sehnsucht wach, in anderer Weise miteinander zu leben.

In der Familie der Menschheit übernimmt Jesus die Rolle des Katalysators verdrängter und geleugneter Gewalt. Er zog die Aggression aller auf sich. Er zog auch die Aggression derer auf sich, die ihrem Bewußtsein nach solche Aggression überwinden wollten: die der Frommen und Gerechten. Sein Tod offenbart dadurch nicht das Heil, wohl aber unser Unheil; die hoffnungslose Zerrüttung unserer Verhältnisse – und eben das ist die Voraussetzung für eine Wende zum Heil.

Das ist die Botschaft für moderne Christen – für alle, die vor der Aussage vom stellvertretenden Sterben Jesu zurückschrecken: Der stellvertretende Tod Jesu steht mit Recht im Zentrum christlichen Glaubens. Er macht uns die Verlorenheit der Menschen, ihre Feindseligkeit im Kleinen wie im Großen bewußt. Christlicher Glaube aber lebt davon, daß die im Kreuz sich offenbarende Unmenschlichkeit der Menschen nicht das letzte Wort ist. Christlicher Glaube lebt von der Kraft der Auferstehung. Ostern ist ein Protest dagegen, daß wir auf Kosten anderen Lebens leben wollen. Ostern ist ein Protest dagegen, daß wir bereit sind, andere Menschen für uns leiden und sterben zu lassen, anstatt stellvertretend für sie einzutreten.

Laßt mein letztes Wort daher eine Botschaft für beide Seiten sein, für konservative und moderne Christen. Wer sich durch die Kraft des Kreuzes *und* der Auferstehung hat verwandeln lassen, ist dazu frei, stellvertretend für andere einzutreten. Dazu zwei Beispiele. Es sind undramatische Beispiele, bewußt aus dem alltäglichen Leben gegriffen.

Das erste Beispiel ist der Verdacht und das Eintreten für Verdächtigte. Auf Stellvertretung sind wir hier alle angewiesen. Selbst der Unschuldigste kann sich gegen manchen Verdacht nicht verteidigen. Was immer er sagt, ist in seiner Situation als Schutzbehauptung interpretierbar. Was immer er nicht sagt, ist als Schuldgeständnis deutbar. Er ist darauf angewiesen, daß andere für ihn eintreten. Erst ihr Eintreten kann ihn oft vor Verlust von Achtung und Ehre bewahren.

Das zweite Beispiel ist der Gottesdienst. Wenn wir als eine kleine Gruppe zusammenkommen, um zu beten und Gott zu loben, dann handeln wir stellvertretend für die Menschen, die das nicht können. Die es nicht können, weil die Bitterkeit des Lebens ihnen den Glauben an Gott genommen hat. Oder weil Enttäuschungen mit Christen ihr Vertrauen ins Christentum zerstört haben. Stellvertretend für sie heißt auch hier: Eintreten gegen falsche Verdächtigungen gegen sie. Die vielen Menschen, die innerlich nicht in der Lage sind, mit uns diesen Gottesdienst zu feiern, sind oft keine schlechten Menschen, und wir sind gewiß nicht besser als sie. Treten wir daher vor Gott für sie ein! Zeugen wir vor Gott für all das, was wir an Liebe durch sie erfahren haben. So werden wir zu Nachfolgern Jesu. Er kam nicht, um den Frommen zu dienen. Er kam, um allen zu dienen. Er starb nicht nur für uns, sondern für die vielen, für die ganze Welt – auch für die, die keinen Zugang zu ihm finden. Er gab uns seinen Frieden – nicht nur für uns, sondern für die ganze Welt.

Dieser Friede Gottes, welcher höher ist als alle unsere Vernunft, bewahre eure Herzen und Sinne in Christo Jesu. Amen.

Diese Predigt wurde im Mittwochmorgengottesdienst der Peterskirche in Heidelberg am 18.01.1995 gehalten. Gedanken zum stellvertretenden Sterben Jesu, die ich als hilfreich empfinde, habe ich gefunden bei R. Spaemann: Über den Sinn des Leidens, in: Einsprüche. Christliche Reden, Einsiedeln: Johannes Verlag 1977, 116-133 und bei J. Zink: Sieh nach den Sternen – gib acht auf die Gassen. Erinnerungen, Stuttgart 1992, 125-131.

»Jesus von Nazareth, König der Juden«
Eine Karfreitagsmeditation
über Christentum und Judentum

(Markus 15,24-27)

Und sie kreuzigten ihn. Und sie teilten seine Kleider und warfen das Los, wer was bekommen solle. Und es war die dritte Stunde, als sie ihn kreuzigten. Und es stand über ihm geschrieben, welche Schuld man ihm gab, nämlich: Der König der Juden. Und sie kreuzigten mit ihm zwei Räuber, einen zu seiner Rechten und einen zu seiner Linken.

Etwa im Jahr 30 unserer Zeitrechnung ließen die Römer vor den Toren Jerusalems drei Menschen hinrichten. Zwei waren Aufständische oder einfache Kriminelle. Der dritte galt schon damals als besonderer Fall. Auf Anzeige der jüdischen Aristokratie hin hatte ihn der römische Präfekt Pontius Pilatus zum Tode verurteilt. Er konnte nicht wissen, daß das römische Reich, in dessen Auftrag er handelte, 300 Jahre später dies dritte Opfer als entscheidenden Heilsmittler anerkennen würde. Er konnte nicht ahnen, daß diese Exekution, die er als eine repressive Maßnahme gegen das jüdische Volk angeordnet hatte, einmal zur giftigsten Quelle von Vorurteilen gegen dies Volk würde – aufgrund des falschen Vorwurfs, nicht er, sondern »die Juden« hätten diesen Dritten hingerichtet.

»Der König der Juden« stand auf dem Schild, das die Ursache seiner Kreuzigung angab. Sein qualvolles Verenden sollte sein Scheitern öffentlich dokumentieren. Dennoch ging diese Gestalt in das kulturelle Gedächtnis der Menschheit ein und stellt vor die Aufgabe, das mit ihm verbundene Heil und Unheil – die Kraft der Vergebung und die lebenszerstörende Macht von Vorurteilen – aufeinander zu beziehen: Für die einen ist das mit dem Kreuz verbundene religiöse Heil Kaschierung lebensschädlicher Vorurteile, für die anderen eine Chance, vorurteilsbedingte Verfehlungen zu bearbeiten, die unsere Kultur tief verunstaltet haben. Kein Wunder, daß unsere Gesellschaft dieser Gestalt ambivalent gegenübersteht. Der Streit darüber, ob sie in bayrischen Schulen als Kruzifix oder in brandenburgischen Schulen als lebensorientierende Erinnerung präsent sein darf, ist nur ein Symptom dieser Unsicherheit.

Vorurteil war von vornherein im Spiel. Das zeigt eine Nacherzählung der Ereignisse. Die Residenz des damaligen Präfekten von Judäa war Caesarea am Mittelmeer. Nur zu den großen Festen zog er mit seinen Soldaten nach Jerusalem; denn es war an Festtagen immer wieder zu Unruhen gekommen. Seine Soldaten rekrutierten sich aus der nicht-jüdischen Bevölkerung Palästinas und waren aufgrund ihrer Herkunft antijüdisch eingestellt. Jüdische Könige aus dem Haus der Hasmonäer waren bis zum Erscheinen der Römer 63 v.Chr. ihre Herren gewesen. Die jüdische Sehnsucht nach einem eigenen König, der die Herrschaft über ganz Palästina erneuern sollte, mußten sie als Bedrohung erleben. Als es einem jüdischen König, Agrippa I., 41-44 n.Chr. vorübergehend gelang, über ganz Palästina zu regieren, war das zu viel für sie. Nach seinem plötzlichen Tod veranstalteten sie Freudenfeste in Caesarea. Sie holten die Bilder seiner Töchter und stellten sie auf die Dächer von Bordellen, um ihn und seine Familie zu verunglimpfen. Das geschah 15 Jahre, nachdem Soldaten derselben Kohorten einen anderen »König der Juden« in nicht weniger makabrer Weise verspottet hatten: Man gab dem Verurteilten die Insignien eines Königs, Purpurmantel und Dornenkrone, dazu ein Szepter, und kniete vor ihm nieder, um ihn als »König der Juden« zu huldigen. Kein Zweifel: Jesus wurde von Vertretern eines antiken Antisemitismus verhöhnt, verspottet und umgebracht. In seinem Tod schlugen sich ethnische Konflikte Palästinas zwischen Juden und Nicht-Juden nieder, dazu Konflikte zwischen den römischen und jüdischen Herrschern auf der einen und dem jüdischen Volk auf der anderen Seite.

Schon beim historischen Karfreitag war also Vorurteil im Spiel, erst recht aber bei seiner Wirkungsgeschichte. In einer mittelalterlichen Chronik lesen wir über den französischen König Philipp-August: »Sehr oft hatte er ... gehört und hielt es fest ins Gedächtnis eingeprägt, daß die Juden in Paris in jedem Jahr am Karfreitag oder in der Karwoche in unterirdischen Höhlen versteckt ein Opfer abschlachteten ...« Dieser absurde Vorwurf des Ritualmordes am Karfreitag diente als Vorwand, im Jahre 1181 das Vermögen aller Juden zu konfiszieren. Aus dem historischen Jesus, der selbst ein Opfer der antiken Judenfeindschaft war, war inzwischen der kirchliche Christus geworden, der gegen Juden ausgespielt werden konnte. Karfreitag war immer wieder ein Anlaß, Juden zu Opfern des christlichen Antijudaismus zu machen. Die Neuzeit hat die traditionelle Abneigung gegen Juden mit neuen Begründungen weiter tradiert. Die religiöse Begründung des Vorurteils wurde erst durch rassistische, dann durch antizionistische Motive ersetzt. Das Gift des Antisemitismus aber ist noch immer nicht überwunden.

Eben deswegen ist die Erinnerung an Karfreitag notwendig. Das Symbol des Kreuzes und der Karfreitag binden unsere Kultur und den christlichen Glauben unwiderruflich an das Judentum. Die Einsicht, daß Jesus als Repräsentant jüdischer Hoffnungen gekreuzigt wurde, ist Teil der wachsenden Erkenntnis, daß Jesus ins Judentum hineingehört.

Nur zögernd akzeptieren Christen und Juden, daß er beiden Religionen angehört. Das Zögern von Juden ist verständlich. Denn sie waren oft missionarischem Druck ausgesetzt, wenn sie Sympathie und Wertschätzung gegenüber Jesus zum Ausdruck brachten; erst der Verzicht auf missionarischen Zwang in pluralistischen Gesellschaften schuf die Möglichkeit einer Annäherung. Christen zögern, weil sie fürchten, ihre christliche Identität verlöre ohne Abgrenzung zum Judentum an Profil. Aber es gibt schon viele Christen, die eine Menora (den siebenarmigen Leuchter als Symbol des Judentums) in einer Kirche als Erweiterung ihrer Identität erleben. Es gibt ganz wenige, die sich sogar einen Koranvers neben der Menora vorstellen können. Vielleicht sollten die Kirchen mit solcher Symboldidaktik in ihren eigenen Räumen anfangen, unabhängig davon, ob sie in unseren Schulräumen möglich ist – auch um unseren Zeitgenossen die Angst zu nehmen, sie setzten sich beim Anblick eines Kruzifixes »missionarischem Zwang« aus, wie unser höchstes Gericht meinte. Auch hier gilt: Erst der glaubhaft dargestellte Verzicht auf jeden missionarischen Zwang gibt die Freiheit zu einer neuen Annäherung an dies zentrale Symbol unserer Kultur – als Erinnerung an ihre jüdischen Wurzeln, die eben deswegen mehr ist als eine beliebige kulturgeschichtliche Reminiszenz. Nach wie vor geht von ihm die Verpflichtung aus, das Gift des Antisemitismus zu überwinden und Solidarität mit den Scheiternden und den Opfern von Gewalt und Unrecht zu üben. Dieser geschichtliche und ethische Symbolgehalt des Kreuzes mutet niemandem unzumutbare Bekenntnisse zu. Unsere Gesellschaft und unsere Kultur werden ärmer, wenn man Kreuz und Karfreitag exklusiv einer kirchlichen Subkultur zuordnen würde. Im Zentrum unserer Kultur steht ein Symbol, das eindrücklich sagt: Wahrheit und Recht können auf der Seite der Opfer und der Gescheiterten stehen. Im Zentrum der christlichen Religion steht die Aussage: Ein Opfer staatlicher Gewalt und ethnischer Konflikte ist Grund der Lebensorientierung. Gott identifiziert sich mit ihm und durch ihn mit allen Opfern von Gewalt und Vorurteil. Für seine Anhänger war die Ostererfahrung mächtiger als die Erfahrung seines Scheiterns – ein bleibender Protest dagegen, daß das Schwache und Unterlegene keine Chance hat.

Diese Karfreitagsmeditation erschien am 4.4.1996 in der Frankfurter Allgemeinen Zeitung. Über das Vorgehen des französischen Königs Philipp-August (1180-1223) gegen die Juden vgl. B. Blumenkranz, in: K.H. Rengstorf / S.v. Kortzfleisch: Kirche und Synagoge. Handbuch zur Geschichte von Juden und Christen. Darstellung mit Quellen, Bd. 1, Stuttgart 1968, 127-129.

Gott erwarten in der Wüste des Lebens
Eine Adventspredigt

(Lukas 3,1-14)

Im fünfzehnten Jahr der Herrschaft des Kaisers Tiberius, als Pontius Pilatus Statthalter in Judäa war und Herodes Landesfürst von Galiläa und sein Bruder Philippus Landesfürst von Ituräa und der Landschaft Trachonitis und Lysanias Landesfürst von Abilene, als Hannas und Kaiphas Hohepriester waren, da geschah das Wort Gottes zu Johannes, dem Sohn des Zacharias, in der Wüste. Und er kam in die ganze Gegend um den Jordan und predigte die Taufe der Buße zur Vergebung der Sünden, wie geschrieben steht im Buch der Reden des Propheten Jesaja (Jesaja 40,3-5): »Es ist eine Stimme eines Predigers in der Wüste: Bereitet den Weg des Herrn und macht seine Steige eben! Alle Täler sollen erhöht werden, und alle Berge und Hügel sollen erniedrigt werden; und was krumm ist, soll gerade werden, und was uneben ist, soll ebener Weg werden. Und alle Menschen werden den Heiland (das Heil) Gottes sehen.« Da sprach Johannes zu der Menge, die hinausging, um sich von ihm taufen zu lassen: Ihr Schlangenbrut, wer hat denn euch gewiß gemacht, daß ihr dem künftigen Zorn entrinnen werdet? Seht zu, bringt rechtschaffene Früchte der Buße; und nehmt euch nicht vor zu sagen: Wir haben Abraham zum Vater. Denn ich sage euch: Gott kann dem Abraham aus diesen Steinen Kinder erwecken. Es ist schon die Axt den Bäumen an die Wurzel gelegt; jeder Baum, der nicht gute Frucht bringt, wird abgehauen und ins Feuer geworfen.

Und die Menge fragte ihn und sprach: Was sollen wir denn tun? Er antwortete und sprach zu ihnen: Wer zwei Hemden hat, der gebe dem, der keines hat; und wer zu essen hat, tue ebenso. Es kamen auch die Zöllner, um sich taufen zu lassen, und sprachen zu ihm: Meister, was sollen denn wir tun? Er sprach zu ihnen: Fordert nicht mehr, als euch vorgeschrieben ist. Da fragten ihn auch die Soldaten und sprachen: Was sollen denn wir tun? Und er sprach zu ihnen: Tut niemandem Gewalt oder Unrecht und laßt euch genügen an eurem Sold!

Advent ist Erwartungszeit. Die Bibel wird in ihr zum Lehrbuch der Erwartung. Sie fragt: Was dürfen wir im Leben erwarten? Was kommt auf uns zu? Und sie sagt: Nicht dies oder das kommt im Leben auf uns zu, sondern Gott selbst. Wir erwarten zu wenig, wenn wir nicht auf ihn warten. Wir haben noch nicht die rechte Erwartung, wenn wir nicht merken, daß wir in den dunklen Stunden unseres Lebens ihn entbehren. Wir liegen falsch, wenn wir in der Freude nicht spüren, daß seine Gegenwart uns berührt hat. Vor allem aber haben wir Illusionen, wenn wir meinen, diese

Erwartung sei risikolos. Im Gegenteil: Sie führt uns in die Wüste – in eine Wüste jenseits des Lebens, jenseits der Gesellschaft, jenseits unseres vertrauten Selbst.

Der große Lehrer dieser Erwartung ist Johannes der Täufer. Er ruft in die Wüste, um dort Gott zu erwarten. Und auch meine Aufgabe wird es heute sein, eure Gedanken und Phantasien in die Wüste zu rufen – zu drei Exkursionen.

Die erste Exkursion führt uns an die Grenze des Lebens. Nur einmal in meinem Leben habe ich die Wüste gesehen! In Syrien. Wohin man schaut: Sand, Steine, ein unendlich weiter Horizont, tote Materie, an der ein glühender Wind nagt, aber in der Leben verborgen ist. Wenn man wieder in Dörfer und Städte kommt, mit Grün, Menschen und Häusern – dann wird einem bewußt: Unsere menschliche Lebenswelt besteht nur aus kleinen Inseln in einem riesigen Kosmos ohne Leben. Aber in diese Inseln ist eine ungeheure Energie investiert. Und auf ihnen bilden die Moscheen wiederum kleine Inseln in der Insel: Orte der Kühle und Klarheit mitten in der Hitze des Tages. Ich liebe diese Moscheen. Sie erinnern mich in ihrer Strenge, Einfachheit und Bilderlosigkeit an reformierte Kirchen, wie sie mir von meiner Herkunft her vertraut sind. Ich habe gern in Moscheen auf dem Boden gesessen und nachgedacht. Dabei ging mir auf: Die Menschen, die hier Gott verehren, vereinen sich in ihren Gebeten immer wieder mit jener ungeheuren Energie, die menschliches Leben will – Leben mitten in der Wüste, Leben bedroht von der Wüste. Und sie strahlen die Gewißheit aus, daß der Schöpfer all das will: die Wüste und das Leben, und vor allem das Leben in der Wüste und trotz der Wüste.

Nun erlebte ich in Syrien nicht nur die Wüste, sondern zum ersten Mal in meinem Leben auch Schießereien, kleine politische Unruhen, die wahrscheinlich in keine Nachrichtensendung gedrungen sind. Sunniten kämpften gegen Schiiten und umgekehrt. Es war unheimlich. Als die ersten Schüsse fielen, flüchteten die Menschen in die Häuser. Die Straßen waren im Nu leergefegt. Die Spannung war noch lange in der Stadt zu spüren: in verstärkten Kontrollen von Militär und Polizei. Und ich hatte ein neues Thema, um darüber in den Moscheen zu meditieren: Ist diese kleine Lebenswelt der Menschen nicht von innen noch mehr gefährdet als von außen – gefährdet durch unsere Unfähigkeit zum Zusammenleben. Durch religiösen Fanatismus. Durch Nationalismen. Durch die dumpfe Ablehnung dessen, der anders ist?

Und ich hörte die Stimme Johannes des Täufers in mir. Der sagt: Bildet euch nicht ein, euch könnte nichts passieren, weil ihr vom homo sapiens abstammt und andere Kreaturen um ein Großhirn überragt. Vielleicht seid ihr nur ein toter Ast im verzweigten Baum der Evolution. Vielleicht muß man ihn bald abhauen, weil er faule Früchte bringt, weil er eine Fehlkonstruktion ist. Ist nicht die Axt schon an die Wurzel des Baumes gelegt? Warum sollte die Schöpfung nicht noch einmal mit vorlebendigen Strukturen neu beginnen? Warum nicht aus Steinen und toter Materie neues Leben entwickeln?

Es fällt mir nicht schwer, mir unser Verhältnis zur Gesamtwirklichkeit im Bilde eines Gerichts vorzustellen, so, wie Johannes der Täufer es tat. Wir leben wie unter einer harten Strafandrohung: Wenn wir Lebensformen entwickeln, die den Grundbedingungen der Realität widersprechen, wenn wir nicht rechtzeitig umkehren – dann wird uns ein unbarmherziges Gericht treffen. Johannes der Täufer und verwandte apokalyptische Seher haben das schon vor Jahrhunderten in ihren Visionen geschaut – aber sie haben auch Hoffnung in ihre Bilder hineingelegt: Die Hoffnung, daß das Scheitern abwendbar ist.

Wenn man so am Rande der Wüste meditiert, auf der Grenze zwischen Tod und Leben, und das Leben als Insel in einem leblosen Kosmos bejaht, dann hat man eine erste Grundentscheidung getroffen: eine Entscheidung für das Experiment menschlicher Kultur – für das riskante Leben in der Wüste des Kosmos und trotz dieser Wüste. Und wenn einem angesichts betender Menschen in Moscheen, Synagogen und Kirchen aufgeht: Diese Grundentscheidung ist Echo einer vorgegebenen Entscheidung zum Leben – dann ist Gott angekommen. Dann hat sein Wille zur Schöpfung auch dich erfaßt. Dann hast du seine Stimme gehört. Dann wird dir wichtiger, was er von dir erwartet – als alles, was du von ihm erwartet hast. Aber die Stimme sagt noch mehr.

Dazu muß ich Gedanken und Phantasien noch einmal zu einer zweiten Exkursion in die Wüste locken. Diesmal in die Wüste von Judäa, wo der Täufer wirkte, ein merkwürdiger Vogel, so merkwürdig, daß Lukas die Beschreibung seines exotischen Auftretens bei Markus ausläßt:

Seine Kleidung: Kamelhaare und Ledergürtel – Protestkleidung gegen die, die feine Kleider in den Palästen der Herrschenden tragen.

Seine Nahrung: Heuschrecken und wilder Honig - Protestnahrung gegen die Bankets, wie sie sein Landesherr Herodes feierte (wobei hinzuzufügen ist: Unter manchen Neutestamentlern gelten in Butter gebratene Heuschrecken als Delikatesse).

Sein Wohnort: die Wüste, die im Jordantal trostlos aussieht, aber durch den Jordan und dessen schmale Flußaue durchbrochen wird.

Solche Gestalten kennen wir alle: Sympathische Kerle mit Bart, Schlot-
terhemd, Jesuslatschen, Ökokost. Schon das Outfit übermittelt die Botschaft: Ihr lebt falsch! Mit sanftmütiger moralischer Aggression stellen
sie unseren Lebensstil in Frage.

Sollen wir vom Täufer lernen, in solchen Außenseitern Gottes Ruf zu
hören? Sollen wir dort auf Gott warten: bei abseitigen Gestalten am Rande der Gesellschaft? Aber wie unterscheiden wir sie von Spinnern, Demagogen und Verführern? Die gab es schon damals. Es gab Propheten, die
Zeichen und Wunder in der Wüste versprachen und viele ins Verderben
führten. Es gab die Qumrangemeinde, die sich auf denselben Jesajatext
wie der Täufer berief: »In der Wüste bereitet den Weg des Herrn«, und die
sich von der bösen Welt zurückzog, um auf das große Gemetzel am Ende
der Tage zu warten, dann, wenn mit ihrer und Gottes Hilfe alle Kinder der
Finsternis dahingeschlachtet würden.

Hätte Lukas prophetische Gaben gehabt, so hätte er noch andere Verführer vorausgesehen: Menschen mit Krawatte und guten Manieren, die im aus-
gehenden 20. Jahrhundert vor laufender Kamera die Botschaft verbreiten:

Stimmen von Rufern im Wohlstand!
Versperrt den Weg in unser Land,
damit die anderen in der Wüste bleiben!
Macht tief die Gräben und hoch die Barrieren,
damit sich keiner zu euch durchschlägt,
wenn er vor Verfolgung und Bedrohung flieht.
Weist die Zöllner an, sie abzuweisen,
und die Soldaten, sie aufzuspüren,
damit das ganze Menschengeschlecht sehe,
was für ein humanes Land wir sind –
wir, die wir jedem wirklich Verfolgten Asyl gewähren –
in unseren Nachbarländern.

Hätte Lukas in prophetischer Voraussicht schon solche zutiefst problemati-
schen Parolen gekannt, so hätte er einen Grund mehr gehabt, den Bericht
des Markus über den Täufer an einem entscheidenden Punkt zu ergänzen.
Schon bei Markus hatte der Täufer das Jesajawort auf sich bezogen:

Stimme eines Rufers in der Wüste,
bereitet dem Herrn den Weg,
macht gerade seine Straße!

Lukas zitiert dies Jesajawort vollständiger: Er fügt hinzu:

Alle Täler sollen erhöht werden, und
alle Berge und Hügel sollen erniedrigt werden;
und was krumm ist, soll gerade werden,
und was uneben ist, soll ebener Weg werden.
Und alle Menschen werden den Heiland (das Heil) Gottes sehen.

Mit diesem Satz des Jesajawortes bricht Lukas ab. Denn hier steht für ihn das Entscheidende – das, was Propheten von Demagogen und Verführern unterscheidet. Das Heil, von dem der wahre Prophet redet, gilt der ganzen Welt. Es gilt »allem Fleisch«, d.h. dem ganzen Menschengeschlecht. Es gilt nicht nur dem eigenen Volk, sondern allen Völkern. Jeder Prophet, der nur Heil für sein eigenes Volk verspricht – gegen die anderen Völker und zu deren Unheil, ist kein wahrer Prophet. Gottes Heil gilt allen, oder es ist nicht Gottes Heil.

Nun könnte man sagen: Das gilt von Gottes Heil. Unseren religiösen Glauben teilen wir gern mit allen Menschen, nicht aber Brot und Butter. Das Heil, von dem Lukas spricht, ist ein geistliches Heil. Es hat mit Politik und sozialem Ausgleich nichts zu tun.

Man könnte meinen, Lukas habe solche Einwände vorausgesehen. Denn – anders als Markus – bettet er seinen Bericht vom Täufer in einen politischen Rahmen ein. Er beginnt damit, daß er das Auftreten des Täufers mit Hilfe von fünf Herrschern und zwei Kirchenpolitikern datiert. Nacheinander nennt er:

– den Kaiser Tiberius,
– Pontius Pilatus, den Präfekten von Judäa,
– Herodes, den römischen Klientelfürsten über Galiläa,
– Philippus, der über Teile des heutigen Jordanien regierte,
– Lysanias, einen weiteren Klientelfürsten, der Teile des heutigen Libanon beherrschte.

Dazu die beiden Hohepriester Hannas und Kaiphas. Deutlicher kann man nicht zum Ausdruck bringen: Achtung, liebe Leser und Hörer, jetzt tritt eine Gestalt auf, die etwas mit Politik zu tun hat!

Dazu paßt, daß Lukas am Ende über Markus hinaus den Täufer praktische Konsequenzen fordern läßt, Konsequenzen der Umkehr:

Erstens: Das Volk soll teilen! Wer zwei Kleidungstücke hat, soll eins abgeben. Dasselbe gilt für Butter und Brot.

Zweitens: Die Zöllner, die damals nicht nur den Zoll, sondern auch die Steuern einzogen, sollen nicht korrupt sein.

Drittens: Die Soldaten (und die waren damals gleichzeitig Polizei) sollen nicht plündern und erpressen.

Mit anderen Worten: Wer fiskalische und militärische Macht hat, soll sie nicht gegen Schwächere ausnutzen. Hier begegnet sie uns wieder: die Politik, jetzt nicht auf der obersten Ebene, sondern unten in Gestalt von Zöllnern und Soldaten, in Gestalt der Menschen, die Herrschaft konkret durchsetzten – die Herrschaft des Kaisers Tiberius, des Pontius Pilatus, des Herodes.

Lukas hat übrigens kein positives Bild von diesen Herrschern. Den Herodes hält er für einen Schurken. Denn er schreibt kurz nach unserem Predigttext:»Zu allem Bösen, das Herodes getan hatte, fügte er noch dies hinzu: Er ließ den Johannes ins Gefängnis werfen.« Der Ausgang dieser Geschichte ist bekannt.

Zu diesem Propheten also sollen wir in die Wüste ziehen, um Gott zu erwarten. Und das verstehe ich so: Wir sollen dort Distanz zu unserer Gesellschaft gewinnen, zu der uns vertrauten Verteilung der Lebenschancen. Solange wir in unserer Gesellschaft leben, erscheint sie uns als normal. Wenn wir aber unsere Gesellschaft von außen betrachten, aus der Wüstenperspektive, dann können wir nur erschrecken angesichts der großen Unterschiede an Lebenschancen – schon in unserem eigenen Land zwischen Ost und West, erst recht aber zwischen den entwickelten Staaten und der übrigen Welt. Niemand hat Patentrezepte, um solche Ungleichheit in der Welt wirksam zu bekämpfen. Aber es wäre Zynismus, wenn man sie als unvermeidlich akzeptiert. Es wäre Zynismus, wenn wir den Hunger weiter morden lassen, nicht nur in Somalia, sondern an vielen Orten.

Hier ist nun eine zweite Grundentscheidung von uns gefordert. Die erste war die Entscheidung zur menschlichen Kultur überhaupt. Die zweite fällt mitten in ihr: die Entscheidung für die Schwächeren und Zukurzgekommenen. Wenn wir erkennen, daß auch diese Entscheidung nur Echo eines größeren Willens ist, dann ist Gott bei uns angekommen. Dann hat sein Wille für die Armen und Schwachen auch uns erfaßt. Dann wird uns wichtiger, was er von uns erwartet, als alles, was wir von ihm erwarten. Aber sein Wille verlangt noch mehr von uns.

Noch ein drittes Mal möchte ich eure Gedanken in die Wüste führen, oder genauer: zum Jordan – mitten durch die Wüste hindurch. Dort ruft der Täufer zur Umkehr, zur Taufe. Jeden ruft er dazu. Jeden ruft er einzeln. Jeden ruft er dazu, anders zu werden.

Aber können Menschen anders werden? Der Täufer benutzt hier eine kühne Metapher, die wir gar nicht mehr als solche empfinden: Er verlangt Früchte der Umkehr. Er verlangt sie von Menschen, die er mit Bäumen vergleicht, die abgehauen werden sollen, weil sie keine Frucht bringen. Aber wie soll ein Baum umkehren? Wie soll er bessere Früchte bringen? Die Bibel denkt an anderer Stelle hier skeptischer! Ein guter Baum bringt gute Frucht, ein schlechter schlechte. So ist das. Und so bleibt das. Oder habt ihr schon einmal einen Baum umkehren sehen? Kann er sein Verhalten ändern? Solcher Skepsis widerspricht der Täufer: Wenn Gott aus Steinen Kinder machen kann, dann kann er auch aus alten neue Menschen machen. Und dafür bietet er die Taufe an – als unauslöschliches Siegel dafür, daß wir dazu geboren sind, um neu geboren zu werden. Daß wir nicht fertig sind. Daß wir anders werden können und anders werden dürfen.

Und eben dazu ruft er uns in die Wüste, damit wir unser Leben neu beginnen – dorthin, wo wir aus den vertrauten Rollen entlassen sind, aus allem, was uns zugewachsen ist: aus unseren Kompetenzen, aus unserem Status, aus festen Erwartungen und auch aus verfestigten Enttäuschungen. Aus dem heraus, was wir geworden sind. Dafür, für das Erwachsenwerden, zahlt jeder einen Preis. Als ich vor kurzem in den Kladden blätterte, die ich im Alter zwischen 15 und 20 Jahren mit allerhand Tiefsinn gefüllt hatte – was nach 30 Jahren zu lesen viel Empathie gegenüber sich selbst verlangt –, da stieß ich auch auf eine Notiz, die mir gefiel: Ein Charakter werden heißt wahrscheinlich, von zehn Charakteren, die in einem sind, neun hinauswerfen. Ein Charakter werden geht nie ohne Verluste ab. Jeder hat eine innere Rumpelkammer, wo das liegt, was unentfaltet blieb – ein Stück Wüste in uns selbst. Aber in die müssen wir hinein, wenn wir mitten im Leben neu beginnen. Es könnte ein Gedanke Gottes dort bereitliegen, den wir noch zu Ende denken dürfen.

Aber vielleicht muß ich dich gar nicht in diese private Wüste locken. Vielleicht bist du schon mitten in ihr.

Vielleicht hat dich eine Krankheit aus dem normalen Leben geworfen.

Vielleicht hat dich eine Trennung in Depression versinken lassen.

Vielleicht hat dich eine Unrechtserfahrung verletzt und verstört.

Vielleicht lebst du in dem Bewußtsein, daß deine besten Pläne gescheitert sind.

Vielleicht verachtest du dich selbst, weil du nicht mehr das bist, was du einmal sein wolltest.

Vielleicht bist du ans Ende des Lebens gelangt, und mit dem Tod kommt das schale Gefühl: Ach, war das alles!

Dann braucht dich niemand mehr in die Wüste zu rufen. Dann bist du schon mitten in ihr.

Dann aber höre die Botschaft des Täufers als Trost! Als eine Stimme mitten in der Wüste deines Lebens: Dort, in der Wüste, bereite dem Herrn den Weg. Dort kommt er! Dort sucht er dich! Und selbst wenn du meinst, daß die Wurzeln deines Lebens schon verdorrt sind und alles wankt, wenn du spürst, daß die Axt schon an ihnen liegt, selbst dann gilt dir, und gerade dann, die Botschaft des Täufers: Du kannst frei werden von der Last der Vergangenheit, kannst neu werden. Gott ist immer bereit, in dir den neuen Menschen zu sehen. Er ist bereit, einen kleinen Teil des Neuen für das Ganze zu nehmen. Er ist bereit, was in deinem Leben verfehlt war, zu einem guten Ende weiterzudenken.

Dann hast du eine dritte Grundentscheidung getroffen. Nicht nur die Entscheidung für eine schwache und fragwürdige Kultur in der Wüste des Kosmos, nicht nur den Entschluß für die Schwachen und Fragwürdigen in dieser Kultur, sondern die Entscheidung für das Schwache und Fragwürdige in dir selbst. Wenn dir bewußt wird, daß du auch damit einen größeren Willen zu Ende führst, dann bist du kein armes Wurm mehr, dann bist du erwählt, Gedanken Gottes in deinem Leben zu Ende zu denken! Seine Suche nach dem Verlorenen zu Ende zu führen, auch nach dem, was in dir verlorenging.

Advent ist Erwartungszeit. Wir werden in ihr in die Wüste gerufen, um Gott neu zu erwarten. Wir zogen in der Erwartung los, daß Gott unserem Leben den Weg bahnen wird. Er aber will, daß wir ihm den Weg bereiten. Wenn wir uns ganz von dieser Erwartung an uns in Beschlag nehmen lassen, von seinem Willen zum menschlichen Leben, zu den Schwachen unter uns und dem Schwachen in uns – dann bereiten wir ihm den Weg in diese Welt. Zusammen mit Johannes dem Täufer. Der war kein Christ. Alles was er sagte, könnte ein Jude und Moslem auch sagen. Und deshalb sollten wir Gott den Weg in diese Welt zusammen mit Moslems und Juden bereiten, zusammen mit ihnen, zusammen mit dem Täufer, nicht gegen sie. Und wenn uns dieser Weg über Nazareth führt, so sollten wir Jesus als unseren Bruder aufnehmen, als einen Bruder, der uns lehrt, mit anderen Brüdern und Schwestern im Haus des Vaters zu leben – auch mit Moslems und Juden: hier in der Bundesrepublik und in Bosnien, in Syrien, in Israel, und auf der ganzen Welt.

Und der Friede Gottes, welcher höher ist als alle unsere Vernunft, bewahre unsere Herzen und Sinne in Christo Jesu. Amen.

Predigt vom 13.12.1992 in der Peterskirche in Heidelberg. In der Woche zuvor hatten die Fraktionsführer der beiden größten deutschen Parteien, W. Schäuble und U. Klose, den »Asylkompromiß« ausgehandelt und mit großer Selbstzufriedenheit im Fernsehen vorgestellt. Danach blieb das Asylrecht im Wortlaut unangetastet, das Asylrecht aber wurde solchen Asylanten verweigert, die durch sichere Drittländer in die Bundesrepublik Deutschland kamen – in der Erwartung, daß sie in diesen Drittländern Asyl erhalten könnten. Da die Bundesrepublik nur von »sicheren Drittländern« umgeben ist, kam dieser Asylkompromiß einer weitgehenden Aufhebung des Asylrechts gleich. Ein Stück »Scheinhaftigkeit« wurde in die Verfassung aufgenommen – man kann auch sagen: eine kollektive Lebenslüge. Gleichzeitig verstärkte der mörderische Bürgerkrieg zwischen Moslems und Serben in Bosnien die Ströme von Flüchtlingen, die über das Asylrecht Zuflucht in Deutschland suchten. Das Zusammenleben von Moslems und Christen war daher ein Thema, das alle beschäftigte.

Einladung zum Fest des Lebens
oder die Entscheidung zwischen zwei Arten von Glück

(Lukas 14,16-24)

Er aber sprach zu ihm: Ein Mann veranstaltete ein großes Gastmahl und lud viele ein. Und zur Stunde des Gastmahls sandte er seinen Knecht, den Eingeladenen zu sagen: Kommet, denn es ist nun bereit! Und alle fingen gleichermaßen an, sich zu entschuldigen. Der erste sagte zu ihm: Ich habe einen Acker gekauft und muß notwendig hinausgehen und ihn besichtigen; ich bitte dich, sieh mich als entschuldigt an! Und ein andrer sagte: Ich habe fünf Joch Ochsen gekauft und gehe hin, um sie zu prüfen; ich bitte dich, sieh mich als entschuldigt an! Noch ein andrer sagte: Ich habe eine Frau genommen und kann deshalb nicht kommen. Und der Knecht kam und berichtete dies seinem Herrn. Da wurde der Hausherr zornig und sagte zu seinem Knecht: Geh schnell hinaus auf die Straßen und Gassen der Stadt und führe die Armen und Krüppel und Blinden und Lahmen hier herein! Und der Knecht sagte: Herr, es ist geschehen, was du befohlen hast, und es ist noch Raum vorhanden. Da sagte der Herr zu dem Knecht: Geh hinaus auf die Landstraßen und an die Zäune und nötige sie hereinzukommen, damit mein Haus voll werde! Denn ich sage euch: Keiner jener Männer, die eingeladen waren, wird mein Gastmahl zu kosten bekommen.
(Zürcher Übersetzung)

Manchmal ärgern sich Menschen wie ich über die nachwachsende Generation, weil es in ihr Virtuosen in der Kunst gibt, halbe Zusagen zu machen: ›Ja, ich komme, wenn nicht etwas dazwischen kommt.‹ Und dahinter verbirgt sich nicht der Vorbehalt, daß man krank werden oder einen Unfall haben oder gar zum Minister ernannt werden könnte. Es verbirgt sich dahinter der schlichte Vorbehalt: Vielleicht gibt es noch interessantere Einladungen oder Aussichten auf spannendere Erlebnisse! Unser Gleichnis versöhnt mich mit diesen jungen Leuten. Denn es zeigt: Das Problem gab es schon immer. Da veranstaltet jemand ein Essen. Eine erste Einladung ist ergangen. Eine zweite erfolgt unmittelbar vor Beginn des Essens am Abend. Aber alle Eingeladenen haben etwas Interessanteres vor! Sagen sie etwa ab, weil zwingende Notwendigkeiten sie hindern? Ganz gewiß nicht!

Der erste will nicht etwa einen Acker kaufen, der ihm entgehen würde, wenn er nicht sofort zugriffe. Er hat ihn schon gekauft. Er hat ihn schon gesehen. Denn niemand kauft blind einen Acker. Aber er will ihn noch einmal anschauen. Er will sich noch einmal an seiner Neuerwerbung freuen, will noch einmal seinen Erfolg genießen.

Der zweite hat nicht etwa heute die einmalige Chance, zehn Ochsen zu kaufen. Er hat sie schon gekauft. Natürlich hat er sie vorher begutachtet. Kein Bauer kauft Ochsen, die er nicht gesehen hat. Aber er will sie noch einmal prüfen, will sie erproben, um sich zu vergewissern, was für einen guten Kauf er gemacht hat.

Der dritte hat nicht gerade heute seine Hochzeit. Da hätte man für eine Absage Verständnis. Aber er hat schon geheiratet. Diesmal fehlt im Unterschied zu den beiden ersten Absagen im Gleichnis jeder Hinweis darauf, was er am Abend machen will. Im Text bleibt eine Leerstelle. Sie provoziert die Frage: Was will der jung verheiratete Mann besichtigen? Was will er prüfen? Gewiß keinen Acker oder Ochsen! Schon die damaligen Hörer haben gedacht, was wir alle denken: Er möchte seine Frau genießen.

Es handelt sich also nicht um puritanische Workaholics, nicht um Menschen, denen ihre Geschäfte keine Zeit lassen, nicht um terminüberschüttete Leistungsträger. Hier geht es nicht um die Alternative Alltagssorgen oder Fest! Pflicht oder Vergnügen! Hier geht es um die Alternative zwischen zwei Arten von Freude. Zwischen echten Freuden! Aber zwischen Freuden verschiedener Art.

Hier muß entschieden werden zwischen den Freuden, die jeder einzeln für sich genießt und der gemeinsamen Freude. Der Acker hat nur einen Besitzer. Die Ochsen haben nur einen Herrn. Die Frau hat nur einen Mann. Aber der Einladende lädt ein zu einer gemeinsamen Freude! Er lädt ein zu einem Gastmahl, das viele Menschen zueinander bringen will.

Hier muß entschieden werden zwischen den Freuden, die jeder durch seine Initiative erlangt hat und der geschenkten Freude. Der Acker wurde gekauft, über die Ochsen verhandelt, um die Frau geworben. Aber der Einladende lädt zu einer Freude ein, die er bereitet – und die alle anderen nur empfangen können! Von ihnen wird nur eins verlangt: Sie müssen der Einladung folgen und die Bereitschaft zur Freude mitbringen.

Hier geht es also um die Frage: Was ist die größere Freude? Eine Gesellschaft, die individuelle, selbst erworbene und selbst verursachte Freude für den höchsten Wert hält, wird blind für gemeinsame und geschenkte Freude. Die größte Freude aber, die Menschen verbinden kann, ist die Freude in Gott. Sie wird grundsätzlich nur geschenkt. Sie wird grundsätzlich mit anderen geteilt. Sie nimmt niemandem etwas weg. Von ihr spricht das Gleichnis. Es will das Besondere dieser Freude aufzeigen. Und was ist dies Besondere? Wenn ich einen Acker kaufe, so kann ihn kein anderer kaufen. Wenn ich eine Frau heirate, so ist ein anderer vielleicht um die Erfüllung seiner Sehnsüchte betrogen. Aber wenn wir uns darüber freuen, daß wir den Ruf Gottes hören und seiner Einladung folgen, dann nehmen wir niemandem etwas weg. Dann wird unsere Freude nur noch größer, wenn wir sie mit anderen teilen. Dann stehen wir nicht in Konkurrenz gegeneinander, sondern in »Konvivenz« zueinander – d.h. im Zusammenleben und Zusammenfeiern.

Aber, so werden viele sagen: Ich merke nichts davon, daß ich zum Fest des Lebens eingeladen bin. Das Leben ist für mich kein Fest! Es ist ein Trauerspiel! Ist die Einladung zu einem Fest nicht eine Zumutung für all die Unglücklichen in diesem Trauerspiel? Läßt sie viele nicht erst recht spüren, wie sehr ihr Leben beschädigt ist, wie weit entfernt von der gemeinsamen Freude? Macht diese Einladung nicht viele traurig?

Weit gefehlt: Gerade die Unglücklichen, die Armen, Verkrüppelten, Blinden und Lahmen werden zum Fest Gottes eingeladen. Und gerade sie sind sensibler für den Ruf als andere. Sie wissen: Wahre Freude kann nur gemeinsame Freude sein. Denn der Lahme ist auf jemand angewiesen, der ihn trägt, der Blinde auf jemand, der ihn führt, der Arme auf jemand, der ihm hilft. Gerade die Armen und Mühseligen dieser Erde haben kein Problem damit, geschenkte Freude anzunehmen. Und doch müssen alle eines selber tun, auch der Ärmste, der Blinde und der Lahme. Alle müssen der Einladung folgen. Niemand kann das an der Stelle eines anderen tun. Auch wir müssen es selbst tun! Der Ruf Gottes geht an jeden unter uns. Und wir sind gefragt, ob wir ihn annehmen oder nicht.

Aber wer sind wir in diesem Gleichnis? Sind wir die erfolgreichen Menschen, denen die Freude über individuelle Erfolge wichtiger ist als die gemeinsame Freude? Ja, das sind wir! In unserer Gesellschaft sind wir alle darauf programmiert, nach eigener Leistung zu streben und darin Zufriedenheit zu suchen. Das ist nicht verboten. Aber es ist nicht alles. Es gibt noch eine größere Freude. Hören wir deshalb den Ruf Gottes, ehe wir über den kleinen Freuden die große Festfreude des Lebens versäumen!

Oder sind wir die erfolglosen Menschen, die arm dran sind, innerlich verkrüppelt, lahm und blind? Auch das sind wir! In unserer Gesellschaft besteht ein Zwang, immer positiv zu erscheinen, auch wenn es in uns ganz anders aussieht. Es gibt wohl keinen Menschen, der nicht irgendwo beschädigt ist. Hören wir deshalb den Ruf Gottes! Er gilt gerade dem, was arm, was verkrüppelt, lahm und blind in uns ist!

Oder sind wir der Knecht, der den Ruf übermittelt? Der bei den einen abgelehnt wird, bei anderen aber, an die niemand gedacht hat, überraschend aufgenommen wird? Auch das sind wir. Wenn wir versuchen, die Einladung Gottes weiterzugeben, dann machen wir alle diese Erfahrung: Die Menschen, denen wir sie am liebsten ausrichten wollen, scheinen wir damit zu belästigen. Dort aber, wo wir es nicht erwarteten, wird sie gehört.

Gleichgültig in welche Rolle wir treten: Die Einladung ist ausgesprochen. Sie gilt unbedingt. Sie gilt allen. Sie gilt auch dir. Du bist gemeint. Du bist ein Gedanke Gottes. Und nur du kannst diesen Gedanken Gottes weiterführen, indem du seiner Einladung folgst. Keiner kann es für dich tun.

Und zu welchem Fest bist du eingeladen? Das Fest besteht darin, daß du Kontakt mit Gott bekommst. Daß du seine Zusage hörst: Ich habe dich bei deinem Namen gerufen. Du bist mein! Daß ein Funken des Lebens in dein Leben fällt und du spürst: Er glüht in vielen anderen Menschen wie in dir. Du bist nicht allein.

Darum mach keine halben Termine, wenn du diese Einladung hörst. Mach nicht den Vorbehalt: Ja, ich komme, wenn nichts dazwischen kommt. Wenn ich nichts Interessanteres finde. Wenn ich nicht alle meine Kraft auf meine Karriere konzentrieren muß. Wenn mich der Überdruß an den vielen Dingen packt, die mir jetzt Freude machen, dann wäre es vielleicht an der Zeit, nach anderen Freuden zu suchen. Denn alle anderen Freuden sind unwichtig – gemessen an der einen großen Freude: der gemeinsamen Freude in Gott.

Und der Friede Gottes, welcher höher ist als alle unsere Vernunft, bewahre unsere Herzen und Sinne in Christo Jesu.

Diese Predigt wurde im Mittwochmorgengottesdienst am 19.6.1996 in der Peterskirche in Heidelberg gehalten. Die Gegenüberstellung von »Konkurrenz« und »Konvivenz« ist inspiriert durch Th. Sundermeier: Konvivenz als Grundstruktur ökumenischer Existenz heute, in: W. Huber / D. Ritschl / Th. Sundermeier: Ökumenische Existenz heute 1, München 1986, 49-100.

Senfkornglauben
Eine Predigt für gute Menschen,
die den Glauben aufgegeben haben

(Lukas 17,5-6 / Markus 11,22-24)

»Und die Apostel sprachen zu dem Herrn:
Stärke uns den Glauben!
Der Herr aber sprach:
Wenn ihr Glauben hättet so groß wie ein Senfkorn, dann könntet ihr zu diesem Maulbeer-
baum sagen: Reiß dich aus und versetz dich ins Meer!, und er würde euch gehorchen.«

Im MkEv finden wir ein anderes Bild. Jesus sagt dort:

»Habt Glauben an Gott! Wahrlich ich sage euch: Wer zu diesem Berge spräche: Heb dich
und wirf dich ins Meer! und zweifelte nicht in seinem Herzen, sondern glaubte, daß ge-
schehen werde, was er sagt, so wird´s ihm geschehen.«

Unser Thema ist heute die Macht des Glaubens, der so klein wie ein Senfkorn ist und doch Berge versetzt und Bäume entwurzelt. Mit Berufung
auf solch einen Glauben hat die Reformation einst eine ganze Welt verän-
dert: die Kirche und Gesellschaft des späten Mittelalters. Heute ist man
versucht, weniger über die Macht dieses Glaubens zu predigen als über
seine Schwäche. Er scheint oft nicht einmal Senfkorngröße zu haben. Die
Predigt des Glaubens trifft auf eine glaubensmüde Zeit. Und es gibt viele
gute Menschen, die sich in solchen glaubensmüden Zeiten ganz behaglich fühlen. Ein moderner Dichter hat das in einer kurzen Geschichte vom
Glauben in einem fernen Land so zum Ausdruck gebracht:

»Am Anfang versetzte der Glaube nur dann Berge, wenn es unbedingt nötig war, so daß die
Landschaft jahrtausendelang unverändert blieb. Als sich der Glaube aber zu verbreiten
begann und die Menschen Gefallen an dem Gedanken fanden, Berge zu versetzen, machten diese nichts anderes mehr als hin und her zu rücken, und jedesmal wurde es schwieriger, sie an dem Ort wiederzufinden, an dem man sie in der Nacht zuvor gelassen hatte, ein

Umstand, der natürlich mehr Probleme schuf als löste. Die guten Menschen (in jenem Lande) zogen es deshalb vor, den Glauben aufzugeben, und jetzt bleiben die Berge normalerweise auf ihrem Platz stehen. Wenn es auf der Straße zu einem Erdrutsch kommt, dem ein paar Reisende zum Opfer fallen, so liegt das daran, daß irgend jemand, nah oder fern, noch einen Rest Glauben hatte.«

Ich habe mich gefragt, wie diese Geschichte weiter gehen könnte? Was geschieht in einem Land mit guten Menschen, die den Glauben aufgegeben haben? Ich stelle mir vor, in dies Land kommen Missionare, um den Glauben in ihm wieder zu verbreiten.

Der erste Missionar geht umsichtig zu Werk. Lange hört er sich die Beschwerden über den Glauben an. Was sind das für Beschwerden? Die guten Menschen sagen, der Glaube wirke sozial destruktiv, verursache immer wieder kleine Erdbeben. Denn er neige zu Fundamentalismus und Fanatismus. Als Beispiel führen sie aus ihrer Geschichte an, daß sie einmal für ein paar Jahre von einer kriminellen Massenbewegung und deren Führer beherrscht worden seien. Nach deren Machtergreifung ließen sie stolz auf Gedenkpostkarten drucken: »Unbeugsamer Glaube und fanatischer Siegeswille führten zum 30. Januar 1933«. Nach solchen Erfahrungen seien sie skeptisch gegen jeden unbedingten Glauben geworden. Selbst dann, wenn er für soziale Ziele wirksam wird, bleibe er eine unheimliche Kraft. Er könne Berge versetzen – aber auch Täler und Dörfer zerstören und unter Erdlawinen begraben! Deshalb hielten sie sich jetzt lieber an die Vernunft. Und ihr Land sei tatsächlich ein wenig vernünftiger geworden, seitdem jene Menschen seltener geworden sind, die immer mal wieder aus guten oder schlechten Gründen sagen: Hier stehe ich, ich kann nicht anders! Viel leichter sei es, mit Menschen zusammenzuleben, die sagen: Hier stehe ich, ich kann aber auch anders, vor allem dann, wenn es für dich angenehmer (und für mich von Vorteil) ist.

Unser Missionar stammt aus der Basler Offenbarungsmission. Daher ruft er aus: Nein, ihr verwechselt Religion und Glaube. Religion ist alles, was Menschen an unbedingter und fanatischer Kraft zum Erreichen ihrer Ziele mobilisieren. Religion ist Menschenwerk. Aber der Glaube ist ein Werk Gottes. Gott nimmt uns in ihm für seine Zwecke in Dienst. Die Religion ist ein schrecklicher Irrweg. Sie verursacht unmoralische Erdbeben, läßt Ketzer verbrennen und setzt Kreuzzüge in Marsch. Sie ist eine zutiefst gottlose Sache. Von ihr habt ihr euch mit Recht abgewandt. Der wahre Glaube, der Berge und Bäume versetzt, ist etwas ganz anderes!

Und dann geht er in einen scharfen Angriff auf die Vernunft über, zu der sich die guten Menschen des Landes bekehrt haben:

Was klagt ihr über die Zweideutigkeit der Religion? Habt ihr mit der Vernunft nicht dieselben Probleme? Ich will jetzt nicht deren große Exzesse beschwören – den Terror gegen die Menschen und gegen die Natur, die man in ihrem Namen begangen hat! Ich will nur auf die Gefährdung der Vernunft von innen her weisen – eine Gefährdung, die in kultivierter Sprache und sehr, sehr distinguiert auftritt.

Kennt ihr nicht jene exzellenten Vertreter ökonomischer Vernunft, die selbstbewußt erklären: »Ich kann gar nicht sozial denken, denn ich weiß gar nicht, was das ist.«

Kennt ihr nicht die Juristen, die mit aufklärerischem Pathos sagen: Recht ist eine Sozialtechnologie – und hat mit Gerechtigkeit nichts zu tun.

Kennt ihr nicht die Sozialwissenschaftler, die Friedens- und Nobelpreise erhalten – und die mit ihrer scharfen Vernunft einst für Zwangssterilisierungen plädierten, um Verwahrlosung einzudämmen und Kosten zu sparen?

Oder kennt ihr nicht all die smarten Wissenschaftler, die mit vielen lebensnahen Anekdoten anschaulich darstellen, daß die Wahrheitssuche an unseren Universitäten allenfalls das zufällige Nebenprodukt von Karrierewünschen ist? Und sie meinen das nicht nur als Satire, um kräftig dagegen zu halten! Sie meinen, das sei so und müsse wohl so sein.

Die Vernunft ist von innen durch Zynismus gefährdet. Wie schnell gibt sie sich selbst auf? Wie schnell verliert sie ihre Selbstachtung? Wie leicht läßt sie sich instrumentalisieren! Und dann kommt das große Schimpfwort aus urprotestantischer Tradition: Das Schimpfwort von der »Hure Vernunft«, die sich an jeden verkauft!

Die guten Menschen haben unserem Missionar bisher bereitwillig zugehört. Aber einer unter ihnen, der aus seiner christlichen Zeit noch eine gewisse Bibelkenntnis hat, protestiert: Du beschimpfst die Vernunft als eine Hure! Ich aber sage dir mit Jesus: Diese Hure wird vor euch Frommen ins Gottesreich gelangen! Kann nicht auch die Vernunft umkehren? Ist das nicht ihr Prinzip? Die Umkehr, die ständige Revision ihrer eigenen Fehler? Fazit: Der erste Missionsversuch war nur ein mäßiger Erfolg.

Also sandte man einen zweiten Missionar. Er stammt aus der Münchner Aufklärungsmission. Und seine zentrale Botschaft scheint auf den ersten Blick genau auf das Problem der »guten Menschen« zu passen. Er sagt: Glaube allein ist korrumpierbar. Ihr habt recht: In ihm selbst steckt die Möglichkeit des Fanatismus. Dieser Fanatismus ist nicht etwas, das man als Religion sauber vom Glauben scheiden kann. Aber dieser Glaube, der zum Fluch werden kann, kann auch zum Segen werden. Dazu muß er sich mit der Vernunft verbünden und sich durch sie korrigieren lassen. Aber auch die

Vernunft ist allein korrumpierbar. Sie wird zu schnell zur zynischen Vernunft. Sie braucht einen Glauben, den sie sich selbst gar nicht besorgen kann: den Glauben daran, daß sie einen Auftrag und eine Verheißung in dieser Welt hat. Die Lösung liegt in einem Bündnis von Glaube und Vernunft. Dieser Münchner Aufklärungsmissionar spricht mir natürlich fast aus dem Herzen. Seine Sendung scheint auch nicht ohne Erfolg zu sein.

Aber dann ereignet sich im Land der guten Menschen ein Unglück. Ein Autounfall. Eine Prinzessin kommt ums Leben. Die Menschen sind verstört. Die Tote wird vorübergehend fast religiös verehrt: Hatte sie sich nicht wie eine Heilige mit Aids-Kranken und Minenopfern zusammengetan? Hatten ihr nicht böse Mächte nachgestellt? Konnte nicht jeder in ihren Problemen etwas von seinen Problemen wiederfinden: Beziehungskisten, Depressionen, Süchte – und den Versuch, aus all dem doch noch etwas zu machen? Und hatte sie nicht gegen traditionsreiche Institutionen aufbegehrt, nachdem diese sie gedemütigt hatten? Selbst die Vernünftigen im Lande waren ergriffen – auch wenn sie das natürlich nur dadurch zeigten, daß sie die Ergriffenheit anderer analysierten. Aber muß man nicht zugeben: Hier sind irrationale Kräfte am Werk, die von einem Bündnis von Glauben und Vernunft nicht erfaßt werden?

Da kam ein dritter Missionar ins Land. Er kam von der Heidelberger Bibelmission. Seine Methoden waren altmodisch und seine Exegesen wie die Heidelberger Exegesen überhaupt etwas umstritten. Aber immerhin: Er suchte Inspiration vor allem in der Bibel. Und da fand er ein Wort des Paulus zum bergeversetzenden Glauben. Paulus sagt: »... und hätte ich allen Glauben, so daß ich Berge versetzen könnte, und hätte die Liebe nicht, so wäre ich nichts.«

Hier fand er den Schlüssel für das Problem. Das Bündnis von Glaube und Vernunft ist vielleicht sehr gut, um gescheite Bücher zu schreiben. Aber kann es die Menschen bis ins Innerste verwandeln? Kann es Leben verändern? Kann es gemeinschaftsbildende Kraft entwickeln? Kann es die schrecklichen Entgleisungen des Glaubens wie der Vernunft verhindern? Warum sollte sich in diesem Bündnis nicht auch eine steile Offenbarungstheologie, die alles menschliche Tun verachtet, mit einer zynischen Vernunft verbinden, die hochintelligente Gründe für solche Verachtung nachliefert? Gelangt man so wirklich zu einem Glauben, der zwar Berge versetzt – aber keine Dörfer und Täler verschüttet? Der Bäume entwurzelt, aber keine Landschaften versteppen läßt? Es muß noch eine dritte Kraft hinzutreten: die Liebe. Wenn der Glaube durch die Macht der Liebe bestimmt wird, dann kann er anderen Menschen nicht schaden. Dann ist er bewahrt vor Fanatismus!

Aber auch damit sind nicht alle Probleme gelöst. Liebe ist verletzlich. Gekränkte Liebe schlägt oft in Bitternis und Haß um. Wie viele Menschen beginnen ihr Leben im Geist der Liebe. Dann aber kommen die Enttäuschungen, die Püffe, die Ungerechtigkeiten – und dann verhärtet man sich. Nur ein Beispiel dazu:

Vor kurzem hörte ich von einer sehr sympathischen Frau, die sich bis an die Grenzen ihrer Kräfte für einige kleine Kinder einsetzte. Sie war eine große Hilfe für sie und die Familie. Sie ermöglichte, daß die Mutter ihre Berufsausbildung abschließen konnte. Sie tat etwas für die Emanzipation einer Frau. Aber hintenherum wurde über sie gesagt – von denselben Menschen, denen sie half: Diese alte Frau hätte eben einen Altruismuskomplex, den man bedienen müsse, damit sie besser mit ihrer Psychopathologie zurechtkomme! Soll man da nicht zornig werden? Kann solche Liebe nicht mit Recht in Bitternis umschlagen?

Als man im Lande der guten Menschen in diesem Sinne über die Liebe nachdachte, erschütterte erneut ein Erdbeben das Land. War da wieder einmal ein bergeversetzender Glaube am falschen Ort tätig gewesen? Wie auch immer, die Rettungsmannschaften brachen sofort auf, um in einer Erdlawine nach Überlebenden zu suchen. Zum Glück war niemand zu Schaden gekommen. Aber unter Geröll und Erde fand man ein Kruzifix begraben. Und sofort ging das Gerücht im Lande herum: Gott selbst sei verschüttet, Gott selbst begraben worden.

Was sollte man tun? Man beschloß, das Kruzifix nach drei Tagen wieder aufzustellen – unter Zurückstellung einiger verfassungsrechtlicher Bedenken, daß vom Anblick eines Kruzifixes vielleicht ein unzulässiger missionarischer Zwang ausgehen könnte. Aus diesem Grund engagierte man für die kleine Predigt zur Wiederherstellung des Kruzifixes auch keinen der Missionare, sondern einen der alten Pastoren, der zu der Minorität des Landes gehörte, die ihren Glauben nicht aufgegeben hatte. Was sagte er?

Liebe Mitbürger, liebe Brüder und Schwestern! Euer Glaube wird immer wieder verschüttet und erschüttert werden. Aber ihr sollt wissen, mit eurem Glauben stirbt auch Gott. Und mit Gott wird auch euer Glaube auferstehen. Denn nichts hat Macht über den Tod außer Gott selbst.

Euer Glaube ist oft schon gestorben – einerseits aufgrund von äußeren Katastrophen, den vielen Erdrutschen, die andere Menschen begraben haben, andererseits aufgrund zynischer Gedanken von innen. Vielleicht ist nur ein ganz kleiner Glaube geblieben, winzig wie ein Senfkorn, fast unsichtbar für unsere Augen. Aber dieser kleine, winzige Glaube kann Mächtiges bewirken.

Ich definiere diesen kleinstmöglichen, minimalsten Senfkornglauben so:
Ihr habt diesen Glauben, wenn ihr ja zu Eurem Leben sagt. Und mit diesem Ja könnt ihr viel bewirken.

Ihr meint vielleicht, daß sei eine Sache, die man ganz privat mit sich ausmachen könne, zwischen Ich und Ich. Aber vielen ist nicht bewußt, was sie alles mit diesem Ja einschließen. Wer ja zu sich sagt, sagt ja zu allen Prozessen, die ihn hervorgebracht haben. Nicht nur zu Eltern und Familie, nicht nur zu dieser kleinen Erde, ja auch zu den vielen Sternen, die kamen und vergingen und das System der Elemente entstehen ließen. Wenn es sinnvoll ist, daß ich existiere, dann kann es nicht sinnlos sein, daß überhaupt etwas existiert und daß alles existiert. Das kleinste Senfkorn an Glauben enthält in sich ein Ja zur ganzen Schöpfung. Mit ihm beginnt eine verhaltene Liebe zu allem, was ist.

Aber noch mehr als das: Dies Ja enthält ein Ja zu anderen Menschen. Ein Senfkorn kann nur in Symbiose mit vielen Mineralen und Pflanzen existieren, ein Mensch nur zusammen mit anderen Menschen. Wir können nur »Ich« sagen, weil andere Menschen zuerst »Du« zu uns gesagt haben. Und wenn uns niemand Achtung entgegengebracht hat, können wir auch uns keine Achtung entgegenbringen. Dieses kleine Senfkorn Glauben bleibt tot, wenn in ihm nicht verborgen schon viel Liebe steckt.

Wenn wir diesen kleinen Funken Glauben – dies Ja zu uns selbst verlieren, dann versinken die ganze Welt und alle Mitmenschen in Sinnlosigkeit. Aber wenn wir ihn bewahren, dann wird alles anders: Die Berge werden zwar nicht versetzt. Aber wir sehen die Berge in einem neuen Licht: als ein Stück der Schöpfung.

Solange ihr nun Kruzifixe in diesem Lande aufstellt, wird die Verheißung hörbar sein: Euer Glaube mag auf die Probe gestellt werden, mag gefoltert, gequält, gekreuzigt und begraben werden. Aber wenn er mit Christus gekreuzigt und begraben wird, dann dürft ihr auch vertrauen, daß er mit ihm auferstehen wird – damit ihr in einem neuen Leben schon hier und jetzt wandelt. Dieser Glaube ist tot, wenn er nicht Liebe umfaßt – Liebe zu allem Sein, Liebe zu den Menschen. Und darum gilt, was Paulus schrieb: »... und hätte ich allen Glauben, so daß ich Berge versetzen könnte, und hätte die Liebe nicht, so wäre ich nichts«. Und auch der Glaube wäre nichts. Nur Liebe kann verhindern, daß durch bergeversetzenden Glauben Menschen verschüttet werden. Nur Liebe kann bewirken, daß die unbedingte Macht des bergeversetzenden Glaubens nicht zum Fluch, sondern zum Segen wird.

Und der Friede Gottes, welcher höher ist als alle unsere Vernunft, bewahre euch in dieser Liebe in Christo Jesu. Amen.

Diese Predigt wurde in der Peterskirche in Heidelberg am 7.9.1997 gehalten. Die kurze Geschichte vom Glauben in einem fernen Lande stammt von A. Monterroso: Der Glaube und die Berge, in: L. Graf/U. Kabitz u.a. (Hg.): Die Blumen des Blinden, München 1985, Nr. 142, S. 158. Ich habe die Geschichte in ein fernes Land versetzt, um die Konstruktion von einer Mission in diesem Land möglich zu machen. – Das Motto der Nationalsozialisten entnehme ich einer Gedenkpostkarte 1933, abgebildet in: H. Schultze, Kleine deutsche Geschichte, München 1996, 198, ausgestellt im Deutschen Historischen Museum in Berlin. – Der zitierte Vertreter ökonomischer Vernunft ist der Nobelpreisträger F.A. v. Hayek (1899-1992) in einem Vortrag vom 6. Febr. 1979 an der Freiburger Universität (nach: Die Zeit, Nr. 37, Sept. 1997, S. 37f.) – Der Friedenspreisträger des Dt. Buchhandels und Nobelpreisträger, der zusammen mit seiner Frau für Zwangssterilisierungen plädierte, ist Gunnar Myrdal, der zusammen mit Alva Myrdal 1934 ein Buch »Kris i befolkningsfrågan« veröffentlichte. Sehr viel bekannter wurde er durch seine Arbeiten gegen Rassismus, Armut und Unterentwicklung. – Die Predigt geht auf den Tod von Prinzessin Diana am 31.8.1997 ein. Ihre Beerdigung war am Tag vor der Predigt stundenlang im Fernsehen übertragen worden.

Der ehrliche Zachäus
Plädoyer für die Rehabilitierung eines Oberzöllners

(Lukas 19,1-10)

Dann kam er nach Jericho und ging durch die Stadt. Dort wohnte ein Mann namens Zachäus; er war der oberste Zollpächter und war sehr reich. Er wollte gern sehen, wer dieser Jesus sei, doch die Menschenmenge versperrte ihm die Sicht; denn er war klein. Darum lief er voraus und stieg auf einen Maulbeerfeigenbaum, um Jesus zu sehen, der dort vorbeikommen mußte. Als Jesus an die Stelle kam, schaute er hinauf und sagte zu ihm: Zachäus, komm schnell herunter! Denn ich muß heute in deinem Haus zu Gast sein. Da stieg er schnell herunter und nahm Jesus freudig bei sich auf. Als die Leute das sahen, empörten sie sich und sagten: Er ist bei einem Sünder eingekehrt. Zachäus aber wandte sich an den Herrn und sagte: Herr, die Hälfte meines Vermögens will ich den Armen geben, und wenn ich von jemand zu viel gefordert habe, gebe ich ihm das Vierfache zurück. Da sagte Jesus zu ihm: Heute ist diesem Haus das Heil geschenkt worden, weil auch dieser Mann ein Sohn Abrahams ist. Denn der Menschensohn ist gekommen, um zu suchen und zu retten, was verloren ist. (Ökumenische Einheitsübersetzung)

Die Geschichte von Zachäus beginnt mit dem Satz:

»Dann kam er nach Jericho und ging durch die Stadt.«

Wie schön wäre es, müßte man diesen Satz nur leicht variieren: Und er kam nach Heidelberg und ging durch die Stadt, er, Jesus, das Versteck des unsichtbaren Gottes, ein Stück Transzendenz zum Anfassen! Schön wäre es, wenn man wenigstens sagen könnte: Er kommt in seiner Botschaft zu uns. Aber mit dieser Botschaft geht es uns wie mit vielen Briefen zur Zeit. Wir hören: Ein Brief ist abgeschickt, an dich adressiert, mit wichtigem Inhalt. Aber er kommt nicht an. Die Post streikt nicht nur zwischen Berlin und München, sondern zwischen Himmel und Erde. Vielleicht ist der Brief an dich schon lange verloren gegangen. Vielleicht erreicht er dich doch noch. Vielleicht auch nie.

Du wartest auf diesen Brief wie der Untertan in Kafkas Parabel von der kaiserlichen Botschaft. Der Kaiser hat dir, dem jämmerlichen Unterta-nen, noch auf dem Sterbebett eine Nachricht zukommen lassen. Der Bote ist unterwegs. Aber ein Hindernis nach dem anderen tut sich auf. Nur mühsam bahnt er sich seinen Weg durch die Menge. Eine Palast-mauer nach der anderen muß er überwinden. Die Botschaft wird nie ankommen. Und was tust du? Die Parabel schließt mit den Worten: »Du aber sitzt an Deinem Fenster und erträumst sie Dir, wenn der Abend kommt.«

Damals in Jericho war alles einfacher. Auch da gab es einen, der davon träumte, daß die Botschaft kommt. Einer, der Jesus nicht sehen konnte, ein blinder Bettler. Er hatte nur gehört, daß Jesus unterwegs sei. Draußen hockte er, vor der Stadt. Über alle Hindernisse hinweg drang er bis zu Jesus vor. Und der heilte ihn, so daß er sehen konnte. Auch den hatte Jesus in seinem Gefolge, als er die Stadt betrat.

Über diese Stadt sagt der nächste Satz unserer Geschichte:

»Dort wohnte ein Mann namens Zachäus; er war der oberste Zollpächter und war sehr reich.«

Der Evangelist Lukas hat beide Bewohner Jerichos nebeneinander ge-stellt: den Bettler – ganz unten in der Lokalhierarchie – und den Ober-zöllner ganz oben. Bewußt hat er sie literarisch verbunden, sie, die in Wirklichkeit immer unverbunden nebeneinander gelebt hatten. Und wie ist es heute? Wenn dich die Botschaft einmal erreichen sollte, wenn sie unterwegs nicht ganz verloren geht, so darfst du sicher sein: Sie wird dich mit Menschen verbinden, an denen du bisher vorbeigelebt hast. Damals wurden ein Bettler und ein Oberzöllner zusammengeführt. Heute entsprä-che dem etwa ein Berber und der Chef des Finanzamtes.

Aber in diesem Kontrast der beiden steckt mehr. Stellt euch alle Men-schen vor, die auf der Erde leben – eingeteilt in fünf gleich große Grup-pen. Und ihnen gegenüber würde der Reichtum der ganzen Welt aufge-häuft, aufgeteilt in fünf gleich große Anteile. Die erste Gruppe von Men-schen, zu der auch wir gehören, besitzt vier dieser Anteile (und sogar etwas mehr). Die anderen vier Gruppen aber müssen sich mit einem An-teil begnügen. In den nüchternen Zahlen des UNDP, des United Nations Development Programme von 1993, heißt das: Die ersten 20% der Welt-bevölkerung besitzen 82,7% des Welteinkommens. Die letzten zwanzig

Prozent nur 1,4%. Das ist das Verhältnis zwischen Bettler und Oberzöllner heute.

Vielleicht wird dir jetzt die Botschaft etwas unheimlich, die an dich unterwegs ist. Vielleicht sitzt du jetzt an deinem Fenster und träumst, sie möge an dir vorübergehen. Denn sie wird dich schmerzen, sie wird dir weh tun, sie wird dich in Verlegenheit bringen.

Doch lesen wir weiter:

»Er (Zachäus) wollte gern sehen, wer dieser Jesus sei, doch die Menschenmenge versperrte ihm die Sicht, denn er war klein. Darum lief er voraus und stieg auf einen Maulbeerfeigenbaum, um Jesus zu sehen, der dort vorbeikommen mußte.«

Zachäus blieb nicht am Fenster sitzen, um von der Botschaft zu träumen. Er wurde aktiv. Er lief hinaus. Weil er klein war, mußte er sich unabhängig von der Menschenmenge machen. Deshalb kletterte er auf den Baum – für einen Oberzöllner gewiß kein standesgemäßer Zuschauerplatz. Geht es uns heute nicht genau so? Diese Botschaft, die zu dir unterwegs ist, wird von dir verlangen, daß du aktiv wirst. Sage nicht: Ich bin ein paar Nummern zu klein für sie! Ich bin kein sozialethischer Vorturner und Kletterer! Ich bin religiös unmusikalisch wie die meisten meiner Zeitgenossen! Mit all solchen Gedanken bleibst du in der großen Menge verborgen und versteckt. Wenn du die Botschaft hören willst, dann sondere dich ab von der Menge! Dann geh deinen eigenen Weg! Dann mußt du dich antizyklisch verhalten! Gegen den Trend. Und natürlich wirst du kritisiert werden.

So auch Zachäus. Wir lesen weiter:

»Als Jesus an die Stelle kam, schaute er hinauf und sagte zu ihm: Zachäus, komm schnell herunter! Denn ich muß heute in deinem Haus zu Gast sein. Da stieg er schnell herunter und nahm Jesus freudig bei sich auf. Als die Leute das sahen, empörten sie sich und sagten: Er ist bei einem Sünder eingekehrt.«

Jesus und Zachäus – das paßt so schlecht zusammen wie Feuer und Wasser. Der eine predigt, man solle Geld verleihen, ohne es zurückzufordern. Der andere lebt davon, Geld aus anderen Menschen heraus zu holen. Auch mit wirtschaftskriminellen Methoden. Ist Zachäus nicht einer von denen, die sich auf gefälschte Bilanzen, erschlichene Kredite, betrügerische Bankrotte verstehen? Einer, der sein Geld vielleicht mit Jericho-Balsam verdiente (das war in der Antike weltberühmt)? Oder der an den Mauern Jerichos Schneider-Bauten errichtete? Oder der als Oberzöllner seine Zolleinnahmen verpachtete – einschließlich des Mandantenstammes? Zu so einem geht Jesus!

Werden nicht viele von euch sagen: Diese Botschaft ist nicht an mich adressiert. Was habe ich mit Balsam, Schneider & Co zu tun? Doch lesen wir weiter:

»Zachäus aber wandte sich an den Herrn und sprach: Herr, die Hälfte meines Vermögens will ich den Armen geben, und wenn ich von jemand zu viel gefordert habe, gebe ich ihm das Vierfache zurück.«

Wenn bei dieser Botschaft die Post zwischen Himmel und Erde streikt, so sollte man dafür Verständnis haben. Denn wie soll man das vermitteln: Die Hälfte des Besitzes abgeben! Dazu vierfache Wiedergutmachung für vergangenen Betrug? Was haben wir mit Zachäus zu tun!

Ich möchte für diese Botschaft mit zwei Überlegungen werben. Die erste soll zeigen: Zachäus ist kein großer Wirtschaftskrimineller, sondern hat eine durchschnittliche Wirtschaftsmoral, wie sie heute üblich ist. Dazu muß ich ein wenig rechnen. Was mir auffällt: Zachäus ist sicher, daß er die Hälfte seines Besitzes ehrlich erworben hat. Denn er begründet die Abgabe dieser Hälfte nicht damit, daß er etwas wiedergutzumachen hat. Aber auch die andere Hälfte ist keineswegs nur unehrlich erworben. Denn Zachäus muß sich sicher sein, daß er nicht die ganzen verbliebenen 50% zu Wiedergutmachungszwecken aufwenden muß. Schließlich muß er leben. Dazu Jesus versorgen – einschließlich dessen Troß, die zwölf Jünger, und einen Bettler von Jericho und viele andere. Setzen wir für diesen Zweck mindestens 10% an; dann blieben für Wiedergutmachungszwecke noch immer 40%. Nun will Zachäus jeden betrügerisch erworbenen Betrag vierfach ersetzen. Fazit: Zachäus geht davon aus, daß höchstens 10% seines Vermögens, wahrscheinlich aber noch viel weniger, auf krummem Weg zustande gekommen ist.

So einen kann man doch nicht als großen Sünder brandmarken. Die Kritik der Menge ist m.E. reine Heuchelei. Sie wäre auch heute Heuchelei – in einem Land, in dem Steuerhinterziehung und Versicherungsbetrug zum Kennzeichen von Cleverness geworden sind und Mitnehmen und Absahnen zum Volkssport. Wer kann da wirklich schwören, daß nicht

10% seines Vermögens etwas jenseits der Legalität erworben wurde. Zachäus ist einer von uns. Vergleiche mit Balsam, Schneider & Co sind irreführend und lenken nur ab. Die Botschaft ist richtig adressiert. Wir sind Zachäus. Und wenn wir es noch nicht sind – dann werden wir es später sein. Mir ist bewußt: In diesem Gottesdienst sind viele, die noch nie eine Steuererklärung ausgefüllt haben und die sich in diesen Fragen einen beneidenswerten Moralismus leisten dürfen. Wie lange noch?

Die Adresse ist also richtig. Aber ist der Inhalt der Botschaft nicht übertrieben. Es wäre ja weltfremd, hier die Abgabe von 50% des Besitzes und X Prozent Wiedergutmachungszuschlag zu propagieren. Die Rabbinen der neutestamentlichen Zeit waren realistischer. Für Kirchensteuer, Spenden und Caritatives verlangten sie mindestens 2-3% des Jahreseinkommens, höchstens aber solle man 20% abgeben. Das sind realistische Zahlen.

Und doch kann ich auch den Zahlen des Zachäus etwas abgewinnen. Und das ist meine zweite Überlegung. Betrachten wir noch einmal die weltweite Verteilung des Besitzes. Ein Fünftel der Weltbevölkerung besitzt vier Fünftel des Weltvermögens. Wir gehören zu diesen Privilegierten. Wenn wir die Hälfte weniger hätten, besäßen wir immer noch 40%. Wir kämen dann in der weltweiten Einkommensverteilung an Zustände heran, die denen in der Bundesrepublik vergleichbar wären – und selbst die sind besorgniserregend asymmetrisch. Besorgniserregend vor allem deshalb, weil sie von Jahr zu Jahr asymmetrischer werden. Das kann auf Dauer nicht gut gehen.

Und wie ist das mit der Wiedergutmachung? Weltweit ist sie gar nicht möglich. Es spricht viel dafür, daß unser Reichtum insgesamt das Ergebnis eines unfairen Systems ist. Der Weltmarkt hat bisher faktisch so funktioniert, daß die armen Länder immer ärmer und die reichen immer reicher wurden. Da ist etwas grundverkehrt. Es ist m.E. verlogen, wenn man sich das nicht eingesteht, obwohl man von all dem profitiert.

Ich kann hier keine Lösung anbieten. Das ist auch nicht meine Aufgabe. Es ist nicht einmal verwerflich, keine Lösung zu wissen. Verwerflich ist nur, wenn man das Problem leugnet. Wenn man die große Herausforderung von Gegenwart und Zukunft nicht wahrhaben will. Ich würde sie so bestimmen: Es geht darum, weltweit eine soziale Marktwirtschaft aufzubauen, die mit den natürlichen Ressourcen verträglich ist, eine soziale Marktwirtschaft, die hoffentlich noch etwas sozialer ist als die bei uns. Zu diesem Zweck müssen wir wahrscheinlich an vielen Punkten umdenken und umkehren. Und das schon in unserem eigenen langfristigen Interesse, damit wir auf diesem kleinen Planeten in Frieden untereinander und mit der Natur leben können. Das ist eine harte Forderung – und eine große

Herausforderung. Sie gehört heute zur Botschaft. Aber zu ihr gehört noch
mehr. Zu ihr gehört nicht nur die Forderung, nicht nur ein Gebot.

Der Text fährt mit den Worten fort:

---

*»Da sagte Jesus zu ihm (zu Zachäus): Heute ist diesem Haus das Heil geschenkt worden,
weil auch dieser Mann ein Sohn Abrahams ist.«*

Jesus sagt nicht: Heute ist Zachäus Heil widerfahren, weil er umgekehrt
ist, weil er seinen Besitz fortan sozial einsetzen will. Er nimmt Zachäus
gegen die Kritik der Menge mit einem anderen Argument in Schutz: Nicht
was Zachäus getan hat und tun will, ist für ihn entscheidend, sondern,
was er ist. Nicht sein Haben ist wichtig, sondern sein Sein. Er ist ein Kind
Abrahams. Er hat denselben Status wie alle seine Kritiker. Und diesen
Status kann ihm niemand nehmen.

Darin liegt auch die Botschaft an Dich: Der Ruf Gottes spricht dir einen Status zu, den dir niemand nehmen kann – und der unabhängig davon
ist, wie gut oder wie schlecht du dich verhalten hast. Unabhängig davon,
wie gelungen oder mißlungen dein Leben bisher verlaufen ist. Gewiß sind
wir nicht durch Geburt Kinder Abrahams. Aber wir werden es durch eine
neue Geburt, wenn uns Gottes Wort umschafft. Dann gehören wir mit zu
dem ewigen Bund Gottes mit seinen Kindern. Dann gilt uns die Verheißung: Heute ist uns Heil widerfahren!

Dies Heil ist keine Verheißung fürs Jenseits. Denn *heute* schon, wenn
du die Botschaft hörst und sie bei dir ankommt, *heute* schon bricht das
Jenseits in dein Leben hinein.

Heute schon, wenn du Jesus aufnimmst in dein Herz, strahlt in ihm der
Morgenglanz der Ewigkeit auf. Alle Zukunft kann nicht mehr überbieten
und übertreffen, was in dem Augenblick geschieht, wo Gott in dein Leben tritt und es unendlich wertvoll macht.

Wie oft hast du am Abend am Fenster gesessen und davon geträumt,
daß die Botschaft eintreffen möge. *Heute* kann sie eintreffen bei dir. Jeden Tag kann sie eintreffen, solange es »*Heute*« für dich heißt. Und dann
wird dieser Augenblick ein Stück Ewigkeit sein – mitten in der Zeit.

Der letzte Satz unseres Textes faßt diese Botschaft zusammen:

»Denn der Menschensohn ist gekommen, um zu suchen und zu retten, was verloren ist.«

Diese Botschaft war schon lange unterwegs zu dir. Schon lange, ehe du geboren warst, hat sie dich und alle Menschen gemeint. Wie viele Tage hast du auf sie gewartet. Du warst beunruhigt, weil der Brief vielleicht verloren gegangen ist. Du hast dich geärgert, weil die Post zwischen Himmel und Erde so schlecht funktioniert – und die Briefträger streiken. Es sind dazu oft sehr problematische Briefträger. Aber dennoch erhältst du heute die Botschaft. Und was liest du, was hörst du, wenn du den Brief aufmachst?

Du liest: Nicht der Brief ging verloren, sondern du gingst verloren in dieser Welt.

Du hörst: *Der* Brief, auf den du gewartet hast, wird nie ankommen. Denn der Brief bist du selbst. Du selbst bist der Brief, der verloren ging. Du selbst bist der Bote, der sich durch Hindernisse zum Ziel durchkämpfen muß.

Das ist die Botschaft: Du bist ein Gedanke Gottes, mit dem er seine Schöpfung anreichern will. Du bist eine Botschaft für deine Eltern, für deine Freunde, deine Mitmenschen, für alle. Aber du wußtest es nicht. Du wolltest es nicht wahrhaben, was für eine wertvolle Botschaft dein Leben enthält. In dir ist eine Information enthalten, die es nirgendwo sonst gibt.

Du gingst verloren, weil du immer nur am Fenster gesessen hast, um auf die große Botschaft zu warten. Aber andere warteten schon lange auf dich.

Du gingst verloren, weil du immer gefragt hast: Wie können die anderen mir helfen? Wie können sie mir nützen? Aber du bist selbst einer, der helfen und nützen kann.

Du gingst verloren, weil du meintest, zu klein zu sein für das Größte, das einem Menschen zwischen Geburt und Grab widerfahren kann: Daß Gott in dein Leben eintritt und es verwandelt.

Du bist selbst der verlorene Brief. Er ist an andere adressiert. Andere sitzen schon lange am Fenster und träumen davon, daß du kommst – und Licht in ihr Leben bringst.

Andere warten auf dich, um mit dir zusammen etwas dafür zu tun, daß die Berber auf den Straßen nicht verloren gehen.

Andere warten auf dich, um zusammen mit dir sich nicht damit abzufinden, daß ein Fünftel der Menschheit vier Fünftel aller Güter besitzen.

Andere warten auf dich, um mit dir zusammen dagegen zu arbeiten, daß wir nicht an unseren eigenen Produkten ersticken.

Andere warten darauf, daß du sie mit einer kleinen Spende unterstützt – oder daß du mit all deiner ökonomischen Vernunft einmal in deinem Leben eine größere Stiftung machst. (Das würde ich übrigens auch Zachäus empfehlen, anstatt das ganze Vermögen einfach wegzugeben.)

Andere warten auf dich – vielleicht nur, daß du sie besuchst oder einmal anrufst oder sie freundlich anschaust.

Aber vielleicht sagst du mit Recht: Ich bin nur ein schwacher, verwundbarer Mensch! Vielleicht geht es dir so schlecht, daß du gar keine Kraft spürst, zur Botschaft zu werden. Vielleicht bist du krank und hast nur noch wenig Lebenszeit vor dir. Und dennoch gilt: Du bist eine Botschaft Gottes in diese Welt hinein – in all deiner Begrenztheit und Verletzlichkeit. Auch Jesus war begrenzt und verletzlich. Auch er lebte nicht lange. Auch er hat viel erlitten. Und doch war er das Versteck des unsichtbaren Gottes. Ein Stück Transzendenz im Diesseits. Und doch war er die Botschaft Gottes schlechthin. Laß dich durch ihn verwandeln, damit du ganz und gar gewiß wirst: Auch du bist ein guter Gedanke Gottes! Auch du bist eine Botschaft des Lebens an uns alle! Auch durch dein Leben will Gott etwas sagen, etwas zum Ausdruck bringen. Auch dich will er brauchen, um seinen Frieden zu mehren.

Und der Friede Gottes, welcher höher ist als alle unsere Vernunft, bewahre eure Herzen und Sinne in Christus Jesus. Amen.

Die Predigt wurde am 26.6.1994 in der Peterskirche in Heidelberg gehalten. Die Angaben über die Verteilung des Besitzes auf unserer Erde übernehme ich aus U. Duchrow: Alternativen zur kapitalistischen Weltwirtschaft. Biblische Erinnerung und politische Ansätze zur Überwindung einer lebensbedrohenden Ökonomie, Gütersloh/Mainz: Kaiser/Matthias Grünewald Verlag 1994. Die Predigt spielt auf Warnstreiks bei der Post im Juni 1994 an: Es war in jener Zeit unberechenbar, ob und wann ein Brief seinen Adressaten erreichte. In der Öffentlichkeit wurden damals verschiedene Skandale diskutiert: Der Immobilienhändler J. Schneider und der Fabrikant von Turnhallenfußböden Balsam hatten betrügerischen Bankrott gemacht: J. Schneider war ins Ausland geflohen, um sich seinen Milliarden-Schulden zu entziehen. Der Geschäftsführer der Fa. Balsam war inhaftiert. Zur selben Zeit diskutierte man die Geschäftspraxis des Münchner CSU-Kreisvorsitzenden Peter Gauweiler, der noch als Minister die Mandanten seiner Rechtsanwaltspraxis für 10.000,- DM pro Monat »verpachtet« hatte, was den Verdacht wecken mußte, er würde als Minister dieser Praxis lukrative Aufträge zuschanzen.

Ich bin, der ich bin
Ein Lebenszeichen des Lebens

(Johannes 1,19-23)

Und dies ist das Zeugnis des Johannes, als die Juden zu ihm sandten Priester und Leviten von Jerusalem, daß sie ihn fragten: Wer bist du? Und er bekannte und leugnete nicht, und er bekannte: Ich bin nicht der Christus. Und sie fragten ihn: Was dann? Bist du Elia? Er sprach: Ich bin's nicht. Bist du der Prophet? Und er antwortete: Nein. Da sprachen sie zu ihm: Wer bist du dann? daß wir Antwort geben denen, die uns gesandt haben. Was sagst du von dir selbst? Er sprach: »Ich bin eine Stimme eines Predigers in der Wüste: Ebnet den Weg des Herrn!«, wie der Prophet Jesaja gesagt hat.

»Dies ist eine Zeugenaussage.« So beginnt unser Text. Diese Einleitung läßt erwarten, es würde jemand verhört; als ginge es um ein Verbrechen. In der Tat, es geht um das merkwürdigste Vergehen in der Welt, um das Vergehen, daß jemand er selbst ist und dazu steht – und sich weigert, das zu sein, was andere von ihm erwarten.

»Dies ist die Zeugenaussage des Johannes, als die Juden zu ihm sandten Priester und Leviten von Jerusalem, daß sie ihn fragten: Wer bist du?«

Verhört wird Johannes der Täufer. Er ist der erste Christ. Manche würden bestreiten, daß er ein Christ ist. Manche würden sagen: Er ist allenfalls ein Christ im Wartestand, ein potentieller Christ. Um so mehr dürfen wir uns mit ihm identifizieren. Unter uns sind viele, die sich als Christen und Christinnen im Wartestand verstehen, viele, die allenfalls vorläufig Christen sind. Viele, die froh wären, wenn sie wenigstens das aufrichtig von sich sagen könnten. Ja noch mehr: In der Adventszeit sind alle Christen erneut Christen im Wartestand. In der Adventszeit stellt sich für alle die Frage neu: Wer bist du? Wer sind wir?

Wer stellt diese Frage? Vor welchem Tribunal wird sie verhandelt? Der Text spricht von Priestern und Leviten. Das waren damals die Verwalter des Heiligen. Sie legten die Grenze fest zwischen Heil und Unheil, gesund und krank, gut und böse. Von ihnen wird der Täufer verhört. Von ihnen wird er gefragt: Wer bist du? Drei Mal wird er gefragt.

Drei Mal gibt er Antworten, die vielleicht hilfreich sind für Christen im Advent.

Die erste Frage lautet: »Wer bist du?« Von der Antwort des Täufers heißt es: »Und er bekannte und leugnete nicht, und er bekannte: Ich bin nicht der Christus!« Diese Antwort paßt nicht zur Frage. Niemand hatte ja gefragt: Bist du der Christus? Bist du der, der das Heil verwirklicht? Dieser Sprung zwischen Frage und Antwort wird uns noch später beschäftigen. Fürs erste mag die Auskunft genügen, daß der Täufer die eigentliche Frage zwischen den Worten herausgehört hat. Kennen wir das nicht alle? Die Frage, ob wir wirklich Christen sind, wird uns oft indirekt gestellt – als Frage nach unserer Meinung, nach diesem und jenem, versteckt in allgemeines Reden über Identität und Glauben. Manchmal merken wir gar nicht, daß wir auf unser Christsein hin getestet werden. Alle Jahre wieder erlebt man es: Da sitzen einige freundlich lächelnde »Priester« um einen herum und wollen einem die Leviten lesen. Ihre unausgesprochene Frage lautet: Bist du ein Christ? Gesteh und leugne es nicht. Du bist im Grunde kein Christ. Allenfalls ein Christ im Wartestand. Und jetzt stehst du auf dem Prüfstand. Und jetzt wirst du gewogen und als zu leicht befunden. Dann seufze ich in mir:

Alle Jahre wieder
kommt der Glaubenstest.
Denn du sangst die falschen Lieder
und warst nicht ganz bibelfest.

Wer den Theologen entrinnt, wird vor anderen Tribunalen verhört: Von den großen Sinnverwaltern unserer Gesellschaft – von Psychotherapeuten, Soziologen, Publizisten und natürlich auch von Philosophen. Alle fragen uns: Wer bist du? Was hast du aus dir selbst gemacht? Bist du geworden, was du eigentlich bist? Sag es endlich: Gesteh und verleugne dich nicht! Die Apostel der Selbstverwirklichungskultur können einem nicht minder die Leviten lesen als die Apostel herkömmlicher Art. Vor all solchen Tribunalen ist die Antwort des Täufers eine Hilfe. Denn niemand weiß, wer er wirklich ist. Jeder weiß sicher nur, was er nicht ist. Sicher kann man mit dem Täufer sagen: Ich bin nicht Christus. Ich bin nicht das Licht der Welt. Ich bin nicht der Weg, die Wahrheit und das Leben. Ich bin allenfalls eine kleine Leuchte, allenfalls ein Umweg, vielleicht sogar ein Irrweg. Menschliche Identität besteht in dem, was wir nicht sind. Deshalb gilt: Sage mir, wer du nicht bist, und ich ahne, wer du sein könntest. Aber auch dann weiß es niemand. Auch dann wissen wir es nicht.

Nun zur zweiten Antwort des Täufers: »Und sie fragten ihn: Was bist du denn? Bist du Elia? Er sprach: Ich bin's nicht.« Die Frage lautet: Wenn du schon nicht das Heil verwirklichst, bist du dann wenigstens jemand, der das Unheil bekämpft. Der die Baalpriester tötet und den Mächtigen in der Welt ihre Ungerechtigkeit vor Augen hält. Ein Eiferer für das Gute und gegen das Böse. Die Christen und Juden im 1. Jh. haben den Täufer für Elia gehalten. Warum steigt er nicht in diese Erwartungen ein? Warum leugnet er, Elia zu sein. Das hätte man ihm ohne weiteres abgenommen. Ich finde sein »Nein« sympathisch. Wir wissen, mancher Glaubenseifer ist darin begründet, daß man die eigenen Identitätsprobleme auf andere abwälzt. Man schlägt sich auf die Seite der Priester und Leviten. Dann muß man sich nicht mehr selbst fragen: Wer bin ich? Bin ich ein Christ? Bin ich ein Nicht-Christ? Es ist viel einfacher, andere mit solchen Fragen in Verlegenheit zu bringen, als die eigenen Verlegenheiten auszuhalten. Das meine ich, wenn ich sage: Daß manche Menschen ihre Identitätsprobleme auf andere abwälzen. Dogmatische Rigidität, moralisierender Glaubenseifer, das Nicht-Ertragen von Menschen mit offener Identität – das alles kann ein Indiz dafür sein!

Ich merke so etwas auch bei mir, wenn mich der Zorn des Elia überkommt. So zuletzt, als ich in einem kleinen Nachbarland am dortigen Nationalfeiertag eine Nationalflagge auf dem Altar liegen sah – und die Bibel auf dieser Flagge. Ich war allein in der Kirche. Einen Augenblick durchfuhr mich der Wunsch, die Flagge vom Altar zu reißen. Wer dem Symbol der Nation innerhalb einer Kirche denselben Ort einräumt wie der Bibel – ist der nicht ein Baalpriester? Einer, der Gott und Götzen verwechselt? Ich habe die Flagge nicht vom Altar gerissen. Ich wollte keine Schlagzeigen in der Zeitung: Deutscher Theologieprofessor schändet Kirche. Natürlich meine ich entschieden, daß auf einen Altar keine Nationalflagge gehört. Hier, in der Peterskirche, würde ich sie herunterreißen. Aber wenn ich sie damals heruntergerissen hätte, hätten in den Zeitungen des Landes Kommentare erscheinen können des Inhalts: Hier hat ein deutscher Intellektueller sein ambivalentes Verhältnis zu seiner Nationalität auf andere projiziert. Der verständliche Zorn über die Irrwege des deutschen Nationalismus (und Nationalprotestantismus) wurde in Aggression gegen den harmloseren Nationalismus anderer Völker verwandelt. Und das wäre nicht ganz falsch.

Daher sollen wir von der Antwort des Täufers lernen: Reagiere auf die Frage: »Wer bist du?« nicht mit dem Zorn des Elia! Überspiele die Verlegenheit, in die dich die Frage versetzt, nicht durch Glaubenseifer gegen andere.

Hören wir die dritte Antwort des Täufers. Gefragt »Bist du der Prophet?«
antwortet er: »Nein!« Die Frage sagt: Wenn du schon nicht als Christus
Heil verwirklichst und als Elia nicht Unheil vernichtest, hast du dann
wenigstens eine Vision vom zukünftigen Heil oder von der zukünftigen
Überwindung des Bösen? Bist du wenigstens ein Prophet? Wer sich seiner Identität unsicher ist, träumt von der Zukunft. Wer unter repressiven
Verhältnissen lebt, kann sich oft nur so treu bleiben. Aber wer in Freiheit
lebt, kann durch Zukunftsträume auch der Frage ausweichen: Wer bist
du? Wir alle kennen den Typ von Mensch, der immer sagt: Von da ab wird
alles anders. Wir kennen diesen Menschentyp deshalb so gut, weil er in
jedem von uns wohnt. Als er jung war, sagte er: Wenn ich erwachsen bin,
wird alles anders. Als er studierte, sagte er: Wenn ich das Examen habe,
wird alles anders. Als er die ersten Bewerbungen losschickte, sagte er:
Wenn ich erst eine gesicherte Stelle habe, wird alles anders. Als er eine
sichere Stelle hatte, sagte er: Wenn ich erst einmal ein Haus gebaut habe,
wird alles anders. Als er etabliert war, sagte er: Mit der Pensionierung
wird alles anders. Und dann kam alles anders. Nach der Pensionierung
kam der Tod. Und es wurde alles ganz anders, als er gedacht hatte. Es
wurde sehr still. Und die Glocken läuteten. Und er wurde ins Grab gelegt.
Und wenn man darüber nachdenkt, kann's einem ganz anders werden.

Laßt uns daher nicht die Propheten unseres eigenen Lebens spielen,
wenn wir die Frage beantworten sollen: Wer bist du? Gewiß sind Prophe-
tien und Träume eine große produktive Kraft – im Leben des Einzelnen
und der Gesellschaft. Mit ihnen vergewissern wir uns der Maßstäbe eines
besseren Lebens. Aber der Radikalismus mancher Utopie hat schon manchen vor radikal notwendigen Einsichten in die Realität bewahrt. Deshalb
sollten wir wie der Täufer auf die Frage: »Wer bist du?« nicht als Propheten reagieren. Laßt uns nicht sagen, was wir sein werden oder was wir
sein könnten oder was wir träumen, einmal zu sein.

Was aber sollen wir sagen? Lesen wir den Schluß unseres Textes: »Da
sprachen sie zu ihm: Wer bist du dann? Daß wir Antwort geben denen, die
uns gesandt haben. Was sagst du von dir selbst?« Er sprach: »Ich bin die
Stimme eines Rufenden in der Wüste. Bereitet den Weg des Herrn, wie
Jesaja, der Prophet, gesagt hat.«

Der Täufer sagt erstens: Ich bin die Stimme eines Rufenden in der
Wüste. Ich breche das Schweigen der Wüste. Ich zeuge vom Licht, wo
Finsternis ist. Ich rufe nach Leben, wo Tod herrscht. In dieser Tätigkeit ist
er ganz da. Das ist er selbst. Davon können wir lernen: Christsein ist ein
Ruf nach Leben und Licht. Und wie Johannes können wir selbst kein

Licht geben, sondern nur Zeuge des Lichtes sein, das wir schon immer vorfinden. Und wie Johannes sollten wir uns nicht mit den Rollen identifizieren, die an uns herangetragen werden. Wie leicht hätte er sagen können: Ich bin ein Prophet. Ich bin Elia. Das hätte man ihm abgenommen. Das entsprach seinem Image. Wenn wir uns fragen: Wer sind wir?, so laßt uns nicht auf solche standardisierten Rollen zurückgreifen. Laßt uns nicht sagen: Wir sind getauft und evangelisch, examiniert und ordiniert, habilitiert oder rehabilitiert. Das alles zählt nicht. Jeder ist mehr als alle Rollen. Jeder sehnt sich danach, mehr zu sein. Gefragt, wer du bist, kannst du in jedem Fall sagen: Ich bin ein Ruf nach Leben. Ich bin eine Sehnsucht nach Licht.

Zweitens antwortet der Täufer mit der Aufforderung: Bereitet den Weg des Herrn! Er sagt nicht: Ich bin der Weg, nicht einmal: Ich bin der Wegbereiter des Herrn. Obwohl er nach sich gefragt wurde, nur nach sich, antwortet er mit einem Appell an alle. Er sucht nach anderen, die mit ihm zusammen dem Herrn den Weg bereiten, um dem Leben eine Schneise zu schlagen, um für das Licht zu zeugen. Er kann das nicht allein. Kein Mensch kann das. Die Welt ist dunkel und kalt. Wo aber die Menschen zusammen ihrer Dunkelheit und Kälte widerstehen, wo sie sich zusammen auf den Weg machen und sich nicht inquisitorisch abwerten – da geht ein Licht auf. Gefragt, wer bist du? antworte: Ich bin jemand, der andere Menschen sucht, die sich mit mir auf den Weg machen.

Drittens beruft sich der Täufer auf den Propheten Jesaja. Er knüpft an eine uralte Tradition an. Das Johannesevangelium sagt, Jesaja habe bei seiner Berufungsvision im Tempel nicht Gott gesehen, sondern Jesus. Das Johannesevangelium betont: Kein Mensch hat Gott je gesehen; Gott wird nur in Jesus sichtbar, und es folgert daraus: Überall, wo Gott dem Menschen begegnet (wie in den vielen Gottesbegegnungen im Alten Testament), überall da begegnet in Wirklichkeit Jesus. Lernen wir davon: Wir Christen sind nicht die ersten, die Erfahrungen mit Gott machen. Vertrauen wir mit dem Johannesevangelium darauf: Wo Gott authentisch erfahren wird, da wird dasselbe Licht, dasselbe Leben, derselbe Wille offenbar wie in Jesus. Gefragt: Wer bist du? antworte daher: Ich bin jemand, der sich in die lange Geschichte derer einreiht, die nach Gott fragen, sie sich aufmachen auf den Weg zu ihm – zusammen mit Juden, mit Moslems und mit vielen anderen.

Können wir jetzt gegenüber den Tribunalen der Welt sagen, wer wir sind? Wissen wir es? Ist nicht alles noch rätselhafter geworden? Noch offener? Noch schwieriger? Daher noch einmal zurück zur ersten Frage an den

Täufer »Wer bist du?« – und zur Antwort: »Ich bin nicht der Christus!«
Zwischen Frage und Antwort liegt ein Sprung. Aber könnte hinter diesem
Sprung ein tieferer Sinn stecken? Will der Täufer etwa sagen: Nur wenn
ich Christus wäre, könnte ich sagen, wer ich bin? Und hat er nicht recht?
Ist nicht im JohEv Christus der einzige, der authentisch sagen kann: ICH
BIN? Er sagt es oft in Verbindung mit Bildern. Er sagt: ICH BIN das Brot
des Lebens. ICH BIN das Licht der Welt. ICH BIN der gute Hirte. ICH
BIN die Tür. ICH BIN der Weg. ICH BIN der gute Weinstock. Jesus sagt
mit diesen Bildern jedesmal: Ich bin mehr als das, was andere in mir
suchen und sehen. Die Menschen suchen in ihm den Christus, den Propheten, den Sohn Gottes. Aber Jesus offenbart, was er ist, letztlich in Bildern von sich selbst. Er sagt sein ICH BIN jedoch auch ohne Bild, ohne
Prädikat, ohne Zusatz. Er offenbart sich als absolutes ICH BIN – so wie
sich in der Bibel sonst nur Gott offenbart als der, der sagen kann: ICH
BIN, DER ICH BIN. ICH WERDE SEIN, DER ICH SEIN WERDE.

Fern von diesem Gott kann jeder Mensch nur sagen: Ich bin nicht der,
der ich eigentlich bin. Ich bin fern von mir selbst. Nah bei diesem Gott
aber darf jeder hoffen, sagen zu dürfen: Ich bin! Im JohEv ist Jesus der
erste Mensch, der sagt: ICH BIN. Und er will, daß alle Menschen wie er
es sagen können, obwohl sie fern sind von Gott und fern von sich selbst.

Er verheißt, daß er und der Vater die himmlischen Wohnungen verlassen werden, um Wohnung bei uns zu nehmen. Gott will nicht nur in Jesus
wohnen. Er will in allen wohnen.

Gott, der allein sagen kann: ICH BIN, der will in dir sein, damit auch
du sagen kannst: ICH BIN. Er, der fern von dir ist, will Licht und Leben
in dir sein.

Sage darum nicht, daß morgen alles anders wird. Heute will er dein
Leben erfüllen – wahres Leben will er in dir sein, so daß es dir vorkommt,
als hättest du vorher nur uneigentlich existiert wie ein Schatten, wie eine
Frage, wie eine Sehnsucht.

Sage nicht: Mein Leben ist ohnehin nichts wert. Es ist verpfuscht. Wenn
Gott in dein Leben tritt, dann wird es erfüllt vom höchsten Wert. Dein
Leben kann nicht wertvoller sein, nicht wertvoller werden.

Sage nicht: Morgen ist alles vorbei, weil der Schatten des Todes über
dein Leben gefallen ist und du davon mußt – früher als die andern. Das ist
bitter! Aber wenn Gott in dir Wohnung nimmt, dann hat dich die Ewigkeit
berührt.

Darum bereite ihm den Weg! Bereite ihm vor allem den Weg zu dir
selbst! Öffne die Tür deines Lebens! Reiß Schloß und Riegel ab, mit denen du dich vor seinem Kommen schützt! Laß ihn herein zu dir! Gott will

dich durch Jesus dazu anstiften, daß du du selbst bist. Er will dich anstiften zu dem merkwürdigsten Vergehen in der Welt, daß du zu dir stehst und nicht mehr nur das bist, was andere von dir erwarten. Denn du bist unendlich viel mehr wert, als andere von dir sagen und meinen.

Wo immer du sagen kannst: Ich lebe wirklich, da hat dich ein Hauch dessen berührt, der allein wirklich ist. Wo immer du sagen kannst: Ich bin bei mir angekommen, da ist Gott bei dir angekommen. Wo immer seine Gegenwart dich umfaßt, da kannst du sagen: ICH BIN. Und wo immer du sagen kannst: ICH BIN, DER ICH BIN – da bist du ein Ebenbild dessen geworden, der sich selbst definiert hat als: ICH BIN, DER ICH BIN. ICH WERDE SEIN, DER ICH SEIN WERDE.

Und der Friede Gottes, welcher höher ist als alle unsere Vernunft, der bewahre eure Herzen und Sinne in Christo Jesu. Amen.

Diese Predigt wurde am 18.12.1994 in der Peterskirche in Heidelberg gehalten. Das sympathische kleine Nachbarland Deutschlands, in dem ich am Nationalfeiertag die Nationalflagge auf dem Altar liegen sah, ist die Schweiz.

Ist der christliche Glaube notwendig intolerant?
Predigt über den 1. Artikel
der Barmer Theologischen Erklärung

(Johannes 14,6)

»Ich bin der Weg und die Wahrheit und das Leben; niemand kommt zum Vater denn durch mich.« (Joh.14,6)

»Wahrlich, wahrlich ich sage euch: Wer nicht zur Tür hineingeht in den Schafstall, sondern steigt anderswo hinein, der ist ein Dieb und ein Mörder. Ich bin die Tür; so jemand durch mich eingeht, der wird selig werden.« (Joh.10,7-9)

Jesus Christus, wie er uns in der Heiligen Schrift bezeugt wird, ist das eine Wort Gottes, das wir zu hören, dem wir im Leben und im Sterben zu vertrauen und gehorchen haben.

Wir verwerfen die falsche Lehre, als könne und müsse die Kirche als Quelle ihrer Verkündigung außer und neben diesem einen Worte Gottes auch noch andere Ereignisse und Mächte, Gestalten und Wahrheiten als Gottes Offenbarung anerkennen.
(Barmer Theologische Erklärung These 1)

Ich bin der Weg und die Wahrheit und das Leben – diese Worte Jesu strahlen eine große Wärme aus, wenn man in auswegloser Lage ist; wenn kein Weg sichtbar ist, wie das Leben weitergehen soll. Wenn eine Stimme uns sagt: Es ist alles vergeben. Dann sind sie eine wunderbare Gegenstimme zu unserer Verzweiflung: Doch, es gibt einen Weg! Es gibt Leben! Es gibt wahres Leben! Es gibt einen Weg zu Gott!

Aber dieses Wort hat einen Nachsatz, der auf viele hart und kalt wirkt. Jesus sagt: »Ich bin der Weg, die Wahrheit und das Leben. Niemand kommt zum Vater denn durch mich.« Wird damit nicht vielen Menschen der Weg zu Gott abgeschnitten? Haben unsere moslemischen Mitbürger, die in ca. 700 Moscheen in Deutschland beten, keinen Zugang zu Gott? Und was ist mit Juden? Brauchen sie noch einen Weg zum Vater, wo sie doch immer schon seine Kinder waren. Sie haben uns den Weg zu dem einen und einzigen Gott geöffnet – nicht aber wir! Und was ist mit unseren Freunden, die sich dem Christentum entfremdet haben und trotzdem gute Menschen sind? Kann man heute noch so hart reden wie Jesus im Johannesevangelium? Ist das nicht intolerant?

Nur in einem Fall darf man intolerant sein, nur in einem Fall muß man intolerant reden. Intolerant muß man sein gegenüber Intoleranz. Das möchte ich anhand von zwei Situationen zeigen.

Die erste Situation führt uns 60 Jahre zurück in das zweite Jahr nach der Machtergreifung Hitlers. Damals formierte sich der Widerstand in der Kirche gegen Hitler unter diesem Wort: »Ich bin der Weg, die Wahrheit und das Leben. Niemand kommt zum Vater denn durch mich.« Mit diesem Schriftwort wird die erste These der Barmer Theologischen Erklärung von 1934 eingeleitet – der Anfang einer Umkehr des Protestantismus von einem schrecklichen Irrweg, von einem Irrweg, der lange vor Hitler begonnen hatte.

Schon die Befreiungskriege gegen Napoleon Anfang des letzten Jahrhunderts wurden von vielen als eine religiöse Erweckung erlebt. Seitdem identifizierten Protestanten immer mehr die Sache ihrer Nation mit der Sache Gottes. Als 1870 in einem unglückseligen Krieg gegen Frankreich die Deutschen bei Sedan siegten, sagte Kaiser Wilhelm: »Welch eine Wendung durch Gottes Fügung!« Als die jungen Soldaten im ersten Weltkrieg in den Krieg zogen, stand auf ihren Koppelschlössern: »Gott mit uns!« Viele sahen im Aufstieg Deutschlands zu einer großen Macht Gottes Willen. Gott offenbarte sich für sie im nationalen Schicksal. Protestantismus wurde zum Nationalprotestantismus, und für diesen Nationalprotestantismus war es unbegreiflich, daß die Deutschen den ersten Weltkrieg verloren hatten. Wie konnte Gott so etwas zulassen! Das konnte nur eine Prüfung sein auf dem Weg zu einem noch mächtigeren, noch angeseheneren, noch stärkeren Deutschland.

Die meisten Protestanten erlebten daher die Zeit der Weimarer Republik – mit schwachen Regierungen und Wirtschaftskrisen – als Demütigung. Sie sehnten sich nach einer starken Regierung, die das angefochtene Selbstbewußtsein der Deutschen wieder herstellte. So kam das für uns Unbegreifliche, Unfaßbare: Der größte Teil der protestantischen Christen (man schätzte schon damals ca. 80%) begrüßte die Machtübernahme Hitlers. Viele sahen darin einen Fingerzeig Gottes. Einer der führenden Theologen, ein Universitätsprofessor, sagte damals: Wenn in Zeiten der Krise und Not durch einen Führer die »Bestimmung unseres Volkes zum wahrhaftigen und würdigen Leben« verwirklicht wird, »dann haben wir in Wahrheit mehr als eines Menschen Stimme gehört«. Hier war Hitler der Führer zur Wahrheit und zum Leben geworden. Seine Stimme war die Stimme Gottes. Er war das Heil. Deswegen grüßte man mit »Heil Hitler«.

Ich muß gestehen: Wenn ich so etwas heute lese, überkommen mich Zorn, Wut und Scham. Mein Trost ist: Auch damals gab es Christen, die angesichts solcher Aussagen Zorn erfaßte. Und mehr als das: Sie taten etwas dagegen.

Hitler wollte die Kirchen gleichschalten, d.h. zum Instrument seiner kriminellen Politik machen. Mit der katholischen Kirche schloß er ein Konkordat, machte Versprechungen, die er dann nicht gehalten hat. Die politischen Repräsentanten des Katholizismus haben als Gegenleistung wahrscheinlich jenem Ermächtigungsgesetz zugestimmt, das Hitler zum Diktator machte. Das katholische Kirchenvolk, das viel eindeutiger gegen Hitler war als die meisten Protestanten, wurde damals von seinen Kirchenführern verraten. Hitler spielte die Hierarchie gegen die Katholiken aus! Bei den Protestanten wählte Hitler eine andere Strategie. Hier mobilisierte er das Kirchenvolk gegen die Kirchenleitungen. Bei Kirchenwahlen forderte er alle Protestanten auf, sich zu beteiligen und seine Anhänger, die sogenannten »Deutschen Christen«, zu wählen. Leute, die sonst nie in die Kirche gingen und sich für sie überhaupt nicht interessierten, sorgten so plötzlich in Kirchenvorständen und Synoden für neue Mehrheiten. Die alten Kirchenleitungen wurden abgesetzt. Mit drei Ausnahmen: In Hannover, Württemberg und Bayern blieben die Kirchen intakt.

Was wollten die nationalsozialistischen Christen? Einer ihrer wichtigsten Programmpunkte war die Entlassung aller Pfarrer jüdischer Abstammung und das Nein zur Aufnahme von Juden in die Kirche. Dagegen formierte sich der Widerstand. Es gab damals in Deutschland ca. 18.000 Pfarrer. 4.000 von ihnen erklärten, daß sie die Absetzung von Pfarrern jüdischer Abstammung nie akzeptieren könnten. Später kamen weitere hinzu. Das war die Geburtsstunde der Bekennenden Kirche – einer Gegenkirche gegen die offizielle Kirche, die fast überall von den Nazis beherrscht wurde. Diese Gegenkirche veranstaltete freie Synoden. Auf der ersten großen Bekenntnissynode in Barmen wurde eine Erklärung verabschiedet, die in ihrer ersten These das Grundübel an der Wurzel packt. Gegen die These, daß Hitler der Weg zur Wahrheit und zum Leben sei, setzte sie die beiden Worte aus dem Johannesevangelium!

Jesus Christus spricht: »Ich bin der Weg, die Wahrheit und das Leben. Niemand kommt zum Vater, denn durch mich.« Und man fügte hinzu: »Wahrlich, wahrlich, ich sage euch: Wer nicht zur Tür hineingeht in den Schafstall, sondern steigt anderswo hinein, der ist ein Dieb und ein Mörder. Ich bin die Tür, so jemand durch mich eingeht, der wird selig werden.«

Man muß sich das einmal vorstellen. Hier wird durch eine Kombination von Bibelzitaten gesagt: Wenn Hitler beansprucht, das Heil zu zeigen

– dann ist er ein Dieb und Mörder. Wer Ohren hatte zu hören, hat das auch damals schon verstanden!

Warum aber hatte Hitler für so viele Protestanten die Stimme Gottes werden können? Warum suchten sie in ihm das Heil? Weil für sie die Nation das höchste Gut war. Weil sie glaubten: Deutschland, Deutschland über alles! Weil für sie galt: Wer diese Nation über alle anderen Nationen hinaus erhöht, der ist von Gott beauftragt. Neben dem Evangelium, neben der Stimme Jesu, neben der Bibel erkannten sie noch andere Stimmen als Stimme Gottes an. Dagegen spricht sich die Barmer Erklärung aus. Sie sagt klipp und klar: »Wir verwerfen die falsche Lehre, als könne und müsse die Kirche als Quelle ihrer Verkündigung außer und neben diesem einen Worte Gottes auch noch andere Ereignisse und Mächte, Gestalten und Wahrheiten als Gottes Offenbarung anerkennen.« Was waren das für andere Ereignisse? Das waren die Kriege, in denen Deutschland gesiegt hatte. Was waren das für andere Mächte? Das war die Nation und der Staat, der für viele die Stimme Gottes in Form des Gesetzes war. Was waren das für andere Gestalten? Das waren Gestalten wie Hitler! Was waren das für andere Wahrheiten? Das war die nationalsozialistische Weltanschauung, die sagte: Wahr ist, was der Nation und Rasse dient. Gegen all das wird gesagt:

»Jesus Christus, wie er uns in der Heiligen Schrift bezeugt wird, ist das eine Wort Gottes, das wir zu hören, dem wir im Leben und Sterben zu vertrauen und zu gehorchen haben.« Er – und kein anderer.

Das ist zwar alles Vergangenheit. Aber es kann jederzeit wieder aktuell werden. Schon denken einige Politiker darüber nach, ob die Nation nicht einen religiösen Wert habe. Ob nationale Bindungen nicht die sich lockernde Bindung an das Christentum ersetzen sollen. Ich halte das für einen Irrweg. Er sollte keine Chance unter uns haben. Und er hat auch z.Zt. keine Chance.

Wichtiger ist ein anderes Problem. Und das führt uns zu der zweiten Situation, in der Intoleranz gegen Intoleranz geboten ist. Viele sagen heute, die schroffe Absage an jede Offenbarung Gottes außerhalb Jesu war damals notwendig und aktuell. Heute sei sie überholt. Daran ist richtig: Der Theologe, der die Erklärung von Barmen maßgebend formuliert hat, Karl Barth, hat später milder geurteilt. Überall in der Schöpfung habe Gott Lichter aufleuchten lassen. Nicht allein in Christus wird es hell. Aber hier erstrahlt sein Licht klar und eindeutig, so daß wir an seinem Licht alle Lichter messen können. Für mich heißt das: Ich bin überzeugt, daß Menschen anderen Glaubens authentische Erfahrungen Gottes haben: Juden, Moslems, Hindus, Buddhisten und andere. Aber ich kann mir nicht vorstellen, daß ich etwas als Stimme Gottes akzeptieren kann, das dem Weg Jesu, seinem Leben, seiner Wahrheit widerspricht. Und so wird die Barmer Theologische Erklärung heute fast allgemein verstanden. Sie sagt nicht, daß sich Gott nirgendwo sonst in der Welt außerhalb Jesu offenbart. Sie sagt aber: Die Kirche macht das nicht zur Grundlage ihrer Verkündigung. Ihre Grundlage ist die Offenbarung in Jesus. An ihr muß sie alles messen, alles überprüfen. Er, Jesus, ist der Prüfstein für alles.

Skeptiker könnten nun sagen: Wie kann Jesus ein Prüfstein sein, wenn doch schon der Weg zu ihm so voller Steine ist. Ist Jesus nicht verschwunden hinter uralten Texten, hinter einer langen Kirchengeschichte mit viel Unheil, verschüttet in einer Kirche, die sein Wort oft nur wenig überzeugend vertritt? Wo ist dieser Jesus zu finden, der Weg, Wahrheit und Leben sein will? Jesus gibt darauf im Neuen Testament eine Antwort. Er sagt:

Ich bin hungrig gewesen, und ihr habt mir nicht zu essen gegeben.
Ich bin durstig gewesen, und ihr habt mir nicht zu trinken gegeben.
Ich bin ein Fremder gewesen,
und ihr habt mich nicht aufgenommen.
Ich bin nackt gewesen, und ihr habt mich nicht gekleidet.
Ich bin krank und im Gefängnis gewesen,
und ihr habt micht nicht besucht.
(Mt 25,42-44)

Und dann werden wir ihn fragen: Wo bist du uns denn begegnet? Und er wird uns sagen:

Was ihr getan habt einem von diesen meinen geringsten Schwestern und Brüdern, das habt ihr mir getan.
(Mt 25,40)

Und hier gilt er wieder, der harte Satz Jesu: Niemand kommt zum Vater denn durch mich. Niemand kommt zum Vater, der die Stimme Jesu in seinen geringsten Schwestern und Brüdern überhört. Und das gilt für alle. Für Christen, Juden, Moslems, Hindus und Buddhisten. Allen Menschen begegnet Jesus unerkannt in denen, die Hilfe brauchen. Dort offenbart er sich. Dort öffnet er uns den Weg zum Vater. Dort leuchtet er auf als das Licht, das jedem Menschen leuchtet, der in die Welt gekommen ist, wie es am Anfang des Johannesevangeliums heißt. Dort hören wir seine Stimme.

Das aber heißt: Wir hören seine Stimme nicht in der Geschichte der Nation und des Staates, wie es die deutschen Christen meinten. Wir hören sie vielmehr in denen, die Opfer von Nationalismus und staatlicher Gewalt sind. Wer diese Stimme der Opfer, der Kranken, der Gefangenen, der Fremden überhört, wer in Fremden nicht Schwestern und Brüder erkennt – der wird nicht zum Vater gelangen. Das klingt intolerant. Aber das ist Intoleranz gegen Intoleranz. Eine Geschichte kann gut veranschaulichen, wie notwendig solche Intoleranz ist:

»Ein farbiger Asylant wünschte, in einer weißen Gemeinde aufgenommen zu werden. Der Pfarrer war reserviert. »Tja, sagte er, da bin ich nicht sicher, ob es unseren Gemeindegliedern recht sein würde. Ich schlage Ihnen vor, Sie gehen erst mal nach Hause und beten darüber und warten ab, was Ihnen Gott dazu zu sagen hat.« – Einige Tage später kam der Asylant wieder. Er sagte: »Herr Pfarrer, ich habe Ihren Rat befolgt. Ich sprach mit Gott über die Sache, und er sagte mir: Bedenke, daß du es mit einer sehr exklusiven Kirche zu tun hast. Du wirst wahrscheinlich nicht hineinkommen. Ich selbst versuche das schon seit vielen Jahren. Aber bis jetzt ist es mir noch nicht gelungen.««

Was heißt das? Das heißt: Eine Kirche, die sich vor den Diskriminierten und Bedrängten verschließt, ist nicht mehr Gottes Kirche. Weil einige Christen das vor 60 Jahren erkannt hatten und darauf beharrten: Wir nehmen Juden in unsere Kirche auf und geben ihnen die gleichen Rechte in ihr wie allen anderen Gemeindegliedern, darum bildeten sie eine Gegenkirche gegen die offiziellen Kirchen. Daß auch diese Gegenkirche, daß auch die Bekennende Kirche, gegenüber dem Unrecht an Juden viel zu lange geschwiegen hat, daß in der Barmer Theologischen Erklärung kein Wort für sie stand, kein Satz darüber, daß auch Jesus Jude war, nicht einmal ein Wort darüber, daß das Alte Testament, die Bibel der Juden, auch unsere Bibel ist – das muß leider auch gesagt sein. Einige haben es schon damals kritisiert. Sie hatten einen Teilerfolg: 1936 veröffentlichte die Bekennende Kirche einen Protest gegen die Verfolgung von Juden, gegen die Konzentrationslager, gegen die Mißachtung des Rechts.

Eine Kirche, die in der Nachfolge der Bekennenden Kirche steht, aber ist gewarnt: Wir müssen aufpassen, daß wir nicht zu spät protestieren, zu langsam reagieren, wenn Menschen ausgegrenzt werden. Und wir hätten keine Entschuldigung. Wir werden nicht verfolgt, wenn wir uns für Fremde und Asylanten einsetzen. Wir erhalten von vielen sogar Beifall, wenn Kirchengemeinden in begründeten Einzelfällen Kirchenasyl gewähren, d.h. eine geplante Abschiebung verhindern, um gefährdeten Menschen beizustehen. Eine Kirche, die die Theologische Erklärung von Barmen zu ihren Grundlagen zählt, kann nicht anders. Für sie ist und bleibt das Wort Jesu die Richtschnur: »Ich bin der Weg, die Wahrheit und das Leben. Niemand kommt zum Vater denn durch mich.« Und das heißt: Niemand kommt zum Vater denn auf dem Weg der Mitmenschlichkeit, den Jesus gezeigt hat.

Das gilt für die Kirche wie für jeden einzelnen unter uns. Ich weiß, in jedem Gottesdienst sind Menschen, in deren Leben es dunkel aussieht. Manchen fiel es vielleicht schwer zuzuhören, weil ihr Kopf ganz von eigenen Sorgen überflutet ist. Ihnen möchte ich zurufen: Auch wenn eine traurige Stimme in euch sagt: Es gibt keinen Weg, kein wahres Leben, so gibt es doch eine große Gegenstimme: Ich bin der Weg, die Wahrheit und das Leben. Eine Stimme, die sagt: Es gibt trotz allem einen Weg. Es gibt Leben. Es gibt wahres Leben. Nur weil einzelne Christen das in ihrem persönlichen Leben in dunklen Stunden immer wieder erfahren, nur darum hat auch die Kirche als ganze die Kraft, in den dunklen Stunden der Geschichte der Wahrheit zu folgen – damals in Barmen und hoffentlich auch in Gegenwart und Zukunft.

Und der Friede Gottes, welcher höher ist als alle unsere Vernunft, bewahre eure Herzen und Sinne in Christo Jesu. Amen.

Diese Predigt wurde am 18.9.1994 in Reichelsheim (im Odenwald) im Rahmen einer Predigtreihe zur Barmer Theologischen Erklärung gehalten. Der in der Predigt zitierte Universitätstheologie ist P. Althaus: Die deutsche Stunde der Kirche, Göttingen [2]1934, S.12: »Und wenn die Bestimmung unseres Volkes zum wahrhaftigen und würdigen Leben in Zeiten des Wahns und des Vergessens durch eines Führers Fordern den vielen neu zum Gesetz wird, dann haben sie in Wahrheit mehr als eines Menschen Stimme gehört.« Zitiert nach B. Hamm: Schuld und Verstrickung der Kirche. Vorüberlegungen zu einer Darstellung der Erlanger Theologie in der Zeit des Nationalsozialismus, in: W. Stegemann (Hg.): Kirche und Nationalsozialismus, Stuttgart 1990 ([2]1992) 13-49, dort S.14 Anm.1. – Die Geschichte vom farbigen Asylanten ist eine Variation zu H.L. Gee: Wer einen dieser Geringsten ausschließt ..., in: L. Graf / U. Kabitz / M. Lienhard / R. Pertsch: Die Blumen des Blinden, München 1983, S. 157.

Die schwachen Glieder als Stärke des Leibes Christi
Ein Lebenszeichen des Heiligen Geistes

(1 Korinther12,12-31)

Denn wie der Leib einer ist und viele Glieder hat, alle Glieder des Leibes aber, obgleich es viele sind, einen Leib bilden, so ist es auch mit Christus. Denn auch wir sind in einem Geist alle zu einem Leib getauft worden, ob Juden, ob Griechen, ob Sklaven, ob Freie, und sind alle mit einem Geist getränkt worden. Denn auch der Leib ist nicht ein Glied, sondern viele. Wenn der Fuß sagt: Weil ich nicht Hand bin, gehöre ich nicht zum Leibe, so gehört er darum doch zum Leibe. Und wenn das Ohr sagt: Weil ich nicht Auge bin, gehöre ich nicht zum Leibe, so gehört es darum doch zum Leibe. Wenn der ganze Leib Auge wäre, wo bliebe das Gehör? Wenn er ganz Gehör wäre, wo bliebe der Geruch? Nun aber hat Gott den Gliedern eine Bestimmung gegeben, einem jeden von ihnen am Leibe, wie er gewollt hat. Wenn aber alle ein Glied wären, wo bliebe der Leib? Nun aber gibt es viele Glieder, doch nur einen Leib. Das Auge kann aber nicht zur Hand sagen: Ich bedarf deiner nicht, oder wiederum der Kopf zu den Füßen: Ich bedarf euer nicht; sondern vielmehr die Glieder des Leibes, die die schwächeren zu sein scheinen, sind notwendig, und die uns die weniger ehrbaren am Leibe zu sein scheinen, die umgeben wir mit desto größerer Ehre, und die unanständigen an uns haben desto größere Wohlanständigkeit; die wohlanständigen an uns aber bedürfen es nicht. Aber Gott hat den Leib so zusammengefügt, daß er dem im Nachteil befindlichen Glied desto größere Ehre gab, damit keine Spaltung im Leibe wäre, sondern die Glieder die gleiche Sorge füreinander tragen sollten. Und wenn ein Glied leidet, so leiden alle Glieder mit; wenn einem Glied Herrliches zuteil wird, so freuen sich alle Glieder mit. Ihr aber seid Christi Leib und, als Teile betrachtet, Glieder. Und Gott hat erstens die einen in der Kirche zu Aposteln bestimmt, zweitens andre zu Propheten, drittens noch andre zu Lehrern, dann Wunderkräfte, dann Gnadengaben zu Heilungen, Hilfeleistungen, Leitungen, Arten von Zungenreden. Sind etwa alle Apostel? Sind etwa alle Propheten? Sind etwa alle Lehrer? Haben etwa alle Wunderkräfte? Haben etwa alle Gnadengaben zu Heilungen? Reden etwa alle in Zungen? Legen etwa alle aus? Eifert aber nach den größeren Gnadengaben! Und ich zeige euch einen noch weit trefflicheren Weg. (Zürcher Übersetzung)

Wir sind der Leib Christi. Gewiß ist das nicht wörtlich gemeint. Es ist ein Bild. Es will uns die Augen für etwas öffnen, das wir ohne dies Bild nicht sehen würden. Bilder verändern unsere Wahrnehmung. Jeder weiß: Wer sich immer wieder sagt, die Menschen sind verkleidete Affen, erlebt seine Mitmenschen bald als Affen. Und wer sich immer wieder sagt: Die Welt ist ein Irrenhaus, der entdeckt bald lauter Irre – selbst wenn er in einer Universität lebt. Aber was können wir mit dem Bild vom Leib Christi entdecken? Was ändert sich, wenn wir andere Menschen und uns selbst im Lichte dieses Bildes erleben?

Das war schon unter den Korinthern strittig. Die Briefe des Paulus haben oft große Debatten hervorgerufen. Hören wir uns eine solche Debatte im imaginären Raum unserer Phantasie an, eine Debatte in drei Redegängen, mit Rede und Gegenrede.

Als erster meldet sich Titius Justus zu Wort, ein Nachfahre der römischen Kolonisten, die vor 100 Jahren das völlig zerstörte Korinth neu gegründet hatten. Ihm ist das Bild vom »Leib« vertraut. Es meint eine Stadt oder einen Staat, eine Polis, eine civitas. Er sagt: »Das Bild vom Leib Christi erinnert mich an die Fabel von Menenius Agrippa, mit der in Rom einst große Politik gemacht wurde. Nach dem Ende der Monarchie war die Republik von innen durch Klassenkämpfe, von außen durch Feinde bedroht. Mit dem Versprechen eines Schuldenerlasses hatte der Senat die Plebejer zum Kriegsdienst überredet. Aber nach den Kriegen wurde das Versprechen nicht eingehalten. Da zogen sich die Plebejer aus Protest auf den heiligen Berg außerhalb Roms zurück und weigerten sich zurückzukehren. Der Senat schickte Menenius Agrippa als Unterhändler zu den Streikenden. Und der erzählte ihnen die Fabel vom Magen und den Gliedern:

Zu der Zeit als im Menschen die einzelnen Glieder für sich überlegten und redeten, hätten sich die übrigen Körperteile darüber geärgert, daß sie durch ihre Mühe und Dienste alles für den Bauch tun, daß der Bauch aber nichts tue als nur genießen. Sie hätten sich daher verschworen, die Hände sollten keine Speise mehr zum Munde führen, der Mund solle sie nicht mehr aufnehmen, die Zähne sie nicht mehr kauen. In ihrem Zorn wollten sie den Bauch durch Hunger zähmen. Aber zugleich wurden die Glieder und der ganze Körper völlig entkräftet. Da sei ihnen klar geworden, daß auch der Bauch seinen Dienst tue und nicht nur ernährt werde, sondern auch ernähre, indem er das Blut, von dem wir leben und stark sind, gleichmäßig in alle Teile des Körpers zurückströmen lasse, nachdem es durch Verdauung von Nahrung seine Kraft erhalten habe. Mit dieser Fabel gelang es, die Plebejer umzustimmen. Sie kehrten in die Stadt zurück. Rom war gerettet.«

Und mit Blick auf die korinthische Gemeinde fährt Titius Justus fort: »Auch unter uns gibt es Streit. Auch unter uns wollen einige miteinander nichts zu tun haben. Paulus will uns mit seinem Bild vom Leib Christi wieder zusammenführen. Aber seine Fabel ist in einem Punkt das Gegenteil der politischen Fabel. In der geht es wie in der ganzen Politik darum, daß sich die schwächeren Glieder den stärkeren unterordnen. Es geht um Herrschaft, notfalls um Herrschaft mit Zwang. Paulus aber sagt mit seinem Bild: Wo der Geist Christi eine Gemeinschaft erfüllt, da ordnen sich alle Glieder – und gerade die stärksten – freiwillig und ohne Zwang dem schwächsten Glied unter und nehmen Rücksicht auf es. Darum sind in unserer Gemeinde alle die vollberechtigte Glieder, die in der Stadt Korinth ausgeschlossen sind: die Fremden, die Sklaven, die Frauen. Was in der politischen Realität nicht möglich (oder noch nicht möglich) ist: Bei uns wird es gelebt. Unsere Gemeinde soll als Leib Christi ein Gegenbild zu Stadt und Staat sein!«

Justus hat geendet. Da meldet sich seine Frau Justa, eine gebürtige Athenerin, zu Wort. Obwohl sie ihrem Mann in der Sache deutlich widerspricht, leitet sie ihr Votum sehr freundlich ein:»Ich will nur eine kleine Kleinigkeit ergänzen. Die Fabel des Menenius Agrippa hatte eine Folge: die Einrichtung des Volkstribunats. Die schwächeren Glieder des Staates konnten sich von jetzt ab durch das Vetorecht des Volkstribunen gegen Übergriffe von oben wehren. Das Bild vom Leib und seinen Gliedern kann in der Politik also auch zugunsten der Schwachen benutzt werden. In Athen sorgte z.B. Solon dafür, daß jeder Bürger stellvertretend für andere klagen konnte, wenn er sah, wie ein anderer geschlagen, verunglimpft oder mißhandelt wurde. Und er begründete das so: Die Bürger müssen sich daran gewöhnen, ›sich gleichsam als Glieder eines Körpers zu fühlen und miteinander zu empfinden‹. Und Plato plädierte für Gütergemeinschaft, damit, wenn ein Glied leidet, alle mitleiden. Ihr seht also: Es gibt in der Politik Vorstellungen, die kommen unserem Bild vom Leib Christi näher als andere. Es gibt politische Programme, die unserer Gemeinde näher stehen als andere. Und für die müssen wir uns einsetzen. Der heilige Geist, der die Gemeinde zum Leib Christi macht – hat Entsprechungen im menschlichen Geist, überall dort, wo der für Humanität und Solidarität eintritt. Wir sollten daher als Christengemeinde nicht nur ein Gegenbild zur Bürgergemeinde sein. Wir sollten versuchen, in der Bürgergemeinde das zu unterstützen, was innerhalb der bestehenden Möglichkeiten dem Geist Christi am meisten entspricht.«

Den nächsten Redegang leitet Stephanus ein, ein Einwanderer aus Kleinasien, von dort, wo heute die Türkei liegt. Er sagt:»Wir dürfen bei der Gemeinschaft der Menschen nicht nur an einzelne Staaten und Städte denken. Die ganze Welt ist unsere Heimat, die ganze Welt unsere Polis. Wir sind Kosmopoliten. Alles, was existiert, ist ein Glied in einem großen organischen Zusammenhang. Laßt uns daher in Übereinstimmung mit der Natur leben. Wir Christen unterscheiden uns von den andern nur dadurch, daß uns durch Christus die Augen für diese großen Zusammenhänge wieder aufgegangen sind. Durch ihn entdecken wir wieder, daß alles Schöpfung Gottes ist, daß alles zusammengehört: Atome und Moleküle, Pflanzen und Tiere, Mensch und Natur. Wenn wir im Leib Christi organisch zusammenleben, verwirklichen wir das verborgene Gesetz der ganzen Schöpfung. Denn die ganze Welt ist ein Leib.«

Seine Frau Stephanie widerspricht ihm freilich. Sie sagt: »Ich sehe deine wunderbare Harmonie in der Welt nicht. Als wir auswanderten, waren wir überall Fremde, Leute, die man lieber gehen als kommen sieht. Wo sind denn die Weltbürger, die jeden Menschen als Bruder und Schwester aufnehmen? Wo sind sie, wenn Fremde und Flüchtlinge überall herumgestoßen werden? Und geht es in der Natur anders zu? Finden wir dort nicht überall einen schäbigen Kampf um Reviere, Wettkämpfe um bessere Fortpflanzungschancen, ein Treten und Beißen um die Hackordnung, ein Fressen und Gefressenwerden? Das sollen wir uns zum Vorbild nehmen? Nie! Die Natur ist kein großer organischer Leib, kein Zusammenhang, an den man sich ankuscheln kann. Aber vielleicht kann sie es werden. Vielleicht ist es Aufgabe der christlichen Gemeinde, Vorhut einer erneuerten Schöpfung zu sein.«

Schließlich eröffnet Aquila, ein Emigrant aus Rom, den dritten Redegang. Er knüpft an das an, was die Politiker und Ökologen vor ihm sagten: »Wenn ihr wollt, daß die Ordnung der Gemeinde sich zeichenhaft in Stadt und Land verwirklicht und sogar zur Vorhut einer erneuerten Schöpfung wird, dann müssen wir bei jedem einzelnen Glied beginnen. Bei jedem von uns müssen sich Hand, Fuß und Auge auf das große Ziel ausrichten. Hat Jesus nicht gesagt: Wenn dich ein Glied ärgert, dann reiß es aus! Das muß man nicht wörtlich nehmen. Aber klar ist: Selbstdisziplin ist nötig, wenn jemand ein Soldat Christi sein will. Aber was müssen wir anstatt dessen feststellen? Unsere Gemeinde besteht aus lahmen und humpelnden Soldaten Christi. Da gibt es Leute, die schlafen, mit wem sie wollen. Da gibt es Christen, die prozessieren gegeneinander. Da gibt es Brüder, die intrigieren gegen andere, indem sie sich mit Briefen und Gerüchten an Paulus wenden. Dann gibt es einige, die ihr unverständliches Reden für Tiefsinn des heiligen Geistes halten. Und manche werden arrogant, weil sie ein religiöser Trip bis in den siebten Himmel entrückt. Wie kann eine solche Gemeinde eine schlagkräftige Truppe Christi sein? Wie kann sie Vorbild für die Umwelt sein? Oder gar Vorhut einer neuen Welt? Ist sie nicht selbst ein krankes Glied der Gesellschaft? Daher muß sich zunächst jeder einzeln bekehren. Notfalls müssen wir uns von einigen kranken Gliedern trennen – und dann werden wir vielleicht wieder zum Leib Christi, zu seinen Händen, zu seinen Füßen, zu seinen Organen!«

Jetzt ist Priska an der Reihe, um ihren Mann zu korrigieren. Sie ist ihrem Mann in Debatten oft überlegen. Man raunt sich zu, Aquila habe deswegen versucht, den Schreiber des Paulus zu überreden, irgendwo eine Mahnung in seine Briefe einzufügen: Wenn Frauen ihren Männern widersprechen, so sollten sie das zu Hause machen, nicht in der Öffentlichkeit. Da sollten verheiratete Frauen schweigen. So menschlich ging es zu in Korinth. Diese Priska also sagt: »Paulus hat gewiß nicht gemeint, wir sollten uns von unseren schwachen Gliedern trennen. Er sagt das Gegenteil: Alle Glieder haben eine Gabe. Alle haben ein Charisma. Alle tragen zu unserem Gemeindeleben bei. Das Bild vom Leib Christi ist eine Aufforderung, auch in den schwächsten Gliedern eine positive Kraft zu entdecken. Es ist kein Programm, sie zu ändern. Erst recht kein Programm, sie zu entfernen, wenn sie sich nicht ändern lassen. Nicht einmal nur ein Programm, ihnen zu helfen. Denn auch mit Hilfe kann man andere Menschen demütigen. Nein, das Bild vom Leib Christi soll uns die Augen dafür öffnen, daß auch die schwächsten Glieder voll Kraft sind, wenn der Geist Christi sie erfüllt.«

Wenn Priska heute zu uns sprechen könnte, würde sie vielleicht folgende Beispiele wählen. In unseren Gemeinden sind jetzt viele Übersiedler aus Osteuropa. Ihr Kommen wird in der Öffentlichkeit oft unfreundlich kommentiert – selbst von Menschen, die das Soziale in ihren Parteiprogrammen hoch halten. Aber gerade diese Übersiedler sind ein Segen: Sie bringen eine evangelikale Frömmigkeit mit – aber ohne die Aggressivität von Fundamentalisten. Dieselbe Erfahrung machen wir mit Christen aus der Ökumene, aus Korea, Afrika oder Südamerika. Sie sind in ihrer Theologie eher evangelikal. Aber sie kommen zu uns und wollen auch von ganz liberalen Mitchristen etwas lernen. Sie sind bereit, sich auf ein Gespräch einzulassen. Ihnen allen möchte ich sagen: Ihr seid hier willkommen als Glieder im Leib Christi! Ihr bringt etwas mit, das ein Segen sein kann. Es ist gut, daß ihr da seid!

Mein zweites Beispiel: Lange hat man es unter uns verheimlicht, daß Christen – darunter viele Pfarrer und Pfarrerinnen – in ihren Ehen und Beziehungen scheitern. Und doch ist ihre Erfahrung ein Schatz von Leid und Weisheit, den wir nicht verstecken sollten. Wie viele Pfarrer und Pfarrerinnen konnten Gemeindegliedern helfen, weil sie selbst die Beziehungskrisen erlitten hatten, die andere durchmachen. Und darum sage ich: Ihr alle, die ihr in Krisen, Trennungen und Scheidungen lebt – ihr seid willkommen! Ihr bringt etwas mit, das andere nicht haben. Es kann ein Segen für uns alle werden.

Wieder ganz anders ist mein drittes Beispiel. Die christlichen Gemeinden streiten zur Zeit darum, wie sie mit ihren schwulen und lesbischen Gliedern umgehen sollen. Die einen sagen: Das ist Sünde. Die andern sagen: Sünde ist, zu sagen, das sei Sünde. Kurz: die Debatte ist sehr verwirrend. Aber am Anfang jedes Gesprächs sollte die Anerkennung eines Faktums stehen: Es gab und gibt schon immer homosexuelle Mitglieder unter uns. Sie tragen positiv zu unserem Gemeindeleben bei. Manche investieren Energien, die andere in Familie und Kinder stecken, um so mehr in soziale Zwecke – auch zu unseren Gunsten. Wir schulden ihnen Dank dafür. Auch ihnen möchte ich zurufen: Ihr seid willkommen unter uns. Ihr habt ein Charisma. Wer unter euch es in der christlichen Gemeinde aushält, ja, sogar positiv in sie investiert, hat zumindest ein Charisma: Er muß sehr gutmütig sein, sehr reif, sehr verständnisvoll gegenüber denen, die so große Schwierigkeiten mit ihnen haben, um trotz mancher schriller Töne in unserer Mitte zu leben! Ich bitte euch: Bleibt bei uns!

Mein viertes Beispiel liegt auf einer ganz anderen Ebene: Die Medizin hat viele Fortschritte gemacht. Sie läßt viele überleben, wo früher kein Überleben möglich war. Aber sie entläßt daher immer mehr Menschen in die große Ungewißheit: Wie lange wird es dauern, bis die Krankheit wiederkehrt, sei es ein Karzinom, sei es ein psychotischer Schub? Sie entläßt immer mehr Menschen mit der Gewißheit, daß das ganze weitere Leben nur unter Einschränkungen möglich sein wird. Viele von ihnen leben unter uns. Sie sind wertvolle Menschen! Welch große Kraft müssen sie entwickeln, um wieder Zutrauen zum Leben und zu sich zu gewinnen. Ihnen allen rufe ich zu: Ihr seid wertvolle Glieder am Leib Christi! Oft seid ihr die Starken – und wir Gesunden die Schwachen. Es ist gut, daß ihr unter uns seid. Ich bitte euch: Bleibt bei uns!

Ich könnte noch viele Beispiele nennen. Immer wieder gilt: Wo Christi Geist Menschen ergreift, die am Rande stehen, eingeschränkt sind, die als schwach gelten – da wird oft Schwäche in Stärke, Leid in Segen verwandelt. Wenn wir untereinander im Geist Christi verbunden sind und in diesem Geist mit unseren starken und schwachen Gliedern umgehen, dann werden wir überzeugen.

Dann überzeugen wir vielleicht auch die Stadt und den Staat, in denen wir leben davon, daß es besser ist, die schwachen Glieder zu unterstützen, als sie weiter zu schwächen. Heute wandern nicht die Plebejer aus, sondern die Reichen mit ihrem Geld, nicht auf heilige Berge, sondern in Steueroasen. Und ihre Botschaft ist: Wenn ihr eure Gesellschaft so unsozial wie möglich und so profitbringend wie nötig einrichtet, dann kommen wir wieder – den Abbau des Sozialstaats vorausgesetzt. Liebe Gemeinde, laßt euch nicht von diesem Geist anstecken! Dieser Geist der sozialen Kälte führt ins Verderben. Erst werden die Schwachen ausgegrenzt, dann kündigen sie die innere Loyalität gegenüber dem Zusammenleben auf, dann steigt die Kriminalität. Und die Reichen sind inzwischen reich und einflußreich genug geworden, um dagegen den Polizeistaat durchzusetzen. Zweifellos müssen wir Anrechte und Leistungen neu verteilen. Ein Segen liegt auf dieser notwendigen Neuverteilung aber nur, wenn wir die schwachen Glieder unserer Gesellschaft integrieren und nicht ausgrenzen.

Wir müssen aber nicht nur die Gesellschaft überzeugen. Wir müssen uns als Kirche und Gemeinde selbst überzeugen. Die Kirche gilt heute als krankes Glied in der Gesellschaft. Alle anderen Bereiche haben in der Neuzeit eine ungeheure Effizienzsteigerung erlebt: Wissenschaft, Wirtschaft, Recht und Politik. Die Politik vielleicht nur eingeschränkt. Die Kirchen durchzog jedoch schon zu lange kein Geist der Erneuerung. Aber auch dann könnte sie kaum mit den Effizienzsteigerungsraten der Neuzeit mithalten. Und darin liegt vielleicht unsere Chance. Wo alles perfekt sein muß, wo soziale Fitness zum entscheidenden Faktor jeder Biographie wird, da ist es gut, wenn es wenigstens eine Gruppe gibt, die daran erinnert: Es gibt ein Menschenrecht, unvollkommen und nicht perfekt zu sein! Der Geist Christi macht uns gewiß: Gott akzeptiert unvollkommene Menschen ohne Leistung und Vorbedingung.

Schließlich aber muß jeder einzelne unter uns sich selbst überzeugen. Und das ist oft das Schwerste. In uns allen gibt es etwas, das heimatlos ist und entwurzelt. Gib ihm Heimat in dir! Laß das Fremde in dir zu – auch damit du dich dem Fremden um dich herum zuwenden kannst!

In jedem von uns gibt es einen Menschen, der in Beziehungen gescheitert ist. Und das schmerzt. Keiner ist hier vollkommen. Laß den Schmerz darüber in dir zu! Dann trägst du ihn nicht in jede neue Beziehung hinein.

In uns allen gibt es sexuelle Impulse und Phantasien, die nicht mit dem übereinstimmen, was unsere Umwelt und vor allem: was wir selbst als ›Norm‹ ansehen. Schäme dich dessen nicht! Gerade auf diesem Gebiet gibt es ein sehr terroristisches Wörtchen; und das heißt: ›normal‹.

In uns allen gibt es Angst vor Krankheit, Einschränkung und Tod. Laß auch diese Angst in dir zu! Bekenne dich zu den schwachen Seiten in dir!

Und sei es auch nur, damit du um so bewußter jeden Tag erlebst, an dem du ohne Einschränkung und Schmerzen bist. Oder an dem du weniger Einschränkung und Schmerz erlebst als sonst.

In jedem von uns gibt es eine traurige Ecke, in der ein Depressiver hockt – irgendwo in den Räumen unseres Lebens – bei dem einen im Keller, bei den anderen im Wohnzimmer, bei den einen als Dauergast, bei andern als unheimlicher Besuch. Auch das gehört zum Leben. Wie könnten wir andere Menschen verstehen und ihnen helfen, wenn wir nicht selbst eine Ahnung haben, wie hilflos man ist, wenn man neben seinem eigenen Leben steht, und es scheint verschüttet zu sein.

Der Geist Christi, der heilige Geist, dessen Fest wir Pfingsten feiern, ist die große Macht, die Schwäche in Kraft verwandeln kann, Leid in Segen, die aus dem Grab der Depression ins Leben zurückholt. Dieser Geist macht uns fähig, im andern ein Stück unserer selbst zu erkennen, und mag er noch so bizarr sein. Und in uns ein Stück vom andern zu entdecken, und mag er noch so fremd uns erscheinen. Er führt uns zusammen. Er macht, daß wir uns freuen über jede Gabe, jede Kompetenz, jedes Charisma. Er läßt uns mitleiden mit allem, was schmerzt. Er gibt uns Gewißheit: Wo dieser Geist unser Herz erfüllt, da leuchtet der Morgenglanz einer neuen Welt schon hier und jetzt auf.

Und der Friede Gottes, welcher höher ist als alle unsere Vernunft, bewahre unsere Herzen in Christo Jesu. Amen.

Diese Predigt wurde am 26.5.1996 zum Pfingstfest in der Peterskirche in Heidelberg gehalten. Sie gehörte in eine Predigtreihe zum 800jährigen Jubiläum der Stadt Heidelberg: »Suchet der Stadt Bestes! Vom Auftrag der Christen zwischen Himmel und Erde.« Die Fabel des Menenius Agrippa findet sich in Livius ab urbe condita II,32,8ff. Sie wird hier verkürzt wiedergegeben. Über Solons Reform berichtet Plutarch, Solon, 18, und benutzt dabei das Bild vom Leib und seinen Gliedern. Am 25.1. und 23.2.1996 war die »Orientierungshilfe des Rates der Evangelischen Kirche in Deutschland zum Thema ›Homosexualität und Kirche‹« unter dem Titel »Mit Spannungen leben« verabschiedet worden, die an der grundsätzlichen Ablehnung der Homosexualität festhält, jedoch ihre ethische Gestaltung positiv als Aufgabe akzeptiert – ein bedrückend widersprüchliches Dokument, das kleine Fortschritte bietet, weil unter bestimmten Umständen homosexuelle Pfarrer und Pfarrerinnen akzeptiert werden. Insgesamt aber ist es eher das Dokument einer moralischen Lähmung aufgrund unvereinbarer Positionen mit einer fatalen Botschaft an die Betroffenen: Sie werden nur unter der Bedingung akzeptiert, daß sie sich selbst teilweise nicht akzeptieren. – Die Predigt enthält eine Anspielung auf die Landtagswahl 1996 in Baden-Württemberg, in dem die Sozialdemokratische Partei Stimmung gegen Übersiedler aus den osteuropäischen Ländern machte und nicht nur die Landtagswahl verlor, sondern auch ein Stück Integrität.

»Meine Kraft kommt in Schwachheit zur Vollendung«
Predigt für ein Kind und für Kirchenälteste

(2 Korinther 12,1-10)

Gerühmt muß werden; wenn es auch nichts nützt, so will ich doch kommen auf die Erscheinungen und Offenbarungen des Herrn. Ich kenne einen Menschen in Christus; vor vierzehn Jahren – ist er im Leib gewesen? Ich weiß es nicht; oder ist er außer dem Leib gewesen? Ich weiß es nicht; Gott weiß –, da wurde derselbe entrückt bis in den dritten Himmel. Und ich kenne denselben Menschen – ob er im Leib oder außer dem Leib gewesen ist, weiß ich nicht; Gott weiß es –, der wurde entrückt in das Paradies und hörte unaussprechliche Worte, die kein Mensch sagen kann. Für denselben will ich mich rühmen; für mich selbst aber will ich mich nicht rühmen, außer meiner Schwachheit. Und wenn ich mich rühmen wollte, wäre ich nicht töricht; denn ich würde die Wahrheit sagen. Ich enthalte mich aber dessen, damit nicht jemand mich höher achte, als er an mir sieht oder von mir hört. Und damit ich mich wegen der hohen Offenbarungen nicht überhebe, ist mir gegeben ein Pfahl ins Fleisch, nämlich des Satans Engel, der mich mit Fäusten schlagen soll, damit ich mich nicht überhebe. Seinetwegen habe ich dreimal zum Herrn gefleht, daß er von mir weiche. Und er hat zu mir gesagt: Laß dir an meiner Gnade genügen; denn meine Kraft ist in den Schwachen mächtig. Darum will ich mich am allerliebsten rühmen meiner Schwachheit, damit die Kraft Christi bei mir wohne. Darum bin ich guten Mutes, in Schwachheit, in Mißhandlungen, in Nöten, in Verfolgungen und Ängsten, um Christi willen; denn wenn ich schwach bin, so bin ich stark.

Heute haben wir zwei Aufgaben: Wir taufen ein Kind, und wir führen die neuen Kirchenältesten ein. Wir taufen dies Kind im Namen des Vaters und des Sohnes und des Heiligen Geistes.

Was bedeutet es, wenn wir es im Namen des Vaters taufen? Wir werden in diese Welt geboren, ohne daß uns jemand fragt, ob wir wollen oder nicht. Wir werden in eine Familie geboren, die wir uns nicht ausgesucht haben. In ein Land, das wir nicht bestimmt haben. In einen Körper, den wir nicht gewählt haben. All das können wir als dumpfes Schicksal hinnehmen. Aber wir können dies Leben auch als Gabe Gottes empfangen und als Auftrag, daß wir zur Freiheit der Kinder Gottes berufen sind. Darum taufen wir im Namen des Vaters.

Wir taufen das Kind im Namen des Sohnes. Was heißt das? Dies Kind ist geborgen in der Liebe seiner Eltern. Sie geben ihm Mut zum Leben.

Aber dieser Mut wird später immer wieder in Krisen gekreuzigt und begraben. Und deshalb geben wir diesem Kind einen Freund und Bruder mit auf den Lebensweg: Jesus, damit auch in den dunkelsten Stunden des Lebens ihm jemand nahe ist. Mit ihm sind wir gekreuzigt und begraben, um ein neues Leben schon jetzt in der Kraft seiner Auferstehung zu beginnen.

Wir taufen das Kind im Namen des Heiligen Geistes. Was heißt das? Dies Kind kommt in eine Welt voll von unheiligem Geist: einem Geist von Haß und Vorurteil, Zynismus und sozialer Kälte. Wir aber möchten, daß sein Leben vom Heiligen Geist durchdrungen wird: vom Geist der Versöhnung und des Friedens, vom Geist der Zuversicht, vom Geist der christlichen Gemeinde, vom Geist Jesu. Darum taufen wir es im Namen des Heiligen Geistes.

Nach der Taufhandlung:
Wir haben ein Kind getauft. Wir alle wünschen dem Kleinen, daß es ihm auf seiner weiteren Lebensbahn gut geht. Vielleicht erwarten einige uneingestanden, daß die Taufe dazu hilft, diesen Wunsch zu verwirklichen: Daß sie Schutz gegen Krankheit und Gefahr, Abwehr des Bösen in der Welt ist. Aber mit dem Kopf wissen wir es besser: Taufe und Glauben sind kein Schutz gegen Krankheit und Krise. Christsein und Glauben sind eher ein Weg, mit Krankheit und Krisen umzugehen. Das zeigt unser Text. Er spricht von einem kranken Apostel, von einem Paulus in der Krise.

Seine Gemeinde erwartete, daß er, der Apostel, mit geheimnisvoller Kraft erfüllt sei, die ihn vor allem Übel schützt; daß er Lebensglück verbreite, Kranke heile. Und was mußte sie erleben? Daß der Apostel selbst krank war, eine gebrochene Gestalt. Was hatte er? Paulus spricht von Faustschlägen eines Satansengels. Von einem Stachel im Fleisch. Die griechischen Kirchenväter, die noch viele Nebentöne seiner Sprache mithörten, die wir nur mühsam oder gar nicht rekonstruieren können, waren sich in der Diagnose einig: Kopfschmerzen hat der Apostel gehabt, wahnsinnige Kopfschmerzen. Attackenkopfschmerz. Schmerzen wie Schläge gegen den Kopf. Stiche wie wenn ein Nagel das Gehirn durchbohrt. Migräne schwerster Art. Paulus war nicht immer einsatzfähig. Und das sollte ein Apostel sein? O Gott, o Gott! Ein Apostel sollte doch Menschen gewinnen – und wie soll er das, wenn er manchmal ein Bild menschlichen Elends bot? Ein Apostel sollte Kranke heilen! Aber wie sollte er das, wenn er selbst krank war? Ein Apostel sollte positiv wirken, positiv denken, positiv sprechen. Paulus war nicht positiv genug.

Und was sagt der Apostel dazu? Er schreibt: Auch er habe Positives zu bieten. Religiöse Spitzenerlebnisse. Gottesnähe erster Klasse. Ekstasen bis in den dritten Himmel. Aber damit wolle er nicht angeben. Er stünde diesen Spitzenerlebnissen fremd gegenüber – so fremd, als seien sie einem anderen Menschen geschehen.

Daß er hier so distanziert von sich spricht, kann ich gut verstehen. Auf den Höhepunkten des Lebens sind wir oft außer uns, nicht bei uns selbst. Es gibt Musik, die ist so schön, daß man dahinschwebt und meint, zu Hause anzukommen. Es gibt Frühlingstage, wo das Leben neu aufersteht, auch wenn es schon verbraucht scheint. Es gibt erotische Faszination, die uns in einen anderen Zustand versetzt: Himmelsnähe zweiter Klasse. Aber wann spüren wir am meisten, daß wir unverwechselbar wir selbst sind, gebunden an diesen einen Körper, geworfen in dies einmalige Leben? Wir spüren es, wenn es uns hart ergeht, wenn uns eigener Schmerz oder fremdes Leiden treffen, wenn eine Krankheit uns niederwirft! Dann möchten wir nicht mehr wir selbst sein, möchten anders sein, einen anderen Körper, ein anderes Leben haben. Und dann müssen wir lernen: Das ist dein Leben. Das ist dein Körper. Das bist du.

Ich weiß, es gibt Menschen unter uns, die haben Grund zu wünschen: Könnte doch mein Leben noch einmal von vorne anfangen, wie das Leben dieses Kindes, das wir getauft haben. Könnte ich noch einmal einen anderen Körper haben – als den, der es vielleicht nicht lange mehr tut. Oder den ich nicht leiden kann.

Paulus war auch so einer. Er wollte ein anderer sein. Seine Krankheit war ein Stachel in seinem Leben. Eine offene Wunde. Und in diese Wunde hieben seine Kritiker in der Gemeinde. Sie wollten einen anderen Apostel. Das wollte der im Grunde ja auch. Er gab ihnen heimlich recht. Dreimal hatte er Gott gebeten: Laß mich gesund sein! Das ist nicht fair, daß du mir eine große Aufgabe gibst – und nicht den Körper dazu, um sie auszuführen! Aber nur eine Gewißheit hatte er erhalten, nur eine Antwort: Laß dir an meiner Gnade genügen, denn meine Kraft ist in den Schwachen mächtig. Oder wörtlich übersetzt: Meine Kraft kommt in Schwachheit oder Krankheit zur Vollendung. Das griechische Wort für Schwachheit ist dasselbe wie für Krankheit.

Und das alles schrieb er an die korinthische Gemeinde, um sich gegen den Vorwurf zu verteidigen, er sei so wenig positiv, sei gewaltig nur in Briefen, kümmerlich im Reden, abstoßend in der Erscheinung. Wie hat die Gemeinde auf diesen Brief reagiert? Hören wir drei Stimmen aus ihr. Zunächst Skolops, einen Kritiker des Paulus. Dann den Arzt Lukas, seinen Freund. Schließlich Apollos, seinen Kollegen, Freund und Kritiker zugleich.

Den Skolops dürfen wir uns nicht als einen Finsterling vorstellen. Er war in der Gemeinde sehr engagiert. Aber dieser Brief versetzte ihn in Empörung. Wieder so ein moralischer Erpressungsversuch, schimpfte er. Dieser Paulus will immer der Erste sein. Schon damals, als er noch im Judentum lebte, da wollte er alle übertreffen. Und jetzt macht er dasselbe im Christentum: Den Petrus hat er zurechtgewiesen, den Apollos zurechtgerückt, jetzt kommen die Missionare dran, die wir aufgenommen haben. Er kann einfach nicht verkraften, daß die in mancher Hinsicht attraktiver sind als er. Immer muß er oben sein. Immer der Erste. Deshalb erträgt er es nicht, krank und schwach zu sein.

Wir kümmern uns in unserer Gemeinde um Kranke und Schwache. Wir kümmern uns auch um den kranken Paulus. Ich meine nur: Solche Kranke und Schwache müssen nicht unbedingt an der Spitze der Gemeinde stehen. Da brauchen wir Leute, die gut reden können. Leute, die belastbar und gesund sind, Menschen, die man auch nach außen hin vorzeigen kann.

Nein, wir haben wirklich nichts gegen Paulus. Aber wenn er seine Krankheit instrumentalisiert, um seinen Einfluß auszubauen, wenn er uns allen suggerieren will: Seht mal, ich bin mit meinem Leiden näher bei Christus als ihr, wenn er Mitleid zur Entwaffnung seiner Kritiker mißbraucht – dann protestiere ich.

Aber Lukas, der Arzt, verteidigt seinen Freund. Er sagt: Euch stört seine Krankheit? Paulus hat sie noch viel mehr gestört und gequält! Er hat es mühsam gelernt, sie zu akzeptieren. Das war ein langer Lernprozeß in drei Stufen:

Am Anfang sah er in dieser Krankheit nur den Feind. Ein Satansengel stecke hinter ihr, ein böses Wesen, das ihn peinige. Einen solchen Feind kann man nur bekämpfen, nicht akzeptieren.

Dann lernte er seine Krankheit als eine Art Erziehung zu verstehen. Sie solle ihn vielleicht vor Übermut bewahren, solle in ihm die Bereitschaft wecken, auch einmal der Letzte und Vorletzte zu sein – was ihm zugegebenermaßen immer schwergefallen ist. Aber gerade deshalb sei ihm dieser Stachel im Fleisch gegeben.

Die dritte Stufe aber erreichte Paulus, als er seine Krankheit ganz akzeptierte. Da war ihm klar, daß er mit ihr leben muß. Da begriff er die Krankheit als Chance, mit seinem Körper für eine Kraft zu zeugen, die nicht aus ihm stammt: für die Kraft Gottes, die in Schwachheit zur Vollendung kommt.

Habt bitte Achtung vor Paulus! Er ist ein Mensch wie wir. Wie soll er seinen Stachel im Fleisch akzeptieren, wenn wir ihn nicht akzeptieren?

Als letzter spricht Apollos, ein philosophischer Kopf, der immer alles ins Grundsätzliche hebt. Und das will er auch diesmal tun – auch, um ein wenig von Paulus abzulenken.

Liebe Gemeinde, sagt er, in der Krankheit des Apostels leuchtet eine Wahrheit auf, die für jeden einzelnen wichtig ist: Gottes Kraft ist in den Schwachen mächtig, Gottes Gnade ist an keine Bedingung gebunden. Sie gilt nicht nur Menschen, die stark sind, sondern Menschen, die schwach sind. Nicht nur denen, denen alles gelingt, sondern den anderen, in deren Leben viel kaputtgegangen ist. Nicht nur denen, die kommen, sehen und siegen, sondern den vielen, die verkümmern, im Schatten stehen und dahinsiechen. Nicht nur den Großen, sondern den Kleinen.

Gottes Kraft ist in den Schwachen mächtig – das ist auch für die Gemeinde wichtig: Eine christliche Gemeinde ist keine Gemeinschaft der Vollkommenen, sondern ein Drama mit gemischten Charakteren – mit Menschen, bei denen Licht und Schatten eng verbunden sind. Wir brauchen für die Gemeindeleitung Menschen, die aus eigener Erfahrung wissen, daß es tiefe Schatten im Leben gibt. Denn das ist eine der Grundwahrheiten des Christentums: Man muß nicht in den Himmel steigen, um Gott nah zu sein. Wir finden Gott unten – im realen Leben, in jedem Menschen. Seine Kraft ist in schwachen Menschen tätig. Deshalb sollten wir in der Gemeinde keine Konkurrenz darüber anzetteln, wer auf der Himmelsleiter am höchsten gestiegen ist, um Gott nah zu sein. Aber auch keine Konkurrenz darüber, wer am tiefsten hinabgestiegen ist zur Hölle. Gott ist überall, in der Höhe und in der Tiefe, dort, wo wir ekstatische Höhepunkte des Lebens feiern, und dort, wo wir in die Tiefe des Schmerzes hinabsteigen.

Gottes Kraft ist in den Schwachen mächtig – das ist wichtig für die ganze Welt. Gerade weil wir in einer Welt leben, in der es die Schwachen schwer haben. Die großen Tiere fressen die kleinen. Die Starken verdrängen die andern vom Futtertrog. Es gilt die Regel: Bist du nicht fit, kriegst du 'nen Tritt. Aber wir Menschen haben einen Schritt in eine neue Welt getan, die schon mitten in dieser alten Welt beginnt. Da gilt diese Regel nicht mehr. Da wird den Schwachen geholfen. Da sind alle gleich, die Großen und die Kleinen.

Oft zweifeln wir daran, ob wir wirklich diesen Schritt getan haben. Wir zweifeln daran, wenn wir hören, wie in unserem Land Ausländer und Asylanten behandelt werden, wie Behinderte immer häufiger mißhandelt werden. Oder wenn wir Bilder aus Jugoslawien, Afghanistan oder Südsudan sehen. Da begegnet uns wieder die alte tierische Regel: Bist du nicht fit, kriegst du 'nen Tritt.

Wenn ihr daran zweifelt, ob wir über das Fressen und Gefressenwerden der Tiere hinausgelangen können, so erinnert euch an die Taufe. Sie ist ein Zeichen dafür, daß wir berufen sind zu einem Leben in einem anderen Geist. Sie ist ein Zeichen dafür, daß in jedem Menschen ein Ebenbild Gottes verborgen ist. Daß alle vor Gott gleich sind. Kein Christ ist mehr getauft als ein anderer.

Kein Papst, kein Bischof, kein Theologe, kein Pastor, kein Kapitelmitglied ist mehr getauft als das Kind, das wir eben getauft haben.

Kein Bundeskanzler, kein Minister, kein Chef ist mehr Ebenbild Gottes als jede und jeder unter uns. Ihr alle seid Gottes Kinder, berufen zu seiner Freiheit, die euch kein Mensch nehmen kann. Ihr alle bleibt Gottes Ebenbild auch in Krankheiten und Krisen. Ihr alle habt diesen Auftrag: Ihr sollt mein Antlitz suchen! Und Ihr werdet Gottes Antlitz finden: in einem kleinen Kind, einem geliebten Menschen, in Starken und Schwachen, Nahen und Fernen, in Glücklichen und Unglücklichen, überall auf der Welt – in Deutschland und in China.

Und der Friede Gottes, welcher höher ist als alle unsere Vernunft, bewahre eure Herzen und Sinne in Christo Jesu. Amen.

Diese Predigt wurde am 6.2.1994 in der Peterskirche in Heidelberg gehalten. Der Predigttext stand aufgrund von Planung und Plakatierung schon fest, als drei weitere Aufgaben mit dem Gottesdienst verbunden wurden: zunächst eine Taufe. Der von den Eltern ausgesuchte Tauftext war: »Mein Herz hält dir vor dein Wort: ›Ihr sollt mein Antlitz suchen!‹ Darum suche ich auch Herr, dein Antlitz« (Ps 27,8). Die Familie lebte damals in China und war nur kurz in Deutschland, ihrer Heimat, anwesend. Gleichzeitig wurden die neugewählten Kirchenältesten (bzw. »Kapitelmitglieder«) in ihr Amt eingeführt. Schließlich hatte sich das Orchester der Studentengemeinde diesen Sonntag ausgesucht, um durch Aufführung einer Symphonie von J. Haydn den Gottesdienst zu umrahmen und zu strukturieren. Die Predigt konnte nicht allen Aufgaben und Anliegen gleichmäßig gerecht werden.

Liebe als Lebenszeichen
Über die Unvollkommenheit des vollkommenen Bandes

(Kolosser 3,12-15)

So zieht nun an als die Auserwählten Gottes, als die Heiligen und Geliebten, herzliches Erbarmen, Freundlichkeit, Demut, Sanftmut, Geduld; und ertrage einer den andern und vergebt euch untereinander, wenn jemand Klage hat gegen den andern; wie der Herr euch vergeben hat, so vergebt auch ihr! Über alles aber zieht an die Liebe, die da ist das Band der Vollkommenheit. Und der Friede Christi, zu dem ihr auch berufen seid in einem Leibe, regiere in euren Herzen; und seid dankbar.

In Kinderbriefen an den »lieben Gott« fand ich folgende Frage: »Lieber Gott, unsere Nachbarn streiten immer so laut miteinander. Kannst du nicht dafür sorgen, daß sich nur Menschen heiraten, die nett zueinander sind? Menschen, die sich wirklich lieben? Deine Sabine«.

Was sollen wir als Erwachsene, als Eltern, darauf antworten? Ein erster Versuch zu antworten wäre: Hier erlebst du eine widersprüchliche Wahrheit: Streiten verbindet! Es verbindet manche so perfekt, daß sie ohne Streit nichts aneinander hätten. Es ist zwar eine komplizierte Art, einander zu lieben. Sie ist sehr anstrengend, und ich wünsche sie dir nicht. Aber so etwas gibt es: die typische Streit-Ehe.

Ein zweiter Antwortversuch lautet: Bist du sicher, daß sie zu *wenig* lieben? Vielleicht lieben sie sich zu sehr oder haben sich einmal zu sehr geliebt. Alles haben sie vom andern erwartet – die Erfüllung ihres Lebens und ihrer geheimsten Sehnsüchte. Aber diese ganz großen Erwartungen sind nicht in Erfüllung gegangen. Jedes Mal, wenn sie einander sehen, wird diese große Enttäuschung in ihnen wach, weil auch die große Sehnsucht nach dem andern in ihnen lebendig ist. Vielleicht ginge es ihnen besser, wenn sie sich ein bißchen weniger liebten – weniger voneinander erhofften, ersehnten, erwarteten. Wenn sie zufriedener mit ihren eigenen Grenzen und denen des anderen wären. Sie sind vielleicht eine typische enttäuschte Romantiker-Ehe.

Eine dritte Antwort könnte lauten: Sie lieben einander immer noch. Es fehlt nicht an gegenseitiger Zuneigung. Aber sie können ihren Alltag nicht bewältigen. Damit Liebe im Alltag spürbar ist, dazu gehört mehr, als den anderen lieb haben. Man muß mit Zeit, mit Geld, mit Versprechen umgehen können:

- Mit Zeit umgehen – gerade dann, wenn sie knapp wird, am Morgen zwischen Kaffee und Terminkalender!
- Mit Geld umgehen: Erst einmal die langweiligen Rechnungen der Stadtwerke bezahlen, ehe man ins viel interessantere Hobby investiert!
- Mit kleinen Versprechen umgehen: Am Abend zum Essen zurück sein – und nicht die ganze Familie hängen lassen!
- Wenn Kinder da sind vor allem: mit Kindern umgehen können! Sie nicht als notorischen Angriff auf die eigene Freiheit und Freizeit erleben!

Es fehlt oft nicht an Liebe und Zuneigung. Es fehlt oft einfach an Alltagsorganisation. Das ist das Problem einer typischen Chaos-Ehe.

Schließlich noch eine vierte Antwort: Vielleicht wissen die Nachbarn wirklich nicht mehr, ob sie einander lieben. Sie entdecken gerade, wie verschieden sie sind. Am Anfang waren kleine Irritationen ein Ansporn, um sie mit noch größerem Verliebtsein zu überdecken. Aber es ist wie mit einem ganz kleinen Stein im Schuh. Wenn man einen Kilometer geht, merkt man ihn kaum. Wenn man aber 20 Kilometer geht, sind die Füße kaputt. Und das Leben ist eine lange Wanderung, mehr als 20 Kilometer lang. Was am Anfang kein Problem war, kann am Ende das Zusammenleben kaputtmachen. Viele merken erst sehr spät, worin sie sich wund aneinander reiben. Was vorher ein Band der Liebe war, wird dann plötzlich als Fessel erlebt – in dem Augenblick, wo sie auseinander streben. Manchen gelingt es, sich aus einer gewissen Distanz wieder neu zu akzeptieren. Dann kann daraus eine sympathische und stabile Respekt-Ehe werden. Aber es kann auch zur Trennung kommen.

Ich vermute, alle unsere Antworten werden Sabine nicht zufrieden stellen. Gehört nicht schon viel Erwachsenenresignation dazu, um auch noch in den schrägsten Verhältnissen Lebenszeichen von Liebe zu entdecken? Unsere Kinder sehnen sich nach mehr. Sabine hätte genug Anlaß, einen neuen Brief zu schreiben:

Lieber Gott,
meine Eltern sagen, daß auch Menschen, die nicht nett zueinander sind, einander lieben. Das verstehe ich nicht. Das muß doch nicht sein. Ich habe zwei Argumente dafür. Einmal, meine Eltern sind eigentlich ganz nett zueinander. Zweitens schreibst du in deinem Buch: Liebet einander,

denn die Liebe ist das Band der Vollkommenheit. Das war der Trauspruch von Oma und Opa. Und die waren auch nett zueinander. Bist du ein Romantiker? Vielleicht verlangst du etwas zu viel von den Menschen. Mein Vater sagt manchmal, du hättest in deinem Buch nicht schreiben sollen: ›Was Gott zusammenfügt, soll der Mensch nicht scheiden!‹, sondern: ›Was Gott nicht zusammengefügt hat, soll der Mensch nicht zusammenhalten!‹ Ich glaube, mein Vater hält dich für einen Romantiker.
In Liebe, Deine Sabine.

Was sollen wir darauf antworten? Ist Gott ein Romantiker? Liebt er nicht die Menschen unbedingt! Man fragt sich zwar, wie er das aushält, wenn man all das Scheußliche bedenkt, das Menschen anstellen. Wie sehr muß er an uns Menschen leiden, wenn er es ernst mit seiner Liebe meint! Aber er ist Gott. *Wir* sind Menschen. *Unsere* Liebe kann immer nur ein menschliches und unvollkommenes Echo seiner unbedingten Liebe sein. Sie kann nicht so vollkommen wie Gottes Liebe sein. So ein schöner Spruch »Über alles zieht an die Liebe, die da ist das Band der Vollkommenheit« ist da etwas mißverständlich. Drei Mißverständnisse sind zu korrigieren.

Die erste Korrektur: In der Welt des Briefes drückt das Wort »Vollkommenheit« etwa das aus, was wir ein erfülltes Leben nennen. Wir wollen nicht nur leben. Wir wollen erfüllt leben. Viele suchen Erfüllung in kleinen Ekstasen über den Alltag hinaus. Viele suchen dies Mehr-als-nur-Leben in der Erotik, andere in esoterischen Erfahrungen – im Eindringen in Lebensräume, die über unsere normale Welt hinausweisen. So etwas war auch damals Mode. Einige suchten geheime esoterische Erfahrungen – durch Eintritt in den Himmel, um mit den Engeln schon jetzt Gott zu verehren. Solchen Menschen sagt der Briefautor: Erfülltes Leben liegt nicht nur in esoterischen Erfahrungen, sondern in der Liebe. Erfülltes Leben liegt nicht nur in Entrückungen in den Himmel (und sei es in den Himmel erotischer Ekstasen), sondern in der Liebe auf Erden. Im Alltag.

Die zweite Korrektur: Der Briefautor meint nicht speziell erotische Liebe, sondern Liebe in allen Beziehungen. Er spricht nicht nur zu Verliebten. Daß Liebe dem Leben Erfüllung gibt, gilt für Ledige und Verheiratete, Geschiedene und Verwitwete, für Menschen, die allein leben und zu zweit. Für alle Lebensformen. Aber es gilt auch für die Ehe. Hier brauchen wir dieselbe Fairneß, denselben Takt, dieselbe Behutsamkeit im Umgang miteinander wie überall. Es gibt einen modernen Mythos, nur erotische Beziehungen seien wirklich erfüllend.

Die dritte Korrektur ist mir am wichtigsten: Was der Text »Vollkommenheit« und »Erfüllung« nennt, ist für unvollkommene Menschen gedacht – auch für Menschen, die weit weg sind von sich selbst und einem erfüllten Leben. Unmittelbar vor unserem schönen Spruch lesen wir: »... ertrage einer den andern und vergebt euch untereinander, wenn jemand Klage hat gegen den andern; wie der Herr euch vergeben hat, so vergebt auch ihr! Über alles aber zieht an die Liebe, die da ist das Band, das Vollkommenheit gibt.« Diese Vollkommenheit zeigt sich darin, wie wir mit unserer Unvollkommenheit umgehen, mit der Unvollkommenheit des anderen. Aber nicht nur damit.

Zuallererst ist eine Ehe eine Aufforderung, mit der eigenen Unvollkommenheit umgehen zu lernen. Denn bevor wir uns in einer Ehe mit einem anderen verbinden, leben wir lebenslang in einer Ehe mit uns selbst – und d.h. mit einem notorisch unvollkommenen Menschen. Diese Ehe mit uns selbst ist bei vielen eine Streit-Ehe. Wir nörgeln an uns selbst herum. Wir sind uns selbst nicht gut. Wir verzeihen uns selbst nicht unsere Fehler oder gestehen sie uns gar nicht erst ein, weil wir sie uns nicht verzeihen würden! Wer in einer Streit-Ehe mit sich selbst lebt, hat es schwer in einer Ehe mit einem anderen, und sein Partner hat es oft noch schwerer. Aber er hat auch eine Chance, aus diesem Streit mit sich selbst herauszukommen. Wenn ein anderer ihm versichert: Ich liebe dich. Ich will dich – dann darf er diese Nörgelei an sich selbst aufhören.

Viele leben in einer Romantik-Ehe mit sich selbst. Sie haben große Träume davon, wie ihr Leben aussehen soll – und sie sind alle eine Nummer zu groß. Manche verwinden nie die Kränkung, die darin liegt, wenn sie das Leben auf den Boden der Realität zurückbringt. Wer in einer Romantik-Ehe mit sich selbst lebt, hat es schwer im Zusammenleben mit einem anderen zu der Weisheit zu finden: Niemand kann gegen sich selbst, sondern nur mit sich selbst glücklich werden – nicht gegen seine Möglichkeiten, sondern nur in den Grenzen seiner Möglichkeiten. Aber eine Ehe kann auch eine Chance sein, dies romantische Verhältnis zu uns selbst zu überwinden. Glauben wir doch dem andern, daß er uns liebt, wie wir sind – und nicht nur, wie wir uns selbst erträumen.

Viele leben in einer chaotischen Ehe mit sich selbst. Sie gestalten nicht ihre Zeit, sondern werden mitgerissen in immer neue Verwicklungen, die das Zeitbudget sprengen. Sie werden getrieben von immer neuen Wünschen, die das Finanzbudget überfordern. Und entscheiden sich immer wieder um, so daß keine ihrer Aussagen belastbar ist. Eine Ehe ist eine große Aufforderung (aber auch eine Chance), das in Ordnung zu bringen. Für viele aber auch eine Schule, um gegenüber manchem Chaos etwas toleranter zu werden.

Viele leben schließlich in einer distanzierten Respekt-Ehe mit sich selbst. Sie lassen vieles gar nicht an sich heran, um sich nicht verletztlich zu machen. Aber auch sie sind manchmal schwach, verwirrt, hilflos. Auch sie sind nicht immer unangreifbare Respektpersonen. In jedem lebt ein kleiner Junge oder ein kleines Mädchen, das manchmal einfach getröstet werden will – durch Nähe, nicht durch Distanz. Wir suchen und brauchen einen Ort, wo wir zeigen dürfen, daß wir auch schwach, verletztlich, verwundbar sind – ohne daß das ausgenutzt wird. Und das kann die Ehe sein.

In all dem aber ist Liebe unter den Menschen nur ein Echo der Liebe Gottes: Er kennt unseren Streit mit uns selbst, unsere romantischen Träume, unser inneres Chaos, unsere Schwäche hinter der Fassade von Stärke. Er akzeptiert uns ohne Vorbedingungen – weit über das hinaus, was jeder Ehepartner ertragen könnte.

Was sollen wir also unseren Kindern antworten, wenn sie uns fragen: Warum seid ihr Erwachsenen oft nicht nett zueinander? Warum führt ihr so scheußliche Kleinkriege im Alltag gegeneinander? Ich will abschließend eine Antwort versuchen – eine Antwort für Kinder und Erwachsene – denn in uns allen steckt ein Kind, das sich nach Liebe sehnt. Alle sind Kinder Gottes!

Liebe Kinder, liebe Gemeinde, es ist immer traurig, wenn Menschen sich streiten und auseinandergehen. Ihr erlebt es heute oft und werdet es in Zukunft wahrscheinlich noch häufiger erleben. Aber seht es einmal anders herum: Eigentlich ist es ein Wunder, wie viele Menschen beieinander bleiben. Eigentlich ist es ganz unwahrscheinlich, daß sich zwei Menschen ein Leben lang vertragen. Eigentlich ist es ein Rätsel, daß bei all der Ausartungsbereitschaft des Menschen so viel Liebe unter ihnen ist. Man kann nicht sagen, daß es bessere Menschen sind, die miteinander gut auskommen. Wenn ich mich mit meiner Frau gut verstehe, wenn bei uns keine Türen knallen und keine Worte als Wurfgeschosse durch die Wohnung fliegen, dann ist das ein großes Glück, für das ich dankbar bin – so dankbar, wie für das Leben überhaupt. Und daran habe ich keinen Verdienst.

Wir Menschen können leider keine Liebe auf Bestellung machen! Liebe ist spontan – eine souveräne Äußerung des Lebens, in der wir Gottes Wirken spüren. Aber eben deshalb dürfen wir uns nicht damit begnügen zu sagen: Sie ist halt da oder nicht da! Der eine hat Glück, der andere Pech! Nein, weil sie spontan da ist, müssen wir sie zumindest immer wieder neu entdecken. Müssen sie wahrnehmen und dankbar für sie sein. Deshalb suche ich auch in den schrägsten Beziehungen noch nach Spurenelementen von Liebe – auch in einer Streit-Ehe, in einer enttäuschten

Romantiker-Ehe, auch in einer Chaos-Ehe. Man muß nur Augen dafür haben. Je größer die Lieblosigkeit ist, um so mehr fallen jene Spurenelemente von Liebe auf. Je größer die Finsternis, um so leichter ist es, einen kleinen Funken Liebe in ihr zu erkennen und selbst mit einer kleinen Kerze, die man anzündet, alles zu verwandeln.

Unsere Verantwortung liegt darin, Liebe als ein kostbares Geschenk zu bewahren. Dankbarkeit für die Liebe hält sie am Leben – Dankbarkeit, die man mitteilt, die man den anderen spüren läßt.

Heute ist für alle Gelegenheit, sich ein wenig in dieser Dankbarkeit zu üben. Wenn sich zwei Menschen zu einer Ehe verbinden, obwohl es heute keinen Zwang dazu gibt, dann bringen sie damit zum Ausdruck: Es gibt Liebe, die sich ihrer selbst gewiß genug ist, daß sie es wagt, für ein ganzes Leben zu reichen. Zwei Menschen schliessen heute einen Bund fürs Leben.

Wir alle aber sollten uns dazu ermutigt fühlen, unseren Bund mit dem Leben still zu erneuern – das Versprechen, Liebe wahrzunehmen, auch dort, wo die Welt dunkel und kalt ist. Das Versprechen, Liebe auch dort weiterzugeben, wo keine Liebe ist. Vor allem aber: den Vorsatz, dankbar zu sein für dies Leben – und für das, was dies Leben zur Erfüllung bringt: für die Liebe in ihren vielen Formen und Gestalten zwischen den Menschen.

Es ist kein Zufall, daß der Text, aus dem unser Trauspruch stammt, mit der Aufforderung fortsetzt: Seid dankbar! Ich lese ihn noch einmal vor:

»Über alles aber zieht an die Liebe, die da ist das Band der Vollkommenheit! Und der Friede Christi, zu dem ihr auch berufen seid in einem Leibe, regiere in euren Herzen; und seid dankbar.«

Dieser Friede Gottes, der höher ist als alle unsere Vernunft, bewahre eure Herzen und Sinne in Christus Jesus. Amen.

Diese Predigt wurde im Rahmen eines Traugottesdienstes am 26.8.1995 in der Providenzkirche in Heidelberg gehalten. Der »Kinderbrief an den lieben Gott« ist mit kleiner Abänderung entnommen aus B.V. Issendorff: Gott kann nicht Urlaub machen. Antworten auf die Kinderbriefe an den lieben Gott, GTB 305, Gütersloh 1979. Die Auffassung, daß Liebe eine »souveräne Lebensäußerung« ist und daß gerade solche souveränen oder »spontanen« Lebensäußerungen Hinweise auf Gottes Güte in der Schöpfung sind, ist durch den dänischen Religionsphilosophen und Theologen K.E. Løgstrup: Norm und Spontaneität. Ethik und Politik zwischen Technik und Dilettantokratie, Tübingen 1989, inspiriert.

Besonnenheit als Zeichen der Liebe
Über den Mut zur Ehe

(2 Timotheus 1,7)

Denn Gott hat uns nicht gegeben den Geist der Furcht, sondern der Kraft und der Liebe und der Besonnenheit.

Zum Heiraten braucht man Mut. Zwar gibt es viele kluge Bücher zur Ehe, die uns Mut zur Ehe machen wollen, oft aber verbreiten sie gegen ihre Absicht einen Geist der Furcht.

Die erste Furcht: Mit der Heirat schleicht die Gewohnheit ein und läßt die Liebe den langsamen Tod des Alltags sterben.

Die zweite Furcht: Mit der Heirat wird zur Verpflichtung, was freie Zuneigung war. Das provoziert in uns Widerstand. Wir wollen kein in Paragraphen geronnenes Leben.

Die dritte Furcht: Mit der Heirat werden wir zur Untreue gegen uns selbst verleitet. Wer kann schon ein Versprechen für jenen Menschen machen, der wir in zehn, zwanzig oder dreißig Jahren sein werden? Müssen wir diesen zukünftigen Menschen nicht immer ein wenig vergewaltigen, wenn wir uns für ein ganzes Leben festlegen?

Die vierte Furcht: Mit der Heirat wird das Leben eingeschränkt. Es läuft nicht nur in berechenbaren Bahnen ab. Es muß auch berechenbarer werden, um Kindern und Familie einen zuverlässigen Lebensraum zu geben.

Und in all diesen Befürchtungen schließlich die eine große Furcht: Mit der Heirat wird die Statistik in Gang gesetzt, die sagt: Viele Ehen scheitern. Und jeder weiß: Das hinterläßt Wunden und Kratzer. Das schmerzt oft das ganze Leben lang.

Wir sind ein wenig heiratsphobisch geworden. Schön wäre es, gäbe es dafür eine Therapie wie gegen Hundephobien. Wer vor Hunden Angst hat, muß jeden Tag einen Hund ausführen und ihn mindestens einmal streicheln – dann merkt er bald: Man kann mit Hunden leben. Bei Angst vorm Heiraten ist das anders. Wir haben ja nicht Angst vor diesem oder jenem, wir haben letztlich Angst vor uns selbst. Der Rat, jeden Tag zu zweit spazierenzugehen und sich mehr als nur einmal zu streicheln, ist nicht falsch, löst aber nicht unser Problem.

Früher ging es bei einer Ehe nicht nur um Liebe, sondern sehr viel mehr auch um Existenzsicherung, Arbeit, Erbschaft und soziales Ansehen. All das tritt heute zurück. Heute geht es beim Heiraten um uns selbst, um unser Leben – um dies einmalige, kostbare und wunderbare Leben. Und wenn wir bei all dem Furcht haben, so ist es Angst um dies eine Leben.

Deshalb haben wir es hier nicht nur mit unserem Partner zu tun, sondern wir sind mit dem konfrontiert, der dies einmalige Leben gibt und nimmt: mit Gott. Wir werden konfrontiert mit einer Stimme, die uns sagt: Was machst du mit deinem Leben? Und wie stehst du zu einem anderen Leben, das genauso einmalig und wertvoll ist wie dein eigenes Leben? Willst du zu diesem einen Menschen genauso ja sagen, wie du dein eigenes Leben bejahst? Willst du dich genauso fest mit ihm verbinden, wie du mit dir selbst verbunden bist – ein ganzes Leben lang?

Wenn wir uns vor Gott mit einem anderen Menschen so verbinden, dann treten wir aus allem heraus, was Gesetzgeber und Juristen zur Ehe sagen. Heraus aus allem, was Kirchen und Moralisten an Regeln formulieren. Heraus aus allem, was die Umwelt an Erwartungen an uns hat. All das ist wichtig. Und keiner kann sich dem ganz entziehen. Vor Gott aber wird eine Ehe in einem Raum geschlossen, in den keine innerweltliche Instanz hineinreden kann, kein Standesbeamter, kein Jurist, kein Pastor. Auch die Freunde treten dann zurück, die Eltern haben hier nichts mehr zu sagen. Nur die beiden Partner sagen ihr Ja zueinander – in einer verborgenen Ecke ihres Lebens, in die Gott allein hineinschaut. Und ohne dies verborgene innere Ja, das nur Gott hört, ist das äußere Ja, das auch wir hören können, nicht viel wert. Wenn zwei Menschen so im verborgendsten Inneren ja zueinander sagen, dann wohnt der Geist Gottes in ihnen.

Eben das wünsche ich Euch: Daß Eure Ehe im Geist Gottes geführt wird und dort begründet ist, wo kein Mensch hineinreden kann. Ihr habt Euch einen Trauspruch ausgesucht, der von diesem Geist Gottes spricht: Gott hat uns nicht gegeben den Geist der Furcht, sondern der Kraft und der Liebe und der Besonnenheit.

Am Anfang dieses Satzes steht eine negative Aussagen: Gottes Geist ist kein Geist der Furcht. Er versichert vielmehr: Nichts in der Welt hat letztlich Macht über Euch – außer dem, der die ganze Welt geschaffen hat. Mit diesem Trauspruch sagt Ihr: Unsere Ehe wird in einem Raum geschlossen, der sich jeder Sozialkontrolle entzieht – in jenem Raum, wo wir allein sind mit Gott, wo alle anderen Stimmen verstummen, wo wir frei sind. Gottes Geist macht frei von der Furcht vor dem, was die andern sagen und meinen.

Drei positive Aussagen macht der Text von diesem Geist der Freiheit: Er ist ein Geist der Kraft, der Liebe und der Besonnenheit.

Es ist ein Geist der Kraft. Kraft braucht man in der Ehe – vor allem Kraft, um an sich *selbst* zu arbeiten und sich zu verändern. Natürlich kann man eine Ehe führen wie zwei geradlinige Parallelen. Die ändern nie ihre Richtung. Aber sie berühren sich auch nie – es sei denn im Unendlichen. Aber bei einer Ehe möchte man sich doch häufiger berühren – immer wieder, nicht nur einmal, nicht nur dort, wo sich zwei Geraden schneiden, und ganz gewiß nicht erst im Unendlichen! Was folgt daraus? Man muß immer wieder die Richtung seiner Lebenslinie ändern, um zusammenzubleiben. Man muß manchmal von außen gesehen sogar krumme Wege gehen, um wieder zusammenzukommen. Und das wird noch spannender, wenn nicht nur zwei Linien da sind, sondern drei oder vier. Wenn ein kleines Kind seine Linien in Euer gemeinsames Lebensbuch hineinschreibt – oder mit dickem Filzstift hineinkritzelt. Und wenn später die Striche eines zweiten Kindes hinzukommen. Wie viele Kurskorrekturen sind nötig, um sich nicht voneinander zu entfernen! Aber auch: Wie viele sanfte Kurven machen das Leben zur Freude, weil man sich durch sie immer wieder nähert! All das erfordert Kraft und Mut – vor allem Kraft und Mut sich selbst gegenüber.

Dabei aber habt Ihr einen Verbündeten: Gott. Er verfolgt alle unsere krummen und geraden Wege. Er bleibt uns über viele Kurven und Knicke hinweg treu – gleichgültig, ob wir allein leben oder zu zweit, mit oder ohne Kinder, glücklich oder traurig. Gewiß können wir Menschen einander nicht so treu sein, wie Gott treu zum Menschen steht – er, der selbst dem größten Schurken immer wieder eine Chance zur Umkehr gibt und zur Änderung seiner Lebenslinie. Aber unsere Liebe darf das unvollkommene Abbild seiner Liebe sein. Unser Ja zum Leben, zu unserem Partner, zu unseren Kindern und Freunden darf ein Echo seines großen Jas sein.

Und darum ist der Geist Gottes zweitens ein Geist der Liebe. Wenn ich Euch diesen Geist der Liebe wünsche, so wünsche ich, daß Ihr Euch *selbst* schon immer geliebt wißt, ehe Ihr mit dem Lieben anderer anfangt. Jeder

Mensch ist ein Gedanke Gottes. Mit jedem unter uns ist etwas in der Welt da, das es nur einmal gibt. Es gibt zwar Menschen, die meinen, sie müßten ein Alptraum Gottes sein, so wirr und chaotisch scheint ihr Leben zu sein. Aber es ist wunderbar, wenn auch in ihnen wieder die Gewißheit einzieht: Auch ich bin ein guter Gedanke Gottes; es ist gut, daß ich existiere. Wer sich so jeden Tag Gott zuwendet, hat immer Geburtstag: Jeden Tag darf er sich darüber freuen, daß er da ist und daß die anderen da sind. Diese Freude meine ich, wenn ich sage: Ich wünsche euch den Geist der Liebe, daß Ihr euch schon immer geliebt wißt, ehe Ihr mit dem Lieben anfangt. Dann braucht keiner den anderen immer wieder auf die Probe zu stellen: Liebst Du mich? Liebst Du mich wirklich?

Denn so mancher Liebestest gab der Liebe ungewollt den Rest! Vielleicht kennt Ihr die Geschichte von der kleinen Forelle und der Kaulquappe. Die verliebten sich ineinander, als sie im Teich zusammen aufwuchsen. Dann aber wurde die Kaulquappe ein Frosch und hüpfte ans Land; und er sagte zu seiner Freundin, der Forelle: »Komm auch ans Land!« Die Forelle aber protestierte: »Ich kann nicht, ich bin ein Fisch!« Da drängte der Frosch: »Liebst du mich nun oder liebst du mich nicht!« »Natürlich liebe ich Dich«, hauchte die Forelle. »Na, also«, knurrte der Frosch, »dann komm sofort zu mir!« Und die Forelle sprang vor lauter Liebe ans Land, und ihre Liebe endete tragisch. Sie starb.

Was kann man daraus lernen? In mancher Ehe stellt sich heraus, daß der eine ein Frosch und der andere eine Forelle ist. Wenn man sich das ein Leben lang zum Vorwurf macht, macht man sich das Leben einander sehr schwer. Wer den anderen nur unter der Bedingung liebt, daß aus dem Fisch ein Frosch oder aus dem Frosch ein Fisch wird, der handelt nicht im Geist der Liebe. Dieser Geist gibt uns die Gewißheit: Jeder Mensch ist ein Gedanke Gottes – und manchmal ist er mehr Fisch, manchmal mehr Frosch.

Der Geist Gottes – das ist drittens ein Geist der Besonnenheit. Und auch damit beginnt man am besten *bei sich selbst* – nämlich mit der Erkenntnis, daß wir begrenzte Menschen sind, begrenzt belastbar, begrenzt kompetent, begrenzt erfolgreich, immer nur begrenzt charmant – und nie perfekt. Wir können nur innerhalb unserer Grenzen zufrieden werden, nicht gegen sie. Gerade das fällt in der Ehe schwer. Wie viele Ehen sind von den Nebelschwaden unerfüllter Sehnsüchte durchzogen (und ein wenig vergiftet).

Auch dazu eine kleine Geschichte. Es lebten einmal zwei Paare gegenüber auf derselben Straße, Familie Groß und Familie Klein. Groß waren jung-dynamische, attraktive, sportliche Leute. Klein waren bescheiden, unauffällig; sie gehörten zur liebenswerten Gattung der kleine grauen

Mäuse. Oft saß Herr Klein am Fenster und träumte: Wenn er nur eine so selbstsicher auftretende Frau wie Groß hätte! Er sah die vielen smarten Menschen, die abends bei denen zu Besuch kamen. Er hörte von ihren Partys. Er registrierte die Zeichen von Beliebtheit und Erfolg. Und er träumte von der attraktiven Frau Groß, die im Zentrum dieses Lebens stand. Was er nicht wußte: Auf der anderen Seite der Straße saß oft Herr Groß am Abend und träumte: Wie schön wäre es, wenn er so eine liebe Frau hätte wie Klein. Eine Frau, bei der nicht jeden Abend was los sein mußte. Die einen nur anlächelt – und es geht das Licht in einem an. Die gar nicht viel braucht, um zufrieden zu sein! Und die so nett mit ihren Kindern spielt! Wie viel zufriedener wären Groß und Klein, wenn sie sich entscheiden könnten, mit ihren real existierenden Partnerinnen innerlich zusammenzuleben – und nicht mit einer erträumten Frau. Das wäre Besonnenheit: das Wissen, daß niemand perfekt ist. Daß niemand alle Träume erfüllt. Daß es überall Grenzen gibt. Aber leider hört die Geschichte von vielen Paaren eher so auf: »Und wenn sie nicht gestorben sind, dann träumt er noch immer von einer anderen Frau und sie noch immer von einem anderen Mann.«

Vielleicht habt Ihr gemerkt: Ich habe drei Mal betont, daß wir bei uns selbst anfangen sollten. Wir brauchen Kraft, uns *selbst* zu verändern, um anderen treu zu bleiben. Wir brauchen Liebe uns *selbst* gegenüber, um sie anderen geben zu können. Wir brauchen Besonnenheit uns *selbst* gegenüber, um mit anderen behutsam umgehen zu können. Das Zusammenleben in einer Ehe erfordert eine nie aufhörende Kultivierung des Zusammenlebens mit sich *selbst*. Oder mit einem Wort: Wer gut mit sich zusammenlebt, kann auch gut mit einem anderen zusammenleben. Er kann aber auch alleine leben.

Manche sehen das anders. Manche suchen *Selbst*entfaltung und *Selbst*verwirklichung ohne Ehe und Familie – als verpaßten sie etwas vom Leben und versäumten etwas von sich selbst, wenn sie sich an einen anderen binden. Welch ein Irrtum! Als wäre das eigene Leben ohne Partner ein Leben ohne Grenzen – und als würde es erst durch eine Ehe begrenzt.

Wir sind doch schon immer an etwas sehr Begrenztes, sehr Verletzliches, sehr Beschränkendes gebunden – lebenslang gebunden: an uns *selbst*. Keiner hat sich selbst ausgesucht. Jeder fand sich mit seinem Leben verheiratet vor. Die Frage ist nur, ob wir das als Fessel empfinden oder ob wir für unser begrenztes Leben dankbar sind. Ob wir ja zu diesem Leben sagen, ja zu unserem Bund mit dem Leben, ja zu unserem Bund mit Gott.

Wenn nun dies Paar ja zueinander sagt, dann möge jeder für sich dies Ja nachsprechen als Erneuerung seines Bundes mit dem Leben, den Gott mit jedem von uns geschlossen hat, als er uns das Leben gab. Gewiß, manchem unter uns wird dies Ja schwerfallen, andere erinnern sich an Zeiten, in denen es ihnen schwer gefallen ist. Für andere stehen solch dunkle Zeiten noch bevor. Aber heute ist ein Festtag. Heute bekräftigen zwei Menschen ihr Ja zueinander – ihr Ja zum Leben und zu Gott, ihr Ja zu ihrem Kind und zu ihren Kindern und zugleich und zuallererst: ihr Ja zueinander. Heute darf es jeder mitsprechen – auch wenn Furcht und Angst manchmal unser Leben verdunkeln. Denn heute gilt das Wort, das dies Paar nicht nur für sich, sondern für uns alle ausgesucht hat: Gott gibt uns nicht einen Geist der Furcht, sondern der Kraft, der Liebe und Besonnenheit.

Und der Friede Gottes, welcher höher ist als alle unsere Vernunft, bewahre eure Herzen und Sinne in Christo Jesu. Amen.

Diese Predigt wurde am 1. April 1995 im Rahmen eines Traugottesdienstes in der Peterskirche gehalten. Die Geschichte von der Forelle und der Kaulquappe ist eine Variation zu W. Schnurre: Die Kaulquappe und der Weißfisch, in: H. Halbfaß/U. Halbfaß (Hg.): Das Menschenhaus. Ein Lesebuch für den Religionsunterricht, Düsseldorf 1972, S. 53.

Die Notwendigkeit, im Glauben zu wachsen
Warum der Hebräerbrief die zweite Buße ablehnt

――――――――

(Hebräer 6,9-12)

――――――――――――――――――――――――――――――

Wir sind aber, obgleich wir so reden, in bezug auf euch, Geliebte, des Bessern überzeugt und [zwar] dessen, daß ihr dem Heil nahe seid. Denn Gott ist nicht ungerecht, daß er eures Werkes und der Liebe vergäße, die ihr für seinen Namen bewiesen habt, indem ihr den Heiligen gedient habt und [noch] dient. Wir wünschen aber, daß jeder von euch denselben Eifer um die volle Gewißheit der Hoffnung bis ans Ende beweisen möge, damit ihr nicht stumpf werdet, vielmehr das Beispiel derer nachahmt, die durch Glauben und geduldiges Ausharren die Verheißungen ererben. (Zürcher Übersetzung)

――――――――――――――――――――――――――――――

Der Hebräerbrief enthält eine harte Lehre. Alle großen Kirchen sind sich in ihrer Ablehnung einig. Es ist die Lehre von der Unmöglichkeit der zweiten Buße. Die sagt: Du hast nur einmal eine Chance, Christ zu werden. Wenn du in deinem Glauben irre wirst, ihn versiegen läßt, wenn er dir abhanden kommt – dann kannst du nicht noch einmal von vorne anfangen! Dann bist du wie ein nutzloser Acker voll Disteln und Dornen, den man nur noch abbrennen kann. Unmittelbar vor unserem Text hat der Hebräerbrief das gesagt. Unser Text wirkt wie eine halbe Zurücknahme. »Obwohl wir so (hart) reden«, versichert er, »sind wir doch überzeugt, daß es besser mit euch steht ... «. Daß ihr kein Acker zum Abbrennen seid, sondern zum Fruchtragen. Daß ihr eine Chance habt.

Obwohl ich die Lehre von der einmaligen Chance zum Christwerden ablehne, gibt es zwei Einsichten, in denen ich dem Hebräerbrief zustimme.

Er sagt: Gewißheit, auf dem rechten Weg zu sein, gibt praktizierte Liebe. Wo Christen sich gegenseitig helfen, da ist das Christentum noch nicht verloren. Da haben Christen eine Chance. Wo sie – wie im Hebräerbrief – in Verfolgungen Besitz verloren haben und die übriggebliebenen Mittel teilen – da sind sie auf dem richtigen Weg. Wo es solche Liebe gibt, gibt es auch Hoffnung und Glaube. Alle drei Stichworte – Liebe, Hoffnung, Glaube – begegnen in unserem Text.

Dazu kommt eine weitere Einsicht. Dem Hebräerbrief geht es im Grunde gar nicht so sehr um die Gefahr des Abfalls vom Christentum, sondern um die Gefahr des Stagnierens in ihm. Alle haben ja die Anfangslehre des Glaubens gehört und verstanden. Aber wenn wir bei der Anfangslehre bleiben, wenn wir nicht fortschreiten zu einem vertieften Verständnis des christlichen Glaubens, dann haben wir bald gar keinen Glauben mehr. Das ist wie beim Fahrradfahren. Wenn man sich nicht nach vorne bewegt, bleibt man nicht stehen, sondern kippt um. Stagnieren ist Rückfall.

Viele Menschen stagnieren heute in ihrem Glauben. In ihrer Kindheit sind sie einem Glauben begegnet, für den Gott der verlängerte Arm der Elternkontrolle war – mit der Verheißung: Wenn du brav bist, kommst du in den Himmel! Oder etwas subtiler: Wenn du dich gut benimmst, gelingt das Leben! Kein Wunder, daß sich Menschen von diesem Glauben abwenden, wenn sie keine reiferen Formen christlichen Glaubens kennengelernt oder selbst entwickelt haben. Die ganze Kirche steht heute in Gefahr, von Außenstehenden auf solche infantilen Formen christlichen Glaubens festgelegt zu werden.

Was aber ist ein reifer Glaube? Wie sieht ein Glaube aus, der innerlich gewachsen ist und weiter wächst? Darüber könnte man viel sagen. Ich beschränke mich auf drei Züge, die aus dem Hebräerbrief hervorgehen.

Erstens: Ein reifer Glaube ist ein kritischer Glaube, der nicht alles aus der Tradition übernimmt, sondern scheidet, was vergänglich ist und was bleibt. Genau das tut der Hebräerbrief. Er unterscheidet in seiner Bibel, dem Alten Testament, zwischen dem, was bleibend gilt, und dem, was Gott aufgehoben hat. Er setzt Teile der Bibel außer Kraft, z.B. die alttestamentlichen Opfergesetze. Wir müssen heute diese unterscheidende und kritische Kraft des Glaubens auch auf das Neue Testament anwenden. Und wir tun es ja schon lange – wir tun es, wenn wir wie Luther die Lehre des Hebräerbriefes von der radikalen Einmaligkeit der Bekehrung ablehnen, aber trotzdem den Hebräerbrief wertschätzen und lieben.

Ein reifer Glaube erkennt zweitens die Pluralität dessen an, was vor Gott gilt. Denn Gott hat, wie der Hebräerbrief sagt, »vielfach und auf vielerlei Weise geredet«. Er hat durch die Propheten geredet. Er redet durch die Schöpfung. Denn sie ist durch das Wort Gottes geschaffen. Er redet durch das Blut Abels – und durch das Blut aller unschuldig Ermordeten. Er redet hier nicht nur. Er klagt. Er schreit. Er ruft um Hilfe. Er redet in der Stimme des richtenden Gewissens! Das Wort Gottes ist nach dem Hebräerbrief ein lebendiges Schwert, das jedes Geschöpf durchdringt. Keins ist vor Gott verborgen. Er redet schließlich nicht nur durch Worte, sondern durch Bilder. Der Hebräerbrief liest das Alte Testament als einen Schatz tiefgründiger Bilder, die über sich hinausweisen. Gott redet und ruft so in mannigfaltiger Weise. Das ist für unreife Menschen verwirrend. Es fällt ihnen schwer, Widersprüche, Spannungen zu ertragen. Ungefestigte Menschen müssen wissen: So ist es und nicht anders.

Ein reifer Glaube ist sich drittens seiner Identität gewiß. Er weiß, daß Gott in einzigartiger Weise in Jesus zu uns spricht und daß dadurch der christliche Glaube etwas Besonderes wird. Im Hebräerbrief wird über dies Besondere nachgedacht.

Alle Religionen kannten damals Opfer und Priester. Der christliche Glaube hatte weder das eine noch das andere. Der Hebräerbrief sieht darin einen Vorzug. Das einmalige Opfer Jesu und die einmalige Selbsthingabe des Hohenpriesters machen alle Priester und Opfer überflüssig.

Alle Religionen kannten damals Tempel, eine Stätte, in der Gott nahe ist. Der christliche Glaube kennt keinen irdischen Tempel. Die ganze Welt ist der Tempel Gottes. Jesus ist durch diesen Tempel Gottes hindurchgegangen – und im Geheimnis Gottes, im Allerheiligsten selbst, verschwunden. Und nicht nur die ganze Welt, jeder Mensch ist ein Tempel Gottes. Jesus nimmt Wohnung bei jedem, um dort bis ins tiefste Innere zu gelangen, wo wir uns selbst nicht mehr durchschauen.

Alle Religionen und Riten sind von einem Wiederholungszwang bestimmt. Alles muß genau wiederholt werden. So auch in manchen hochkirchlichen Liturgien. Wo aber die Kirche nach Gottes Wort reformiert ist, da wird dieser Wiederholungszwang aufgehoben. Da kann man über alles diskutieren, ob man es nicht auch anders machen darf oder soll oder will.

Reifen und Wachsen im Glauben durch ein besseres Verstehen des Glaubens – das ist vor allem für Christen an einer Universität eine große Aufgabe. Diese Aufgabe ist so groß, daß sie uns Angst machen kann. Ist man in seinem Glauben nicht immer unfertig? Bleibt nicht immer etwas Kindliches in ihm? Das Kindliche darf bleiben. Das Vertrauen, das Kinder zum Leben haben – das sollten wir uns erhalten. Aber es sollte ein geprüftes Vertrauen sein. Ein Vertrauen, das den Aufgaben und Härten des Lebens gewachsen ist. Sonst werden wir erwachsene Christen, die äußerlich zwar graue Haare haben, innerlich aber heulende Babys geblieben sind. Dann sind wir keine erwachsenen Erben der Verheißung, sondern unmündige Erbanwärter.

Wie aber gelangen wir zu einem solchen Reifen des Glaubens? Der Hebräerbrief sagt: Christus ist der Vorläufer und Anführer des *Glau-*

bens. Kinderglaube im guten Sinn ist ein ursprünglicher Mut zum Leben, ein Vertrauen in die Güte des Lebens. Reifer Glaube aber ist ein durch Krisen erprobter Mut zum Leben, der mit Christus gekreuzigt und auferstanden ist, der mit ihm die ganze Welt durchquert hat, ihre Tiefen und Höhen – und der nun einen festen Anker in Gott gefunden hat: dort, wo Christus jetzt ist.

Der Hebräerbrief sagt ferner: *Hoffnung* ist ein Zeichen reifen Glaubens – und zwar eine Hoffnung, die nicht stumpf und träge macht. Wer einen »festen Anker« in Gott gefunden hat, könnte sich behaglich zurücklehnen und mit der Gewißheit begnügen: Am Ende geht schon alles gut aus! Aber eben das ist nicht gemeint, sondern eine Hoffnung, die uns antreibt, den langen Marsch durch die Wüste des Lebens anzutreten und in ihm nie das Ziel aus den Augen zu verlieren. Gemeint ist eine aktivierende Hoffnung.

Der Hebräerbrief sagt daher schließlich: *Liebe* ist das Zeichen eines reifen Glaubens. Wo wir in uns den Antrieb zur Liebe spüren – zum schlichten Helfenwollen –, da sind wir auf dem richtigen Weg. Wo aber der Glaube zur Lieblosigkeit führt, ja sogar zum Fanatismus, zur Abgrenzung von anderen, die nicht den rechten Glauben haben, zur Abwertung von Katholiken, Moslems und Atheisten, da sind wir auf dem falschen Wege.

Laßt euch daher durch den Hebräerbrief ermutigen dazu, im Glauben zu wachsen und zu reifen. Das hört nie auf, niemals im ganzen Leben, auch nicht, wenn man 50, 60 oder 70 Jahre alt wird.

Und der Friede Gottes, welcher höher ist als alle unsere Vernunft, bewahre eure Herzen und Sinne in Jesus Christus. Amen.

Diese Predigt wurde am Mittwochmorgen, den 27.10.1993, in der Peterskirche gehalten. Bei ihrer Formulierung ging mir die Aussage und Klage eines älteren Ingenieurs durch den Kopf, der noch einmal Theologie studierte: Die Universitätstheologie erschüttere leider den Kinderglauben, den man mitbrächte. Auf der anderen Seite hatte ich gerade einige Beiträge gelesen in: M. Böhnke / K.H. Reich / L. Ridez: Erwachsen im Glauben. Beiträge zum Verhältnis von Entwicklungspsychologie und religiöser Erwachsenenbildung, Stuttgart / Berlin / Köln 1992.

Vertrauen –
die verborgene Anwesenheit Gottes in unserem Leben

(Hebräer 10,35)

Darum werft euer Vertrauen nicht weg, welches eine große Belohnung hat.

Der Mensch lebt nicht vom Brot allein, sondern vom Vertrauen. Zivilisierte Menschen haben gelernt: Brot wirft man nicht weg! Dasselbe gilt vom Vertrauen. Denn Vertrauen ist lebenswichtig. Das merkt man spätestens dann, wenn man Menschen begegnet, bei denen Vertrauen zusammengebrochen ist.

Es gibt Menschen, die haben das Vertrauen in den eigenen Körper verloren, obwohl sie organisch gesund sind. Jedes Niesen kündigt ihnen eine Lungenentzündung an, jede Blähung ein Darmkarzinom, jedes Herzklopfen den Herzinfarkt. Hypochondrie nennt man das, und es ist schwer heilbar.

Es gibt Menschen, denen ist das Vertrauen in Ordnung abhanden gekommen. Ehe sie das Haus verlassen, müssen sie nicht nur einmal, sondern zwei, drei oder vier Mal kontrollieren, ob alle Türen abgeschlossen sind. Mit Zwangshandlungen kämpfen sie gegen ein Chaos, das sie überall bedroht.

Oder es gibt Menschen, die kein Vertrauen in andere Menschen fassen können. Wenn zwei miteinander reden, denken sie: Die reden über mich! Lachen zwei Menschen, meinen sie: Die lachen über mich! Alle lauern darauf, mir eins auszuwischen. Paranoides Denken nennt man das.

Aber wir alle, auch wenn wir von solchen Problemen frei sind, kennen zumindest eine Situation, in der unser Vertrauen zusammenbricht: den Alptraum. Mein Alptraum, den ich manchmal träume: Ich soll einen Gottesdienst halten, womöglich eine Trauung. Aber ich habe den Talar vergessen. Das Manuskript für die Predigt ist unauffindbar. Die Gemeinde wird schon unruhig. Wenn wenigstens der Organist jetzt Orgel spielen könnte. Aber der ist verschwunden. Ich gehe zur Kirchentür. Das Brautpaar ist auch nicht da. Und dann erwache ich in Schweiß gebadet.

Liebe Gemeinde, jetzt sind wir alle hier, und ich stelle fest: Wie viel Vertrauen hatten wir doch, als wir hierher kamen: Die Braut ist da. Der Bräutigam ist da. Der Organist spielt die Orgel. Die Kirche ist auch nicht zusammengebrochen. Und doch ist nichts selbstverständlich. Manche, die gerne hier wären, fehlen heute. Manche, die glaubten, sie könnten nicht kommen, sind trotzdem da.

Einige unter euch denken vielleicht: Aber die Welt ist doch kein Alptraum! Sie ist einfach da, ohne sich in Chaos aufzulösen. Man muß nur wach sein und die Augen aufmachen. Das ist richtig. Aber so einfach ist es nun doch wiederum nicht! Das will ich mit Hilfe einer buddhistischen Geschichte zeigen, mit der Geschichte vom Torhüter:

In einer Stadt war zur Bewachung des Stadttors ein Torhüter bestellt. Eines Tages kam ein Fremder und fragte: »Wie sind die Leute in der Stadt. Ich möchte mich in ihr niederlassen?« Der Torhüter fragte zurück: »Wie waren denn die Menschen in deiner Heimatstadt?« »Ach«, sagte der Fremde, »die waren neidisch und streitsüchtig!« Da sagte der Torhüter: »So sind sie auch hier.«

Bald darauf kam wieder ein Fremder mit der gleichen Frage. Auch ihn fragte der Torhüter nach den Menschen seiner Heimat: »Oh!«, sagte der andere, »die sind immer freundlich und hilfsbereit gewesen.« Da sagte der weise Torhüter: »So sind die Leute auch hier.«

Ein Freund, der beide Gespräche mit angehört hatte, fragte: »Wie kannst du über die Bürger in unserer Stadt so unterschiedliche Urteile fällen?« Der Torhüter antwortete: »Die Menschen sind gut und schlecht. Sie können freundlich und feindlich sein, hilfsbereit und rücksichtslos. Es kommt darauf an, wie man sie anspricht: Wie soll ich darum erwarten dürfen, daß die beiden Fremden in unserer Stadt andere Erfahrungen machen werden als in ihrer Heimat? Wenn sie den Menschen vertrauen, werden sie sie als vertrauenswürdig erleben. Und wenn sie ihnen mißtrauen, werden sie sie als feindselig erleben.«

Wir alle sind in diese Welt wie in eine fremde Stadt hineingekommen. Wenn wir mit der Erwartung in sie hineingehen, daß man in dieser Welt vertrauen darf, dann erleben wir sie positiver, als wenn wir mißtrauen. Erfahrene Predigthörer wissen, und weniger erfahrene ahnen es: Ich spreche vom Glauben und von Gott.

Gott ist all das, was uns Vertrauen gibt. Wir achten in der Regel so wenig darauf, wie wir auf die Luft achten, die wir atmen. Sie umgibt uns, sie dringt in uns ein, sie lebt in uns, wir leben in ihr, wir leben durch sie. All das kann man auch von Gott sagen: Er umgibt uns, wir leben in ihm, leben durch ihn; er lebt in uns. Glauben besteht darin, daß uns das bewußt wird: Daß wir dem großen Gespräch des Lebens mit sich selbst in uns eine Stimme geben, unsere eigene Stimme. Und daß wir uns verpflichten, alles, was Vertrauen in uns und um uns gibt, nicht zu mißachten und nicht wegzuwerfen. Wir treten in diese Welt und sagen dem Torhüter: Ich kenne die Menschen in der Stadt nicht. Es sind gute und schlechte darunter. Aber ich vertraue darauf, immer wieder gute Menschen zu finden – und ich möchte selbst ein guter Mensch sein, auf den andere warten und hoffen, die in diese Stadt hineingekommen sind. Dies Vertrauen ist Gottes verborgene Anwesenheit in unserem Leben.

Manchmal finden sich zwei Menschen in der Stadt und wollen für immer zusammen bleiben wie dieses Paar. Sie wollen öffentlich zum Ausdruck bringen, daß sie zusammengehören. Und sie wollen es vor Gott tun, dort, wo keine Öffentlichkeit hinein reicht. Und ich darf die Rolle des Torhüters spielen, der ihnen ein Wort mit auf den Weg gibt, das Wort: »Werft euer Vertrauen nicht weg!« Ich wandle es in dreifacher Weise ab.

Meine erste Variation: Werft euer Vertrauen *in euch selbst* nicht weg! Wer seinem Partner verspricht: Ich will zu dir stehen in guten und in bösen Zeiten, der spricht stellvertretend auch für den Menschen, der er einmal in fünf, in zehn und in zwanzig Jahren sein wird. Und eins ist sicher: In fünf, zehn oder zwanzig Jahren ist keiner mehr der, der er jetzt ist. Selbstvertrauen bedeutet: Ich traue mir zu, über alle Veränderungen des Lebens hinweg zu diesem Versprechen stehen zu können – nicht weil man derselbe bleibt. Im Gegenteil: Dies Selbstvertrauen setzt voraus, daß man sich Veränderungen zutraut. Um es in einem Bild zum Ausdruck zu bringen: Wir alle kennen die Schulaufgabe, eine angefangene Geschichte weiterzuerzählen. Der Lehrer testet, ob man die Gattung der Geschichte richtig erfaßt hat. Eine Abenteuergeschichte endet anders als eine Liebesgeschichte. Eine Gespenstergeschichte anders als ein Märchen. Heute verpflichten sich zwei Menschen, eine Geschichte, die sie schon gemeinsam begonnen haben, gemeinsam weiterzuschreiben. Sie kennen die Fortsetzung noch nicht. Es gibt viele Möglichkeiten, die Geschichte weiterzuführen. Und viele Unbekannte in ihr. Aber sie sind zuversichtlich, die Gattung einhalten zu können: Aus dieser Liebesgeschichte soll keine Gruselgeschichte werden. Sie versichern uns: Das trauen wir uns zu! Um freilich die Geschichte bis zu einem guten Ende ins große Buch des Lebens einzutragen, müssen sich die Charaktere wie in einem Roman hin und wieder etwas entwickeln und verändern. Und dazu gehört Vertrauen eines jeden einzelnen in sich selbst. Werft dies Vertrauen nicht weg! Ihr seid dabei nicht allein: Gott – das ist eine Kraft der Veränderung. Eine Kraft zur Umkehr. Wir spüren in dieser Kraft Gottes verborgene Anwesenheit in unserem Leben.

Meine zweite Variation des Trauspruchs lautet: Werft euer Vertrauen *zu-einander* nicht weg! Vor kurzem hörte ich von einem Paar, das schon zehn Jahre zusammen gelebt hatte und nun heiraten wollte. Vor der Heirat aber vertraute die Frau ihrem Partner an, daß sie einmal vor fünf Jahren für eine kurze Zeit ein Verhältnis mit einem anderen Mann hatte. Sie wollte es sagen, damit ihre Beziehung auf Ehrlichkeit und Aufrichtigkeit basiere – und um zu versichern: Sie bereue das. Es solle nicht mehr geschehen. Ihr Partner war so irritiert, daß er die Beziehung auflöste. Ich bewundere diese Frau. Es ist ja nichts so schwer wie zu sagen: Ich habe mich ver-fehlt. Es tut mir von Herzen leid! Es ist traurig, daß ihr Partner nicht die Kraft besaß, Vertrauen mit Vertrauen zu beantworten. Vielleicht hatte er früher erlebt, wie solches Vertrauen mißbraucht werden kann: Niemand sollte ihn daher verurteilen. Denn Vertrauen ist nicht einklagbar. Vertrau-en ist ein großes Geschenk. Wir alle wissen: keine Partnerschaft gelingt ohne die Bereitschaft zum Verzeihen – in kleinen und in großen Dingen. Jede Partnerschaft lebt von diesem Vertrauen. Aber dies Vertrauen kann in zweifacher Weise weggeworfen und mißbraucht werden: Einmal, wenn man Verzeihung und Vergebung verweigert, wo aufrichtig darum gebeten wird. Aber ebenso, wenn Verzeihung und Vergebung von vornherein ein-kalkuliert werden. Wie viele Männer haben die Bereitschaft ihrer Frauen, ihnen zu vergeben, schamlos ausgenutzt! Daher noch einmal: Werft euer gegenseitiges Vertrauen nicht weg! Es ist ein kostbares Gut. Es ist die verborgene Anwesenheit Gottes in Eurem Leben!

Und schließlich meine dritte Variation des Trauspruchs: Werft das Ver-trauen ins Vertrauen nicht weg! Das kling abstrakt. Gemeint ist: Man kann Vertrauen nicht so herstellen, wie man ein Haus bauen, ein Auto konstru-ieren oder ein Buch schreiben kann. Vertrauen stellt sich spontan ein! Es ist eine souveräne Äußerung des Lebens. Oft setzt es sich gegen unser Mißtrauen durch. Viele haben in ihrer Familie erlebt, wie Menschen ihre Freiheit verlieren, miteinander Kontakt zu haben! Oder wie Partnerschaf-ten scheitern! Oder wie Vertrauen mißbraucht wurde! Das alles hinterläßt Kratzer und Wunden. Aber trotzdem gewinnen immer wieder Menschen gegen solche Erfahrungen ein neues Vertrauen, das sich mächtiger als alle Verletzungen erweist. Wir können solch ein Vertrauen so wenig schaffen, wie wir die Welt schaffen können. Aber wir können es zerstören. Wir können es wegwerfen. Wir können ja auch die Luft nicht schaffen, von der wir leben. Aber wir können sie verschmutzen. Ebenso ist es mit dem Vertrauen. Wir können es durch emotionalen Smog zerstören. Aber wie wir darauf vertrauen, daß sich die Luft immer wieder erneuert, daß die

Welt weiter existiert, daß die Alpträume unrecht haben, in denen nichts mehr funktioniert, so vertrauen wir auch darauf, daß sich spontan immer wieder Vertrauen einstellt: In diesem sich immer wieder erneuernden Vertrauen spüren wir Gottes verborgene Anwesenheit in unserem Leben.

Liebe Gemeinde, meine drei Variationen des Trauspruchs sind nicht nur an dies Paar gerichtet, sondern an alle – gleichgültig, ob ihr verheiratet oder unverheiratet, getrennt oder ungetrennt, jung oder alt, gesund oder krank, glücklich oder unglücklich seid. Allen möchte ich heute zurufen: Werft euer Vertrauen nicht weg! Mir ist bewußt, es ist bei vielen erschüttert. Manch einer spürt vielleicht gerade heute seine Enttäuschung, seine Einsamkeit, wenn er erlebt, wie zwei Menschen ihre Beziehung feiern. Aber seht es einmal anders herum: Heute erneuern zwei Menschen ihren Bund untereinander, mit dem Leben und mit Gott. Heute versichern sie: Vertrauen ist möglich. Werft es nicht weg! Und wenn nur ein kleiner Funke von Vertrauen auch in denen wieder anfängt zu glimmen und zu brennen, die mit traurigen oder gemischten Gefühlen kamen, was könnte es Schöneres geben an einem solchen Tag!

Denn für alle gilt: Wir begeben uns jeden Tag in das Leben wie in eine große Stadt. Und immer wieder passieren wir einen Torhüter, und er macht uns bewußt: Wenn ihr mit Mißtrauen die Stadt betretet, so wird sie schnell zum Alptraum. Wenn ihr aber mit Vertrauen und Glauben hineingeht, so werdet ihr Vertrauen finden.

Und wenn du noch fragst: Aber die Bösen sind in dieser Stadt doch viel mächtiger als die Guten? Dann sage ich als einer der vielen kleinen Torhüter dieser Stadt – und fasse damit zusammen, was uns die Bibel als Wort Gottes zuruft: Der Architekt dieser Stadt hat etwas Großartiges gemacht, damit du auch mit diesem Problem fertig wirst: Er hat *dich* geschaffen, damit du etwas Gutes in diese Stadt hineinbringst. Er hat dies Paar geschaffen, damit es ein gemeinsames Leben wagt. Er hat ihr Kind geschaffen, damit es voll Vertrauen bei ihnen aufwächst. Und er hat diesen Tag geschaffen, damit ihr alle an ihm fröhlich sein sollt!

Und der Friede Gottes, welcher höher ist als alle unsere Vernunft, bewahre unsere Herzen und Sinne in Christo Jesu. Amen

Traupredigt am 17.5.1997 in der Johanneskirche in Heidelberg-Neuenheim. – Die buddhistische Erzählung vom Torhüter findet sich unter dem Titel »Wie man in den Wald hineinruft« bei U. Tworuschka: Himmel ist überall, Geschichten aus den Weltreligionen, GTB 760, Gütersloh 1985, 17f.

Der ratlose Himmel
und der Schlüssel zum Buch des Lebens

(Johannesoffenbarung 5,1-10)

Und ich sah in der rechten Hand dessen, der auf dem Thron saß, ein Buch; es war innen und aussen beschrieben und mit sieben Siegeln versiegelt. Und ich sah: Ein gewaltiger Engel rief mit lauter Stimme: Wer ist würdig, das Buch zu öffnen und seine Siegel zu lösen? Aber niemand im Himmel und auf der Erde und unter der Erde konnte das Buch öffnen und es lesen. Da weinte ich sehr, weil niemand für würdig befunden wurde, das Buch zu öffnen und es zu lesen. Da sagte einer von den Ältesten zu mir: Weine nicht! Gesiegt hat der Löwe aus dem Stamm Juda, der Sproß aus der Wurzel Davids; er kann das Buch und seine sieben Siegel öffnen. Und ich sah: Zwischen dem Thron und den vier Lebewesen und mitten unter den Ältesten stand ein Lamm; es sah aus wie geschlachtet und hatte sieben Hörner und sieben Augen; die Augen sind die sieben Geister Gottes, die über die ganze Erde ausgesandt sind. Das Lamm trat heran und empfing das Buch aus der rechten Hand dessen, der auf dem Thron saß. Als es das Buch empfangen hatte, fielen die vier Lebewesen und die vierundzwanzig Ältesten vor dem Lamm nieder; alle trugen Harfen und goldene Schalen voll von Räucherwerk; das sind die Gebete der Heiligen. Und sie sangen ein neues Lied: Würdig bist du, das Buch zu nehmen und seine Siegel zu öffnen; denn du wurdest geschlachtet und hast mit deinem Blut Menschen für Gott erworben aus allen Stämmen und Sprachen, aus allen Nationen und Völkern, und du hast sie für unsern Gott zu Königen und Priestern gemacht; und sie werden auf der Erde herrschen. (Einheitsübersetzung, teilweise an Luthers Übersetzung angeglichen)

Stellen wir uns vor: Ein Staat steckt in einer Krise. Überall herrscht Ratlosigkeit. Einem normalen Bürger gelingt es, bis ins Zentrum der Macht vorzudringen – dorthin, wo die Entscheidungen fallen, wo die Richtung festgelegt wird. Er hat Zugang zu allen Kabinettssitzungen. Wie erschüttert wäre er, müßte er feststellen: Auch dort herrscht Ratlosigkeit. Auch dort weiß niemand weiter.

Das ist die Lage des Propheten, der die Johannesoffenbarung geschrieben hat. Zu seiner Zeit herrschte eine große Krise. Die Gemeinden erwarteten Verfolgung und Unterdrückung. Vereinzelt hatte sie schon begonnen. In dieser Situation dringt der Prophet in seinen Vorstellungen bis ins Zentrum der Weltregierung. Er schaut Gott selbst. Jetzt endlich möchte er den Schlüssel zu den Rätseln der Weltgeschichte erhalten! Jetzt möchte er Antwort auf so viele Fragen: Warum müssen die Gerechten leiden? Warum trifft Unglück die Unschuldigen? Warum die Kinder? Und was muß er im Himmel feststellen? Auch dort ist man ratlos. Auch dort weiß man nicht weiter.

Die Rätsel der Welt, der Geschichte und des Lebens – sie erscheinen in unserem Text als ein Buch mit sieben Siegeln. Es ist verschlossen, unzugänglich. Die himmlische Regierung sucht jemand, der es öffnen und lesen kann. Ein Engel ruft: Wer ist würdig und fähig, das Buch zu öffnen, seine Siegel zu lösen? Wer gibt Antwort auf die quälenden Fragen der Menschen? Er ruft ins Leere. Denn niemand im Himmel, niemand auf Erden, niemand unter der Erde ist in der Lage, das Buch zu öffnen. Niemand weiß eine Antwort auf die großen Rätsel der Welt.

Der Prophet kann es nicht fassen. Er bricht zusammen. Er weint. Für einen Augenblick scheint ihm alles vergebens und sinnlos zu sein. Wenn selbst im Himmel niemand den Zugang zu den Welträtseln hat – dann bleiben sie für ewig ungelöst.

Hätte der Engel uns Menschen des 20. Jahrhunderts gefragt: »Wer ist fähig, das Buch zu lesen?« – wahrscheinlich würden wir drei Vorschläge machen.

Ich vermute, unser erster Vorschlag würde lauten: Ein Nobelpreisträger für Naturwissenschaften soll das Buch der Welt entziffern. Schon sehe ich vor meinen geistigen Augen einen distinguierten alten Herrn mit weißen Haaren vor die himmlische Ratsversammlung treten. Und er sagt: Ja, wir sind auf der Suche nach der großen Weltformel, nach einer Einheit hinter allen Kräften der Natur, von der Gravitation bis zur schwachen Wechselwirkung. Wir entziffern das Buch der Natur. Wir zeigen, wie sie sich zu immer neuen Gestalten organisiert hat – bis sie auf einem kleinen Planeten am Rande eines der vielen Milchstraßensysteme uns Menschen hervorbrachte – uns, die ersten Lebewesen, die sich bemühen, das Buch der Natur zu lesen. Aber je mehr wir lesen und lesen, um so unsicherer werden wir über unsere eigene Rolle in diesem Buch. Sind wir überhaupt vorgesehen? Ist es vielleicht gleichgültig, daß wir existieren? Das Fazit des Naturwissenschaftlers lautet: Das Buch der Natur können wir wohl lesen. Aber was der Mensch darin soll, das wissen wir nicht. Möglicherweise fügt er hinzu: Vielleicht erfahren wir es nicht aus der Natur, sondern aus der Geschichte.

Ein zweiter Vorschlag lautet daher: Ein Politiker soll das Buch der Geschichte entziffern. Er soll sagen, was wir Menschen in dieser Welt sollen, wohin die Richtung geht. Aber so sehr man nach einem Politiker sucht, keiner meldet sich. Keiner traut sich. Kein Wunder, sie sind zur Zeit nicht gut angesehen. Sie sind damit beschäftigt, sich selbst oben, ihre Konkurrenten unten und Fremde draußen zu halten. Sie wissen nicht, wohin die Richtung geht. Und wir sollten auch nicht zu viel von ihnen erwarten. Das wäre unfair. Aber selbst wenn sie eine Antwort wüßten: Es gibt ein Buch, das sie in keinem Fall entziffern können, das Buch des jeweils eigenen, des ganz persönlichen, des unverwechselbaren, individuellen Lebens. Das kann nur jeder selbst lesen.

Ein dritter Vorschlag sagt daher: Dies Buch des eigenen Lebens soll ein Mönch aus Ostasien lesen. Und schon sehe ich, wie einer dieser freundlichen Gestalten hervortritt. Sein Gesicht strahlt Frieden aus. Er sagt: In dir selbst liegt der Schlüssel dazu, das Buch zu öffnen. Erkenne dich selbst! Durchschaue dein Ich! Es ist etwas Unwirkliches, eine Illusion. Lerne, dich selbst loszulassen. Lasse dich los, wie einen Luftballon, der in den Himmel aufsteigt und sich in ihm auflöst. Ich kann dir zwar nicht das Buch der Natur, der Geschichte und nicht einmal das deines eigenen Lebens entziffern. Aber ich lehre dich, den Wunsch loszulassen, all diese Bücher entziffern zu wollen. Dann hast du Frieden, dann, wenn du den Durst nach Leben, nach Verstehen, nach Entziffern des Buches überwunden hast.

Liebe Gemeinde, ihr habt gewiß gemerkt, auch heute gilt der Satz: Niemand im Himmel, niemand auf der Erde, niemand unter der Erde kann das Buch öffnen, kein Nobelpreisträger, kein Politiker, kein ostasiatischer Mönch. Doch der Prophet der Johannesoffenbarung weiß eine Antwort. Er hat eine Stimme gehört, die sagt: Es gibt einen, der das Buch öffnen kann. Er kommt aus Israel. Er ist kein Sieger in der Weltgeschichte, eher ein Verlierer. Er ist kein Mächtiger. Er ist ein Lamm, das geschlachtet wurde. Nur Jesus kann das Buch der sieben Siegel öffnen. Das ist die Botschaft des Textes.

Wie aber öffnet er uns das dreifache Buch: das Buch der Natur, der Geschichte und des eigenen Lebens?

Beginnen wir mit dem Buch der Natur. Vor unserem Text ist von Gott dem Schöpfer die Rede. Wir hören den Lobpreis auf ihn:

Würdig bist du – unser Herr und unser Gott –,
... denn du hast alle Dinge geschaffen,
durch deinen Willen waren sie und wurden sie geschaffen.

Da hören wir: »Würdig bist du!« Gemeint ist Gott. Und wir fragen uns: Warum ist Gott nicht würdig, auch das Buch zu öffnen? Warum braucht er das Lamm, um das Buch der Schöpfung zu Ende zu schreiben? Warum braucht er dazu ein geschlachtetes Lamm?

Diese Frage ist eine Grundfrage der Theologie. Über sie habe ich seit vielen Jahren immer wieder nachgedacht. Und das ist die Antwort, die ich gefunden habe: Dies eine Opferlamm löst die blutigen Opfer ab. Jahrhundertelang hatten die Menschen Tiere geopfert. Das hielten sie für das Wichtigste in ihrem Gottesdienst? Warum? Warum dies Abschlachten anderen Lebens zur höheren Ehre der Götter? Warum meinten die Menschen, die Welt würde zusammenbrechen, wenn sie nicht mehr opferten? Ich meine: Unsere Vorfahren wußten besser als wir: Alles Leben lebt auf Kosten anderen Lebens. Und daher opferten sie anderes Leben, um das eigene Leben zu sichern und zu steigern. Bis heute leben wir auf Kosten anderer Lebewesen. Wir verdrängen sie von der Erde. Viele Arten sterben aus. Viele Tiere ziehen wir nur auf, um sie abzuschlachten und zu essen. Vor allem aber, und das ist das Grausamste: Wir leben auf Kosten anderer Menschen. Und doch wissen wir: Alles Leben ist tief verwandt. Es ist wie ein Stück von uns selbst. Wenn wir auf Kosten anderen Lebens leben, dann leben wir im Zwiespalt mit uns selbst.

Das Lamm, das getötet wurde, hält uns diesen Zwiespalt mit uns selbst vor Augen. Aber es überwindet ihn. Es versichert uns durch seine Existenz: Es gibt ein Leben, das nicht auf Kosten anderen Lebens lebt, ein Leben, wo nicht der Schwächere für den Stärkeren geopfert wird. Ein Leben, in dem Menschen von sich etwas opfern – zugunsten derer, die schwächer sind. Das ist die Botschaft des Lammes.

Diese Botschaft hörte Albert Schweitzer, als er das Neue Testament studierte. Er folgte ihr, als er in den Urwald ging, um den Menschen zu helfen, die vom Schmerz gezeichnet sind. Er hatte die Rolle gefunden, die uns Gott im Gesamtzusammenhang der Dinge zuweist: seine Schöpfung weiterzuführen über die bisherige Natur hinaus, so daß schon heute und hier ansatzweise und zeichenhaft ein Leben beginnt, in dem der Starke nicht mehr auf Kosten des Schwachen lebt.

Nehmen wir als zweites das Buch der Geschichte, in das unsere Politiker so gerne ihre Taten eintragen wollen. Auch das versiegelte Buch der Johannesoffenbarung ist in einer Hinsicht ein politisches Buch. Wenn die Engel Gott als »unseren Herrn und unseren Gott« preisen, so ist das ein Protest gegen den römischen Kaiser Domitian. Denn der begann als erster Kaiser damit, sich »Herr und Gott« zu nennen. Zu seiner Zeit gerieten Christen in Bedrängnis, weil sie es ablehnten, einen Menschen »Gott« zu nennen. Die Politik des Lamms ist ein Protest gegen jede Politik, die Herrscher oder den Staat absolut setzt und vergöttlicht.

Dies Lamm wird gepriesen, weil es Menschen sammelt »aus allen Stämmen und Sprachen, Völkern und Nationen«. Während unsere Politiker und viele andere heute damit beschäftigt sind, andere Völker draußen zu halten, Asylanten, Flüchtlinge und Immigranten abzuwehren, schafft das Lamm eine Gemeinschaft vieler Völker. Glaubt daher nicht denen, die uns heute wieder einreden wollen, es gäbe unüberwindbare Unterschiede zwischen Nationen und Kulturen! Die anderen seien nun einmal anders. Die christliche Gemeinde ist ein Gegenbeweis. Christen gibt es als Chinesen, Japaner, Inder, Afrikaner und Brasilianer. Christen gibt es in jedem Volk, auf jedem Kontinent, in jeder Kultur. Gibt es einen besseren Beweis dafür, daß es keine unüberwindbaren Unterschiede zwischen den Völkern und Kulturen geben müßte? Und haben wir Christen nicht die besondere Aufgabe, das bewußt zu machen? Keine Religion ist heute weltweit in so vielen verschiedenen Nationen gegenwärtig – meist nur als Minorität, und auch bei uns in vielen Gebieten nur noch als Minorität. Aber wir sind eine Minorität, die es überall gibt.

Was macht nun Jesus in seiner Gemeinde aus den Menschen aus vielen Völkern? Macht er sie zu geduldeten Asylanten? Nein, unser Text sagt, er macht sie zu »Königen und Priestern für Gott«. Und dann folgt der erstaunliche Satz: »Und sie werden herrschen auf Erden«. Alle sollen Könige, alle sollen Priester sein. Und das sagten die Christen angesichts eines Kaisers, der sich grundsätzlich über alle anderen Menschen erheben wollte. Sie sagten ihm: Wir Christen, wir kleinen Leute, sind durch Jesus schon Könige. Du bist auch nur ein Mensch wie wir.

Im Buch mit den sieben Siegeln, das vom Lamm geöffnet wird, steht, wohin es langgehen soll in der Geschichte. Wir sollen dahin kommen, daß alle Menschen Könige werden, daß alle erleben können: Sie sind unendlich viel wert, und daß keiner den anderen unterdrückt und sich für mehr hält als einen Menschen.

Das siebenfach versiegelte Buch ist aber nicht nur das Buch der Natur und der Geschichte. Es ist auch das Buch deines Lebens. Und da ist nur einer würdig und fähig, es zu lesen: Du selbst. Kein anderer kann es an deiner Stelle tun. Aber du sagst vielleicht: Ich verstehe mich selbst nicht! Mein Leben ist so durcheinander und verworren, das gibt keinen Sinn. Du sagst vielleicht, es gibt im Buch deines Lebens viele Kapitel, die du nicht noch einmal lesen möchtest, so peinlich oder so schmerzhaft sind sie. Und vielleicht beginnt für dich gerade ein Kapitel, das du am liebsten überschlagen möchtest: ein trauriges Kapitel, ein Kapitel, in dem man viel von Krankheit, Trennung und Tod lesen wird.

Hat der freundliche ostasiatische Mönch nicht doch recht, der sagt: Dein Ich ist eine Illusion? Löse dich von ihr! Da steckt kein Sinn drin. Du quälst dich umsonst mit deinen Fragen. Aber so verführerisch die Antwort für viele sein mag, die christliche Antwort lautet anders. In der Johannesoffenbarung sagt Jesus:

Siehe, ich stehe vor der Tür und klopfe an!
Wenn jemand meine Stimme hören wird
und die Tür auftun,
zu dem werde ich hineingehen
und das Abendmahl mit ihm halten. (3,20)

Wenn Jesus in dein Leben einziehen will, wenn durch ihn Gott in deinem Leben gegenwärtig wird, dann bist du keine Illusion. Dann bist du eine Wohnstätte Gottes. Dann bist du ein Tempel Gottes. Dann bist du unendlich viel wert, auch wenn in deinem Leben noch so viel schief gegangen ist. Dann bist du ein Abschnitt im Buche Gottes. Und du darfst es nicht nur lesen. Du darfst es zu Ende schreiben.

Darum bitte ich dich heute: Schreibe in das Buch deines Lebens auch die Geschichte von Jesus hinein. Dann wirst du deine eigene Geschichte mit anderen Augen lesen. Du wirst nach wie vor viel Fremdes, Schmerzliches und Peinliches in deinem Lebensbuch lesen. Aber du brauchst dich deswegen nicht zu schämen. Du wirst lesen, wie du manchmal Täter und manchmal Opfer warst. Du wurdest von anderen weggeschubst, aber manchmal hast du auch andere weggedrückt. Und du bist schuldig geworden. Aber wenn du die Geschichte von Jesus einschreibst in das Buch deines Lebens, dann erhältst du Gewißheit: Dir ist vergeben. Du wirst weiterhin angesichts der traurigen Kapitel in deinem Leben oft zweifeln und verzweifeln: Ist da überhaupt ein Sinn drin? Dann erinnere dich an den Engel in der Johannesoffenbarung. Er fragte: Wer ist würdig und fähig, das versiegelte Buch zu öffnen und zu lesen? Wer ist fähig, das Buch der Natur, der Geschichte und deines Lebens zu entziffern? Noch immer gilt: Eigentlich kann es niemand. Auch im Himmel kann es niemand. Auch der Himmel ist auf das Lamm angewiesen, um das versiegelte Buch zu öffnen, um eine Antwort auf die unlösbare Frage zu geben: Warum trifft die Unschuldigen Unglück? Warum leiden auch Kinder? Eine Antwort kann nur der geben, der selbst unschuldig gelitten hat. Auch im Himmel wirst du keine bessere Antwort finden.

Wenn du die Geschichte von Jesus hineinschreibst in das Buch deines Lebens, dann wird es eine gute Geschichte. Und wenn sie zu Ende geschrieben ist, dann darfst du das Buch deines Lebens zurück in die Hände Gottes legen. Du bleibst ein Abschnitt im großen Buch Gottes. Und nichts von ihm geht verloren.

Und der Friede Gottes, welcher höher ist als alle unsere Vernunft, bewahre unsere Herzen und Sinne in Christo Jesu. Amen.

Diese Predigt wurde am 1. Advent, den 29.11.1993 in Sexau im Zusammenhang mit der Verleihung des »Sexauer Gemeindepreises für Theologie« gehalten und zum ersten Mal veröffentlicht in G. Theißen: Frauen im Umfeld Jesu, Sexauer Gemeindepreis für Theologie H. 11, Sexau 1993, S. 24-32.